CEO가 알아야 할 사이버 위협과 보안 강화

CEO도 알아야 할

사이버 보안

| 성명훈 • 성미영 공저 |

Username

사이버보안

Password

****

서울경제경영

목차

제5부 사이버 침투를 어떻게 대비하나? 111

제6부 CEO가 해야 할 일 157

에필로그 167

전문 용어는 처음에 영문을 병기하고, 익숙하지 않은 독자의 이해를 돕기 위해 반복하여 병기하기도 하였다

대부분의 자료의 출처는 간략하게 본문에 기술하였다

머리말

현대인은 물리적 세계와 사이버 세계를 동시에 살고 있다. 개인, 조직, 회사, 정부의 모든 일과 행동이 현실과 사이버 세계에서 동시에 일어난다. 점점 더 많은 의사 소통이 사이버 세계에서 이루어지고, 업무가 전산화되고, 네트워크로 연결된다. 그리고 디지털 기술은 오늘도 숨 쉴 틈 없이 발전하고 변화한다.

사이버 활동이 물리적 활동과 완전히 엉켜 있는 현대 사회에서 우리는 사이버 범죄도 피할 수 없다. 문자 메시지나 전화를 이용한 피싱(phishing) 사건부터, 주위에 사이버 범죄로 피해를 당한 사람도 있고, 기업과 큰 조직에서 기업 정보, 개인정보, 데이터가 유출되었다는 사이버 범죄 관련 보도를 하루가 멀다하고 듣는다. 기업과 조직도 심각한 사이버 공격으로 시스템이 중지되고 업무가 마비되고, 대량의 데이터가 갈취된다. 북한의 해킹 조직이 우리나라 법원을 공격했는데 이를 몇 년 동안 알고 있지 못했다는 소식도 있다.

지금 우리나라의 거의 모든 조직의 인터넷 방화벽 시스템에 하루에도 수십 건 이상 멀웨어나 악성코드가 탐지되고 네트워크 침투를 노리는 피싱 공격이 들어오고 있다는 사실을 CEO께서도 아시는가? 안타깝게도, 사이버 공격에 대처하는 많은 솔루션이나 기기 장치 시스템이 소개되고 있음에도, 많은 조직과 기업이 정보가 유출되고, 시스템이

다운되고, 업무가 중단되는 위기를 겪는다.

사이버 공격을 아직 경험하지 않은 조직도 언젠가는 표적이 될 가능성은 거의 확실하다. 그렇지만 기업과 조직은 이에 충분히 대비하고 있지 못한 것 같다. 사이버 침해로 느닷없이 업무가 연속성을 잃고, 데이터와 자원이 상실된다. 더 심각한 것은 조직이 사회적 신뢰도 잃게 되는 점이다. 사이버 침해는 사업의 추진 동력을 모두 잃게 만들고, 조직의 존망을 위협한다.

그러면서 사이버 보안 이슈가 많은 조직의 리더들에게 부담을 주고 있는 것 같다. 필자들이 지난 몇 년간 기업의 사이버 보안 상태를 점검하는 서비스 현장에 참여하면서 관찰한 것은 거의 모든 조직이 적절한 방어 시스템을 구축하는데 어려움을 겪고 있고, 놀랍게도 많은 조직이 사이버 보안 체계가 거의 전무한 상태라는 점이었다. 초급 해커도 마음만 먹으면 얼마든지 시스템 침투할 수 있는 허술한 사이버 방어 수준에 머물고 있는 유명 기업도 있다.

조직 업무의 지속성을 위협하는 요소가 정책 판단 오류, 회계 부정, 자원의 누수뿐만 아니다. 보안도 인사, 회계, 영업 활동과 마찬가지로 대비하고, 투자되어야 하는 영역이다. 필자들은 수년간 사이버 보안 지원 현장에 참여하면서, 놀랍게도 많은 조직의 리더들이 사이버 보안의 중대성을 잘 모르거나 알아도 매우 피상적으로 이해하고 있음을 보게 되었다.

이 책은 리더들이 조직의 사이버 보안에 대해서 올바른 개념을 가지고, 합리적이고 효율적인 정책을 수립하는데 도움을 주고자 구상되었다. 경영자가 회계의 기본 개념과 원칙을 이해해야 하듯이 보안도 기본 개념과 원칙을 이해하고 이에 따라 조직의 특성에 맞게 합리적으로 투자하고 수립해야 한다. CEO가 IT 전문가가 아니더라도 사이버 보안을 담당자나 부서에 맡기고 안이하게 지내서는 안 된다. 사이버 보안은 CEO의 책임이기 때문이다.

많은 조직에 '우리는 중요한 기밀이나 자료가 없어'라거나 '설마 우리가 해킹을 당할 리가 있나' 하는 비현실적이고 순진한 생각도 만연한 것 같다. 해커가 관심을 가질 귀중한 정보를 조직이 가지고 있지 않은 것 같아도 해커는 그들이 원하는 것을 취한다. 이 훔친 것을 원하는 다른 곳에 팔기도 하고, 시스템을 망가뜨린다. 조직은 사이버 위협에 대해 '우리도 혹시 . . .'라는 생각을 가지고 대비해야 한다. 리더는 '언제 사이버 침해가 닥칠 것인가'라는 자세로 대비해야 한다.

많은 조직이 사이버 보안에 투자하지만 적지 않은 조직이 실제로 유효하고 충분한 사이버 방어 시스템과 태세를 과연 갖추었는지, 엄청난 속도로 발전하는 기술에 편승한 새로운 해킹 수법을 감당할 수 있는 상태인지 쉽게 답하지 못한다. 큰 예산을 들여 구축한 시스템이 실제로 유효하게 작동하는지 확신하지 못한 채, 비용 효율적이지 못한 투자를 하는 조직도 많다.

2023년 미국 CISA나 마이크로소프트와 같은 IT 보안 기업의 통계는 85% 이상의 조직이 다양한 모습의 크고 작은 사이버 침해를 당했고 70% 이상이 랜섬웨어 공격으로 침해를 받았다고 보고한다. 우리나라도 랜섬웨어 공격이 급증하고 있다. 지난해 우리나라에서 랜섬웨어가 의심되는 코드가 십오만 건이 넘게 발견되었다. 실제로 많은 기업이 갖추고 있는 방화벽 시스템에 하루에도 수십 건 이상 침해 시도가 의심되는 접속이 있다.

아직 사이버 침해를 겪지 않은 기업은 그간의 대비 덕분이기 하겠지만, 단지 '운이 좋아서'일 수도 있다. 어떤 조직도 언제 악의적인 사이버 공격의 표적이 될지 모른다. 2018년 미국의 한 기업 분석 보고는 사이버 공격을 당한 기업의 60%가 6개월 이내에 결국 문을 닫게 되었다고 하는 충격적인 내용도 전한다. 심각한 사이버 침해는 조직과 CEO의 운명을 좌우할 수 있다.

1980년대 후반, 사이버 세계에 '해킹'이 나타났다. 그리고 오늘날 사이버 범죄는 급격히 늘고 있다. 일반인들이 잘 이해하지 못하는 전자통신기술(Information and Communication Technology, ICT)이 빠른 속도로 변화하면서 새로운 기술, 수법이 등장하고 있다. 생성형 인공지능(Generative Artificial Intelligence, GenAI)이나 딥페이크 (Deep Fake) 같은 기술의 등장이 해커에게 새로운 수단을 제공한다. 게다가 점점 더 많은 사람이 사이버 시스템에 의존하게 되고, 사물인터넷(Internet of Things, IoT), 자율주행 자동차와 같은 사이버물리 시스템(Cyber Physics System, CPS) 등으로 많은 전자 기기가 인터넷으로 연결되면서 디지털 위협에 노출되는 영역과 대상이 폭발적으로 커지고 있다. 디도스, 랜섬웨어 같은 교묘하고 악랄한 수법의 사이버 침해가 빈번하다.

2019년, 2021년 각각 독일과 UAE에서 기업 임원을 사칭한 전화 통화에 기만당해 수백만 달러를 해커에게 송금하는 사건이 일어났다. 소위 '보이스 피싱'이다. 그러다가 2024년 2월에는 고도의 딥페이크 기술로 위장한 해커들에 의해 미화 2천5백만 달러라는 거금이 엉뚱한 곳으로 송금되는 사건이 홍콩에 위치한 다국적 기업에서 터졌다. 회사 회계 부서의 직원이 영국에 있는 CFO로부터 비밀 송금을 하라는 메일을 받았다. 이 직원은 처음에 이 메일이 좀 수상하게 생각되기도 했지만, 이어서 열린 회사의 중역들과 함께 하는 화상회의에서 이 메일 내용에 관해 토의하고, 지시대로 2천5백만 달러를 송금했다. 그런데 이 화상회의에 참석했던 인물들이 모두 가짜였다. 교묘한 페이크 기술로 얼굴 모습과 목소리가 모두 위장된 가짜 인물에 실무 직원이 속아 넘어갔다. 실제로 같은 회의실에서 모여서 서로 얼굴을 보고 회의를 했다면 이런 일이 일어나기 쉽지 않았을 것이다. 기술 발전에 따른 업무 환경의 변화를 틈타 고도의 딥페이크 기술과 소셜엔지니어링으로 설계된 사기 작전에 속아 넘어간 것이다.

사이버 범죄자의 능력은 매우 빠르게 변화하고 공격적이 되고 있어 소극적으로 방화벽이나 백신 설치만으로 안도할 수 없다. 범죄자들이 범죄 기회를 만들어 내는 것에 비해 이를 예방하고 퇴치하는 대비 능력은 모자라고 따라잡는 속도도 느리다. 게다가 눈부시게 변화하고 새로이 개발되는 IT 기술은 사이버 범죄자들에게 더 많은 공격 기회를 주고 있고 인공지능, 딥페이크 기술은 기상천외의 새로운 수법을 만들어 낸다. 공격보다 수비가 어렵다. 공격자는 한두 곳을 집중적으로 뚫고 들어오지만, 수비진은 여러 방향과 가능성에 대비해야 한다. 따라서 효과적이고 효율적인 사이버 방어 시스템을 구축하기 위해서는 조직을 이끄는 리더들의 합리적이고 냉정한 판단이 필요하다. 자신의 조직이 언제 표적이 될 것인가, 어디가 공격당할 것인가, 어떻게 침투해 들어올 것인가를 지속적으로 살피고 보완하고 대비해야 한다. 범죄자는 있음 직한 집, 그리고 문단속이 허술한 집을 먼저 노린다.

이 책은 CEO와 경영진을 위한 것이다. 경영진이 사이버 보안을 위해서 반드시 IT

전문가가 될 필요가 없다. 이 책은 해킹 기술이나 세세한 방어 기술을 설명하는 기술 핸드북이 아니다. CEO는 조직의 자원을 어떻게 배분하고 투입할지 결정해야 한다. CEO와 경영진이 이 책을 통해서 사이버 위협에 어떻게 대비해야 할지, 보안 강화를 어떻게 진행해야 할지에 대해 현실에 근거한 합리적 의사 결정을 하는데 도움을 얻기 기대한다.

먼저 1부에서는 최근 일어난 사이버 범죄와 사이버 보안의 대표적인 사례들을 소개한다. 지금 이것이 사이버 범죄가 얼마나 심각한 문제임을 보고, 흔한 공격 루트와 수법, 이에 대한 방어, 침해 대응의 결과를 간접 경험하면서 사이버 보안의 중요 요소와 용어에 익숙해지기 바란다.

2부는 인공지능 시대에 들어선 오늘날 사이버 보안이 맞닥뜨리는 새로운 챌린지와 경향을 살핀다. 무서운 속도로 발전하는 IT 기술이 역설적으로 사이버 보안에 큰 도전이 되고 있다.

3부는 조직이 속한 사이버 생태계와, 이 속에서 움직이는 해커와 해커 집단, 이를 막고자 하는 보안 시스템의 상호 작용에 대해서 살펴본다. 이제 사이버 세계는 우리의 일상 생활과 활동에서 분리될 수 없다.

4부에서는 수많은 사이버 범죄, 사이버 공격의 수법을 기술 지식이 깊지 않은 일반 사용자도 이해하기 어렵지 않도록 개념을 중심으로 설명했다. 이해를 돕기 위해서 개별적인 공격 수법과 이에 대한 방어 수단을 가능한 대로 같이 병렬하는 식으로 소개했다. 기술 내용을 깊이 이해하지 못해도 사이버 활동의 흐름을 따라 진행되는 사이버 공격과 수비의 개괄을 얻기 바란다. 이 내용은 개인의 사이버 활동을 안전하게 유지하는데에도 도움이 될 것이다.

5부와 6부는 사이버 침투에 대비하는 원칙과 조직이 갖추어야 할 프레임워크를 소개한다. 경영진이 조직에 적합한 보안 정책과 시스템을 수립하는데 가이드가 될 것으로 기대한다. 경영 책임자, 관리자들이 강건한 사이버 보안 시스템을 수립하기 위해서 반드시 확인하고 추진해야 할 일들이다.

이 책은 줄을 치면서 읽을 책은 아니다. 바쁜 경영자들이 쉽게 사이버 보안에 대해 실질적이고 합리적인 개념을 가지시는 데 도움이 되고자 책을 구성하였지만, 순서대로 차근히 책을 모두 읽기 어려우시다면 1부의 사례를 우선 빠르게 읽으시고, 뒷부분 〈CEO께서 하셔야 할 일〉을 먼저 본 뒤, 다시 앞부분에서 필요한 내용을 찾아보셔도 좋겠다.

이 책을 준비하는데 아이디어와 도움을 준 몇 기업의 CISO(Chief Information Security Officer), 재야의 보안 전문가, 그리고 사이버 보안 현장에서 고군분투하는 블루팀과 레드팀에게 감사의 인사를 전한다.

책을 준비하는 동안도 사이버 공격과 침해 사고 보도가 끊임없이 일어나고 있다. 범죄는 인류의 역사와 함께 존재했고, 사이버 세계에서도 어김없이 수많은 범죄 행위가 일어나고 우리를 위협한다. 이 책이 조직을 책임지고, 조직을 사랑하는 리더가 사이버 보안에 대해 올바른 개념을 가지고 합리적인 방향 설정과 판단을 하는데 가이드가 되기를 기대한다.

2024년 8월

저자

프롤로그

현대 사회의 사이버 생태계

현대 사회는 개인, 조직을 막론하고 모든 분야가 컴퓨터와 전산망으로 연결되어 있다. 사이버 세계의 활동 없이는 어떤 일도 제대로 하기 어렵고, 모든 일이 전산시스템에 의존한다. 사이버 시스템은 우리 몸의 신경계와 같다. 유무선 인프라가 고도화되면서 사용하는 IT 장치의 기능도 다양해지고 스마트해진다. 시스템에 항상 접근할 수 있어 즉각적으로 반응을 볼 수 있다. 사이버 세계는 역동적이고 업무 효율을 높여주지만, 범죄자에게도 새로운 활동 무대가 되고 있다.

사이버 시스템의 덕분으로 인간 활동의 속도와 효율성이 높아지는 반면, 인간과 기기, 기기와 기기, 인간과 인간 사이의 상호 작용은 복잡하고 빠르고 민감해진다. 과거에는 상대방의 얼굴을 직접 보고, 실물 서류로 확인하고 나서야 정보를 얻고 판단을 할 수 있었다. 이제는 사이버 시스템에 의존하면서 이보다 훨씬 편리하고 빠르게 업무가 진행된다. 그러나 이런 빠른 의사소통이 제대로 이해하지 못하는 복잡한 시스템과 결합되기 때문에 허술하고 쉽게 악용되기도 한다. 범죄자들에게 새로운 시장이 열린 것이다.

사이버 범죄는 얼마나 심각한가?

기업과 조직을 노리는 사이버 범죄는 이미 지난 세기말부터 나타나기 시작했다. 그 기술은 빛의 속도로 변화하고 새로운 수법이 나타나고, 대상과 규모도 폭발적으로 확대된다. 잘 알려진 안티바이러스 백신을 개발한 우리나라의 한 보안업체는 2023년 통계 보고에서 랜섬웨어로 의심되는 악성코드가 한 달에만 해도 15,000여 건 이상 유포되고 있다고 말한다. 아직 랜섬웨어 공격을 당하지 않고 있는 기업은 아주 철통 방어를 하고 있다고 보면 되는 것일까? 아니면 아주 운이 좋은 것일까?

아래에 인용하는 보도는 사이버 침해의 규모를 잘 보여준다. 이미 10여 년 전 보도이지만, 놀랍게도 당시에도 이미 우리나라 사이버 범죄 피해 액수가 자연 재해 피해보다 1조 원이나 더 크다고 추산되었다.

> … 사이버범죄로 인한 국내 주요 피해 사례 및 비용을 살펴보면 전 세계 인터넷 접속 장애를 일으킨 2014년 1월25일 대란의 경우 1,055억~1,675억 원, 방송국, 은행 등 주요 전산망을 마비시킨 3월 20일 사이버테러 8,672억 원, 와이브로, 선박 건조 철강 공정 등 핵심 기술 유출로 인한 피해 액수가 약 2조 8천억 원으로 각각 조사됐다.
> 태풍, 홍수, 호우 등 지난 10년간 자연 재난 평균 피해 금액은 7,942억 원이며, 작년을 기준으로 자연재해 피해 액수는 2.7조 원, 사이버 공격 피해액은 3.6조 원이다. 이는 사이버 공격 피해가 자연 재난 피해 금액을 넘는 수준으로, 전 세계 GDP 0.8% 수준의 사회적 비용이 유발되고 있다는 셈이다. …
>
> 보안 뉴스, 2014년 7월 19일
> https://www.boannews.com/media/view.asp?idx=42060

오늘날 사이버 범죄는 더 늘었고, 피해 규모도 훨씬 더 크다. IBM은 〈2022 데이터 침해 보고서(Cost of Data Breach Full Report 2022)〉에서 전 세계 GDP의 약 1%가 사이버 범죄로 손실을 보고 있다고 추계한다[1]. 겉으로 알려지지 않은 채 음성적으로 몸값(랜섬)을 지불하고, 시스템 중단이나 데이터 유출로 겪는 직접, 간접 비용, 복구 비용, 기회 비용 등의 피해 규모는 짐작하기도 어렵다. 미국 FBI는 기업이 사이버 테러를 당하고 당국에 신고하는 경우는 약 20%에도 미치지 못하는 것으로 추정한다.

---

1 2022년 전 세계의 GDP가 약 100조 달러 정도 되었다. 1%면 1조 달러, 우리나라 돈으로 1,000조 원 이상이다. 우리나라 2022년 예산이 약 600조 원이었다.

2024 기업 사이버 보안의 경향

사이버 보안은 공격과 방어의 쫓고 쫓기는 경쟁이다. 게다가 지금은 그 변화의 속도가 점점 가속화된다. 기업은 계속해서 새로운 사이버 환경을 만나게 되고 새로운 기술 투자를 해야 한다. 기업은 고객의 경험과 피드백이 큰 영향을 주고, 새로운 가치를 창출하기 위해 IT 네트워크에 더 많은 투자를 하고 있다. 그러면서 원격 작업, 인공지능 기술 사용이 일상화되고 있다. 이런 것이 모두 잠재적으로 새로운 취약점과 위기를 만든다.

기업의 전산망을 공격하는 주요 루트는 피싱 수법으로 접근하거나, 조직이 사용하는 소프트웨어의 취약점을 이용하거나, 또는 유효한 계정 인증 자격을 탈취하는 방식 등이다. IBM은 2023년 유효한 계정 인증을 이용한 랜섬웨어 공격이 가장 많았다고 보고한다. 사이버 범죄자들은 산업 기밀, 영업정보, 인사정보, 고객과 직원의 개인정보를 탈취하고, 네트워크와 시스템을 장악한 뒤 몸값을 요구하거나, 아예 시스템을 작동 불능으로 만든다.

게다가 사이버 범죄자들은 더 이상 개인 수준이 아니다. 많은 범죄자들이 인공지능과 기계학습과 같은 새로운 기술을 가진 고도의 범죄 조직이다. 사이버 위협은 점점 그 범위가 더 커지고, 이제 어떤 조직도 안전하지 않다.

사이버 환경의 변화 속도가 너무 빨라 오늘날 가장 정교한 최고의 사이버 통제 수단도 곧 쓸모없게 될지도 모른다. 조직의 리더는 향후 3~5년 내에 더욱 가속화될 디지털화에 대비하고 있는지, 또 지금의 기술 투자가 미래의 사이버 보안에 어떤 영향을 미치고, 이에 대비가 될 것인지 판단해야 한다. (자료 1)

[자료 1] 맥킨지 사가 예측하는 사이버 보안 관련 전망: 2025년

- 사이버 범죄 증가율 15% 이상
- 사이버 범죄 관련 비용 10.5조 달러
- 사이버 보안 관련 서비스 비용[1] 1,015억 달러
- 사이버 보안 관련 직접 보험 프리미엄 증가율 21%

[서비스 비용: 컨설팅, 하드웨어, 설치, 아웃 소싱 등]

[https://www.mckinsey.com/capabilities/risk-and-resilience/our-insights/cybersecurity/cybersecurity-trends-looking-over-the-horizon]

맥킨지 사는 2023년 미국 중소기업의 85%가량이 IT 보안 관련 비용을 증가할 계획을 가지고 있다고 보고했다. 그러면서 2025년에는 지금보다 사이버 범죄 증가율이 15% 이르면서 이와 관련된 비용 손실이 10조 달러가 넘게 될 것으로 예측한다. 이때 중소기업의 사이버 보안 비용도 지금보다 85%나 증가할 것이고, 동시에 사이버 보안 관련 보험도 20% 이상 증가할 것으로 예측했다. 그러면서 2024년 전 세계 사이버 보안 관련 취업 수요를 3백5십만 명 이상이라고 추산했다.

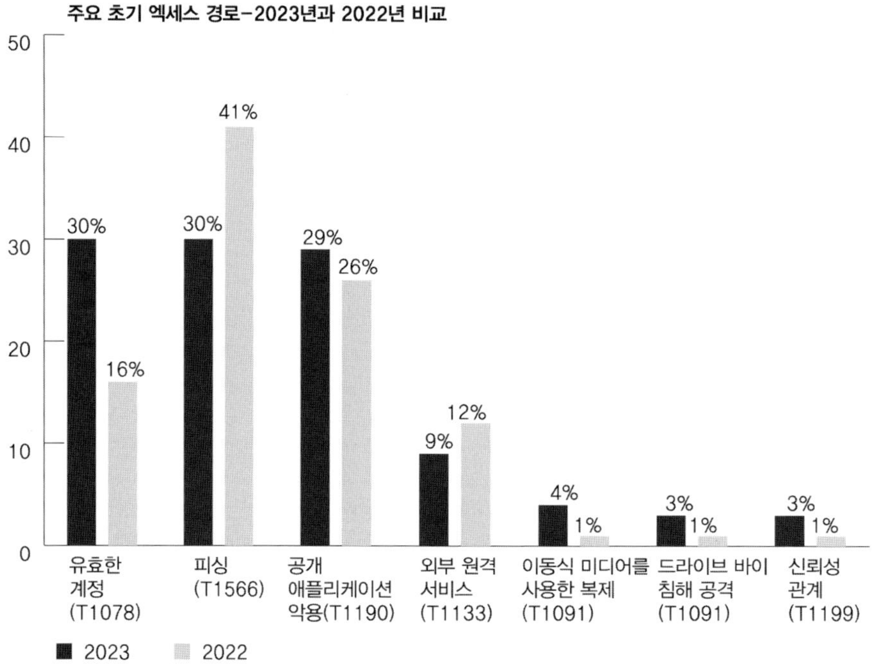

그림 1: X-Force가 2022년과 2023년에 관찰한 주요 초기 엑세스 경로.
출처: 엔터프라이즈 프레임워크를 위한 X-Force 및 MITRE ATT&CK 매트릭스

2023년 사이버 공격 초기 액세스 경로: 유효 계정 탈취 등이 2023년에 가장 취약한 침투 통로로 파악된다. 사이버 범죄자들이 다크웹에 유출된 정보로부터 유효한 자격 증명을 쉽게 획득하기도 한다. IBM은 다크웹에서 판매되는 자산의 90%가 자격 증명과 관련된 것이라고 보고한다.

기업은 고도화되는 사이버 위협을 깊이 인식하고 이에 걸맞은 보안 역량과 보안 회복력을 갖추어야 한다. 그런데 사이버 보안은 일회성 프로세스가 아니고, 한가지 수단으로 모든 영역을 두루 대비할 수 있는 "one-size-fits-all"도 아니다. 그래서 지속적으로 공부하고 조직에 적합한 효율적인 대비책을 찾아야 한다.

모든 조직이나 기업이 사이버 공격의 표적이기 때문에, 피해를 당하고 사후 수습하는 것보다 사전에 위협을 최소화하는 것이 중요하고 비용도 적게 든다는 것은 두말할 필요가 없다.

국경을 넘는 사이버 범죄

애초부터 사이버 범죄는 국제적이고 광범위하게 파괴적이다. 바로 옆 사람이 당한 피싱 사건이 알고 보면 국경 밖에 있는 범죄자에 의한 경우도 많다. 수많은 좀비 봇으로 이루어진 봇넷이 분산서비스거부공격(Distributed Denial of Service, DDoS, 디도스)을 한다면 이들이 공격해 오는 시작점은 전 세계에 펴져 있는 셈이다.

세계적으로 암약하는 거대한 사이버 조직도 있다. 국가나 이와 비슷한 수준의 조직 집단이 국경을 넘나들며 간첩 행위, 금융 절도 등의 사이버 범죄를 벌인다. 이것은 전쟁 상태로 보아야 한다. 2023년 내내 미국에서 상수도, 가스 공급 시스템 등과 같은 주요 사회 기반 시설이 중국의 사이버 부대나 이란의 지원을 받는 조직에 의해 여러 차례 심각한 해킹을 당했다. 타이완도 중국과의 지정학적 이슈와 미-중의 정치 경제적 갈등으로 이런 사이버 공격이 빈번하다. 또 중국 정부가 뒤에 있는 것으로 의심되는 해킹 그룹이 일본 방위 시스템에 침입해 2020년 이전부터 수년간 정보를 갈취해 간 것이 밝혀지기도 했다. 우리나라도 예외가 아니다. 최근 수년간 정부 기관, 금융기관, 언론 기관, 병원, 방위산업 기업도 북한 해킹 그룹으로 의심되는 사이버 공격으로 보안 침해를 여러 차례 받았다. 2023년에는 심지어 대한민국 법원이 해킹당해 엄청난 양의 인적 자료가 유출된 것으로 보이는 심각한 사건이 알려졌다. 이런 것들은 지능형지속위협(advance persistent threat, APT) 공격의 전형적인 예다.

2020년 세계경제포럼 글로벌위험보고서(The Global Risks Report 2020)는 조직화된 범죄 그룹들이 연합해서 온라인에서 온갖 범죄 활동을 저지르고 있지만, 이들이 적발되고 처벌받을 가능성은 1%도 되지 않는다고 추정한다. 사이버 범죄의 피해는 막대한데 사이버 공격을 당하고 나면, 그 손실을 회복할 길이 거의 없다. 기밀 정보의 유출과 조직 운영과 활동 장애에 의한 직접적인 손해에 더해서, 유출된 개인 정보에 대한 보호 문제도 더불어 일어난다. 사이버 범죄를 사전에 예방하는 것, 범죄자의 접근과 침투를 어렵게 하는 것이 조직을 지키기 위해 리더가 진정으로 챙겨야 할 일이다.

최근 우리나라 정부도 사이버 안보 역량 강화에 강한 의지를 보여 주고 있지만, 현장의 조직과 기업 리더들의 인식도 사이버 환경에 맞게 속히 변해야 할 것이다. 2023년 구글 트렌드의 통계조사는 한국을 랜섬웨어 위험이 매우 높은 지역의 하나로 꼽는다[KISA 2023 랜섬웨어 보고서]. 보안 지원 서비스 사업을 수행하면서 많은 리더가 사이버 공격이나 침해에 대해 외면하거나 방심하고 있다는 것을 느낀다. 그 이유는 정보 보호 시스템 구축이 비용이라는 인식과 함께, 사이버 테러나 사이버 범죄의 파괴적 심각성을 실감하지 못하고, '설마'하는 안이한 생각 때문일 것이다. 이제 최근 일어난 사이버 테러와 범죄 몇 가지 사례를 통해 사이버 보안의 현실을 살펴보자

제1부
FBI, 랜섬웨어 범죄 집단을 분쇄하다

1 2023년 라스베이거스 MGM 호텔 해킹

2023년 9월 11일 미국 라스베이거스에 있는 MGM호텔이 대규모의 사이버 공격을 받아 전산 시스템이 셧다운 되고, 호텔, 카지노 기능이 전면 마비되었다.[2] 그리고 며칠 뒤 MGM사는 '사이버 보안 문제'로 시스템과 데이터를 보호하기 위해서 일부 전산 시스템

[사이버 공격이 일어난 다음 날 MGM 그랜드 호텔에 설치된 게임 키오스크에 '오류' 메시지나 나타나 있다. 조롱 조의 이 오류 메시지도 해커들이 심은 것으로 보인다. 호텔의 거의 모든 기능이 마비되었는데, 단지 에스컬레이터 운행은 유지되었다.]

2 2001년 9월 11일은 전 세계를 충격에 빠뜨렸던 뉴욕 월드트레이드센터와 워싱턴 DC의 미국 국방성 건물이 테러 공격을 받았던 날이다.

가동을 중단했다고 발표했다. 전 세계 20여 곳 이상에서, 호텔과 카지노, 온라인 게임 시스템을 운영하는 세계 최대 호텔업 회사 중 하나인 MGM이 사이버 공격을 받고 전산 시스템 운영을 아예 종료하고 말았다.

공격을 받은 이후 며칠 동안 호텔 객실의 디지털 키로부터 슬롯머신까지 모든 전산 시스템이 작동하지 않았다. 많은 업장이 아예 온라인 접속이 불가능했다. 업무가 수작업으로 진행될 수밖에 없어 호텔에 체크인하려는 고객이나 카지노 고객도 손으로 쓴 영수증을 받기 위해 몇 시간 동안 줄을 서야 했다. 공격을 받고 난 후 "오류" 메시지가 나타난 슬롯머신이나 호텔에 장사진을 치고 있는 사람들의 이미지가 소셜 미디어에 돌아다녔다.

며칠 후, 해킹 그룹 ALPHV가 그들의 웹사이트 게시물을 통해 자신들이 MGM을 해킹했다고 주장했다. 로이터 통신은 MGM이 랜섬 요구를 듣지 않으면 이들이 추가 공격을 가할 것이라는 경고도 있었다고 보도했다. ALPHV가 얼마나 많은 몸값을 요구했는지는 알려지지 않았다.

MGM 측은 시스템 중단을 하게 된 것뿐만 아니라 이전에 MGM 서비스를 이용했던 고객들의 연락처, 성별, 생년월일, 운전면허번호 등의 개인 정보도 대량 유출됐다고 밝혔다. 일부 고객의 사회보장번호와 여권 번호도 유출된 것으로 보였다. MGM은 고객의 개인 정보 유출로 인한 피해를 모니터링하는 신용모니터링 서비스를 무료로 제공했다. 이것은 고객 데이터를 보호할 수 없을 때 기업이 기본적으로 제공해야 하는 표준 대책이다.

MGM은 해커들이 고객의 은행계좌 번호나 신용카드의 결제 정보를 가지고 있지 않고, 이 데이터를 이용해 신원 도용(identity theft)이나 계정 사기(account fraud)를 저질렀다는 증거는 없다고 말하지만, 해킹된 개인 정보가 나중에 어떻게 악용될지 알 수 없는 상황이다. 해커가 훔친 데이터를 공개적으로 유포하거나 다른 사이버 범죄자에게 판매할 수도 있다. 실제로 2024년 초 미국의 온라인 공연 티켓 사이트인 〈티켓마스터〉로부터 갈취된 수 억 명에 달하는 고객의 개인정보가 바로 다음날 경매를 통해 수억 원에 팔렸다.

MGM사는 시스템 복구를 위해 총력을 기울였지만, 3분기 영업에서 약 1억 달러의 손실을 받게 되었다고 말했다. 당연하게도, 지난해에 비해서 호텔의 투숙 점유율도 저하되었다.

MGM의 해킹과 데이터 유출 사건은 대규모 기업도 일단 사이버 침해에 얼마나 취약하고 큰 피해를 받는지를 보여주는 생생한 예다. 이 사건은 매일 수천만 달러를 끌어들이면서 매우 강력한 보호 장치를 가지고 있을 것 같은 조직인 대규모 카지노 체인조차도 해커가 치밀하게 공격을 하는 경우 여전히 공략당할 수 있다는 것을 보여준다.

그런데 이 사건은 고도의 IT 기술을 이용해서 MGM 전산 시스템에 하늘로부터 침투한 것이 아니라, 전화를 통한 보이스 피싱[3] 으로 시작했다. 많은 경우에 허점은 사람에 있다. 이 경우도 이미 공개된 정보를 이용한 그럴듯한 전화 한 통으로 해커는 MGM 시스템에 침투에 필요한 모든 정보와 자격을 얻어냈다.

공격 범인은 거미와 고양이였다

보안 전문가들은 이번 해킹에 UNC3944라고도 불리는 스캐터드스파이더(Scattered Spider)라는 해킹 그룹이 또 다른 해킹 그룹인 ALPHV(또는 블랙캣(BlackCat)) 그룹이 만든 서비스형 랜섬웨어를 사용해서 저지른 것으로 분석했다. 서비스형 랜섬웨어(Ransomware as a service, RaaS)는 랜섬웨어 그룹이나 조직이 랜섬웨어 코드를 만들어 다른 해커에게 판매하고, 이 해커는 랜섬웨어를 사용해서 사이버 공격을 하는 신종 범죄 비즈니스 모델이다. 악의적 해커들 간에 분업과 특화가 이루어지고 있다는 말이다.

반면, 스캐터드스파이더 해킹 그룹은 소위 사회공학, 소셜엔지니어링(social engineering) 수법에 능한 집단이다. 소셜엔지니어링은 어떤 학문적인 영역을 뜻하는 표현으로 들리지만, 실은 표적으로 삼은 사람과 관련이 있는 사람이나 조직을 사칭해서

3 사이버 보안 영역에서 피싱(phishing)은 전자우편 또는 메신저를 사용해서 신뢰할 수 있는 사람 또는 기업이 보낸 메시지인 것처럼 가장함으로써, 패스워드나 신용카드 정보 등의 기밀 정보를 부정하게 얻으려는 소셜엔지니어링의 한 종류를 말한다. '피싱'(phishing)이란 용어는 fishing에서 유래하였으며 프라이빗 데이터(private data)와 피싱(fishing)의 합성어라고 한다. 그럴듯한 미끼를 사용해서 사용자의 금융 정보와 패스워드를 '낚는'다는 데서 유래된 것 같다.

그 피해자로 하여금 공격자가 원하는 어떤 작업을 수행하도록 조종하는 수법, 즉 사기술을 말한다 [71페이지 〈사회공학, 소셜엔지니어링〉 참조]. 단어 자체가 매우 소셜엔지니어링스럽다. 스캐터드스파이더는 전화 통화를 통해 시스템에 액세스하는 "비싱(vishing = 보이스 피싱(voice phishing))"에 특히 능한 집단으로 알려졌다.

해킹 그룹들은 이처럼 마치 사업 동료나 계열사처럼 공동으로 작업하기도 한다. 구글이 설립한 정보보안회사인 맨디언트(Mandiant)는 스캐터드스파이더를 미국에서 가장 파괴적인 해킹 조직 중 하나로 지목한다. 이 해킹 그룹은 나이가 10대 후반에서 20대 초반이고, 영어에 능통하고 유럽과 미국에 기반을 두고 있는 것 같다고 알려졌다. 지금까지 세계적으로 많은 랜섬웨어 사건 배후에 러시아 출신 해커들이 많았었는데, 러시아 억양으로 엉성한 영어를 말하는 사람보다, 영어에 능통한 이들에 의한 보이스피싱이 훨씬 성공률이 높아지고 있다고 분석된다. 우리나라의 경우는 보이스 피싱 범죄자에 중국 조선족의 억양을 가진 자도 많은 것 같다. MGM의 경우 해커는 먼저 개인 정보를 공개하는 온라인 서비스인 링크드인(LinkedIn)에서 MGM 직원에 대한 정보를 얻었다. 그리고는 MGM의 IT 지원 데스크에 전화해서 정보를 얻어낸 직원을 사칭하면서 온라인 접속 자격 증명을 얻어냈다. 그리고는 시스템에 액세스하고 랜섬웨어를 감염시킨 것으로 보인다.

자신들을 "Spider-1", "Spider-2" 및 "Spider-3"이라고 부르는 이 해커들이 통상적인 원격 로그인 소프트웨어를 사용하면서 인터넷에서 얻은 MGM 직원의 디지털 정보[4]를 이용해서 회사 가상사설망(VPN)을 통해 정상적인 모양으로 액세스하면서 보안 팀의 탐지를 회피했다. 그리고 이들은 원격으로 악성코드를 실행하는 공격을 시작하고는 5시간 뒤에 시스템에 침투했으며, 이후 8일 동안 탐지되지 않으면서 데이터를 갈취했다.

공격 3일 후 스캐터드스파이더를 대표한다고 주장하는 자가 대담하게도 영국의 언론사에 텔레그램 메시지를 보내 자신들이 MGM의 데이터를 훔쳐 암호화했고 이를 다시 복호화하려면 암호 화폐로 지불금을 내라고 요구했다. 이들은 애초에 직접

4 전자 발자국(digital footprint)라고도 한다. 이것은 인터넷을 사용할 때 남기는 데이터의 흔적이다. 방문하는 웹사이트, 보내는 이메일, 온라인으로 제출하는 정보 등 모든 것이 흔적으로 남는다.

슬롯머신을 조작할 계획이었으나, 이것이 잘 되지 않아 데이터를 해킹한 것이라고 말하기도 했다. 그들의 주장을 검증할 수는 없지만, 이 해커 그룹에 정통한 보안 전문가들은 파이낸셜 타임즈에 제시된 침투 기술에 대한 설명이 지난 2년 동안 이들이 관련된 다른 공격과 패턴이 일치한다고 밝혔다.

이들은 자신들이 MGM 시스템에 애초에 어떻게 접근했는지는 밝히지 않았다. 과거에도 스캐터드스파이더는 헬프데스크에 그럴듯하게 전화를 한 후, 소셜 미디어를 통해 이미 정보를 확보하고 있던 직원을 가장해서 새 비밀번호나 다단계인증(multifactor authentication, MFA) 코드를 생성하도록 유도한 뒤, 회사 전화의 가입자 식별 모듈(subscriber identity module, SIM)을 조작하는 수법을 사용한 것으로 알려졌다. 이 수법은 심피싱(SIM-phishing)이라고 불리는 것으로 휴대 전화기에 흔히 설치되어 있는 SIM칩을 장악하는 해킹 방법이다. 이는 다단계인증 절차에서 두 번째 단계가 휴대전화기로 오는 전화나 문자일 때 이를 이용해서 계정을 탈취한다. 이 사기 수법은 휴대전화를 분실, 도난당한 경우나 고객이 새 휴대전화로 서비스 전환을 요청하는 경우 다른 SIM이 포함된 장치에 전화번호를 그대로 이식해 주는 휴대전화 서비스 업체의 업무 처리 절차를 악용하는 것이다.

침투의 시작은 범죄자가 공격 대상자에 대한 상세한 정보를 수집하는 것부터다. 이때 인터넷 등에 공개되어 있는 정보를 이용하고, 또 피싱 이메일이나 다른 속임수를 써서 직접 개인정보를 빼내고, 이미 이런 정보를 가지고 있는 다른 범죄 조직으로부터 구매하기도 한다. 이렇게 얻은 세부 정보를 바탕으로 사기꾼은 피해자의 휴대전화 서비스 제공 업체에 연락한다. 사기꾼은 교묘한 속임수를 사용해서 전화 회사가 피해자의 전화번호를 사기꾼의 SIM으로 이동하도록 유도한다. 예를 들어, 개인 정보를 사용하여 피해자를 사칭하여 진짜처럼 보이도록 하고 휴대폰을 분실했다고 주장하는 방식이다. 요즈음 우리나라에서 자녀를 사칭하면서 휴대폰이 고장이거나 이를 분실했다고 하는 문자 메시지나 전화 피싱이 매우 많다.

일단 이런 상황이 되면 피해자의 전화는 네트워크 연결이 끊어지고 사기꾼은 피해자에게 보내는 모든 SMS 및 음성 통화를 받게 된다. 이를 통해 사기꾼은 피해자에게 전송된 문자나 전화 통화를 통해 전송되는 일회용 비밀번호를 가로챌 수 있다. 이런 식으로 은행 계좌, 소셜 미디어 계정 등에서 휴대전화로 보내는 문자 메시지나 전화 통화에 의존하는 인증 방법을 무력하게 만들고, 이를 이용해서 시스템 방화벽을 타고 넘는다.

많은 전화 서비스 시스템이 복구 전화번호만 확인되면 비밀번호 재설정을 허용하고 있는 점을 악용해서 범죄자는 도용된 번호와 연결된 거의 모든 계정에 액세스할 수 있게 된다. 이를 통해 피해자의 정보나 돈을 갈취하기도 하고, 이 정보를 다크웹(dark web)과 같은 암시장에 판매하기도 한다.

MGM 사이버 침해 사건은 해커가 소셜 엔지니어링 수법을 이용해서 전산망에 침입한 후 랜섬을 요구하는 전형적인 케이스다. 사이버 보안 전문가들은 약 2022년경부터 미국의 많은 기업에서 비슷한 유형의 공격이 나타났다고 본다. 해커가 피해 기업의 고용인을 가장해서 IT 지원 담당자를 속이고 전산망에 접속하는 식이다. 스캐터드스파이더를 추적하는 분석가들은 점점 더 많은 조직이 이들의 교묘한 소셜엔지니어링 계략에 빠지고 있다고 말한다. MGM은 세계적인 사이버 보안회사 옥타(Okta)가 서비스를 제공하는 고객이었는데, 옥타는 이 공격이 나타나기 한 달여 전부터 MGM 호텔 업무 중에서 여러가지 이상 징후가 발생하는 것을 발견하고 호텔 측에 이에 대한 주의 경고를 보냈었다고 한다. 기민한 탐지 방어 시스템이 이런 유형의 공격을 미연에 방지할 수도 있었을 것이지만, MGM이 이를 무시하고 간과했을 수도 있다.

사이버 보안 전문가들은 이 공격을 가한 해커들이 MGM호텔 외에도 시저스 엔터테인먼트와 다른 3개의 호텔 기업도 공격한 것 같다고 말한다. 이들은 모두 사건이 알려진 직후 주가 하락으로 시장 가치를 크게 잃었다. MGM은 라스베이거스에서 마카오까지 전 세계에 걸친 호텔과 게임장에서 중단된 업무를 정상적으로 회복하는데 열흘이 넘게 걸렸다. 같은 시기에 공격을 당한 시저스엔터테인먼트는 미국 증권거래위원회(Security and Exchange Commission, SEC)에 보고한 공식 서류에 수백만 달러의 랜섬을 지불했다고 언급했다. 이들의 경우는 호텔 IT 업무를 지원하는 외부 용역 회사가 소셜엔지니어링 수법에 당했고, 이어서 충성 고객을 관리하는 프로그램의 민감 데이터가 탈취되었다.

어째서 보이스 피싱이 통하는가?

MGM 사건에 대해 ALPHV(블랙캣)이 자신들이 공격했다고 주장하지만, 아직 이 공격의 실상은 잘 파악되지 않았다. 그러나 전문가들은 이들이 사용한 것으로 생각되는 비싱 수법에 많은 조직이 대비되어 있지 않은 점은 확실하다고 본다. 많은 소셜엔지니어링 수법이 사이버 보안의 연결 중 가장 약한 고리인 사용자, 즉 사람을 표적으로 한다.

많은 사이버 공격이 피싱으로 시작된다. 이메일 피싱이 사이버 침투에 매우 흔히 사용되는 방법의 하나지만, 침투 효과 면에서는 보이스피싱이 더 두렵다. IBM 보고서는 2022년 부터 기업을 공격하는 해커들이 전화 통화를 이용한 피싱 공격 수법을 더 자주 사용하기 시작했다고 말한다. 보이스피싱이 개인 수준에서 일어나는 것 정도로 인식되어 기업의 사이버 보안에서는 아직 많은 관심을 받지 못하기도 했지만, 앞으로는 이런 유형의 사건이 더 많이 일어날 수 있다. 위기 상황을 연출하고, 해외 접속으로 위장하거나, 음성 전화 서비스의 음질을 조작하는 식의 교묘한 수법이 도처에 널려 있다. MGM에 대한 사이버 공격이 알려지고 나서 전반적으로 사이버 보안에 대한 경각심이 높아지기도 했지만, 이제 해커들이 보이스피싱으로 재미를 보고 있다. 앞으로 이런 공격이 증가할 수 있다고 전문가들은 관측한다. 음성 인식을 통해 상대방을 확인하는 화자 인식(speaker recognition)기술 개발이 사이버 보안의 중요한 요소가 될 것이다.

이메일 피싱을 하려면 해커도 인프라가 필요하고 그럴듯한 이메일을 작성해야 하는 등의 기술적인 작업이 많이 필요하지만, 보이스피싱은 전화를 들고 누군가에게 비밀번호 재설정을 요청하기만 하면 쉽게 통하는 경우가 있기 때문에 위험하다. 보이스피싱이 통하는 이유는 상대방을 속이기에 충분한 정보를 범죄자가 가지고 있기 때문이다. 이런 결정적인 정보들을 해커들이 사이버 공간에서 매우 쉽게 얻을 수 있는 것이 현실이다. 바로 "링크드인" 같은 다양한 유형의 인물 검색 엔진이 중요한 정보를 아주 많이 제공하고 있다.

해커의 세상에는 이런 정보를 미리 탈취해서 새로운 해커에게 판매하거나, 이런 민감한 정보를 수집해 주는 암시장과 같은 다크웹도 있고, 심지어 일반 인터넷 접속으로 쉽게 연결되는 집단도 있다. 구글도 사이버 범죄를 막기 위해서 이런 자료를 검색하는 툴을 제공하는데, 매우 모순되지만, 이런 서비스가 도리어 민감한 정보를 수집하는 통로가 되기도 한다. 사이버 공격자들은 모든 정보를 갖춘 뒤, 조직의 상사나 권위 있는 정부 기관을 가장하거나 긴급한 상황을 연출하기도 하면서 그럴 듯한 소셜엔지니어링 사기술로 상대방을 속인다. 이때 신원 확인이나 인증 프로세스가 부실한 조직은 매우 위험하다. 그런데 이런 일이 아주 자주 일어난다.

최고의 사이버 방어 수단과 값비싼 방어 도구도 한 번의 소셜엔지니어링 공격으로 속아 넘어갈 수 있다. 그리고 모든 전산망에는 어느 정도 백도어나 취약점이 있다. 인공지능 시대에는 공격자가 직접 수집하고 해킹한 정보뿐만 아니라, 인공지능 등의 새로운 기술을 동원해서 알아낸 더 많은 사회적, 기술적 정보를 해커가 활용할 것이다. 앞서 설명한 홍콩의 송금 사건처럼 딥페이크 기술도 이미 깊이 침투해 있다.

피싱에 어떻게 대비해야 하나?

그렇다면 우리는 자신과 조직을 보호하기 위해 무엇을 할 수 있을까? 자신이 피싱을 당할 수 있다고 생각해 볼 때, 무엇을 주의해야 할까? 로그인 자격 증명, 즉 아이디, 패스워드를 함부로 알려주지 말아야 한다. 공개되는 자신의 정보도 주의해야 한다. 사이버 공격자들이 귀하를 속이거나 다른 사람을 속이기 위해 이를 이용해서 사칭한다. 사람과 교류할 때 항상 그가 누구인지 확인해야 한다. 누군가 계정 중 하나에 액세스하더라도 다른 계정에 액세스할 수 없도록 모든 계정에 서로 다른 비밀번호를 사용해야 한다. 또 보안 계층을 더해서 다단계인증을 사용해야 한다.

MGM은 데이터가 도난당한 고객에게 이 사실을 알리고, 무료로 신원 보호 및 신용 모니터링을 제공했다. MGM은 고객의 직불카드 번호가 유출된 경우를 대비해서 은행 명세서를 꼭 확인하고, 아니면 은행에 새 카드를 요청하거나 계좌를 동결하도록 권했다. 결국 고객에게 큰 불편을 주고, 위험한 상황을 안기게 되었다. MGM은 해커가 고객의 이메일 주소를 알아낸 경우에 대비해서, 고객들에게 MGM에서 발송했다는 이메일에 주의하고, 함부로 링크를 클릭하거나 자격 증명을 제공하지 않도록 요청했다. MGM이 자신의 이메일을 믿지 말고 조심하라고 당부하게 된 것이다.

MGM은 이 사건으로 사회적으로 신뢰를 크게 잃게 되었다. 사람들은 이미 자신의 데이터를 보호하지 못한 회사에 또다시 데이터를 알리고 싶어하지 않는다. 사람들은 자신들이 신뢰하는 회사가 자신들의 데이터를 보호할 수 있는 충분한 시스템을 갖추지 못하고 있다면 충성스러운 사용자가 될 수 없다. 문제는 많은 회사나 조직이 이런 대비가 되어 있지 않았다는 점이다.

접속자의 신원 확인은 시스템 보안에 가장 중요한 키다. 해커의 사칭을 막기 위해 신원 확인 절차와 수단이 더욱 중요 해질 것이다. 본인만이 알고 있는 것, 가지고 있는 것, 행동과 안면 인식, 음성 인식 등의 개인 특성을 이용한 보다 높은 신원 확인 수단이 필요하다.

2 PC방 디도스 공격

2023년 1월 말, 설날 연휴 직후 우리나라의 거대 통신사인 LG유플러스가 디도스(DDoS, Distributed Denial-of-Service, 분산서비스거부) 공격을 받아 심각한 인터넷 접속 장애가 발생하면서 이 통신 서비스를 사용하는 업소뿐만 아니라 일반 사용자 고객들도 엄청난 불편과 손해를 보았다.

설날 연휴 동안 통신사의 선 인터넷망에 접속 장애가 발생하면서 일반 인터넷 이용자들이 큰 혼란에 빠지게 되었다. 연휴에 들이닥친 대규모의 디도스 공격은 당장 PC방 운영에 큰 영향을 미쳤다. 서버 과부하로 인터넷이 먹통이 되면서 PC방에서 이를 이용하던 고객들이 크게 불평과 항의를 했다고 한다. 한 번 공격 때마다 30분가량 인터넷 접속이 끊겼고, 하루에 2차례 이상 피해가 발생한 곳도 적지 않았다. 이때 LG유플러스는 접속 장애를 인지하고 우회 루트를 통해 복구했다고 과학기술정보통신부와 한국인터넷진흥원(KISA)에 신고했다.

문제가 발생한 시점이 명절 연휴 기간이어서 이를 복구할 인터넷 통신사와 연락하는 것조차 쉽지 않았다. 놀랍게도 PC방 업계에서는 그간 경쟁 업체를 견제할 목적으로 인근 PC방이 공격해 오는 경우도 있었다고 한다. 이번 사태는 전국적으로 같은 인터넷 서비스 망을 사용하는 업소들이 크게 피해를 입은 것이었다. 피해자들이 자체적으로 조사한 바로는 피해 업소의 80% 이상이 이 회선을 쓰고 있었다고 한다. 이에 대해 통신사는 "회사 서버의 문제가 아니었고, 피해 업장에는 우회 IP를 제공해 문제를 해소했다"고 말했다. 그런데, 약 1주일 뒤 같은 통신사에 디도스 공격이 다시 일어나 일반 이용자와 이 통신사의 결제망을 사용 중인 소상공인도 피해를 입게 되었다.

디도스 공격을 해온 해커가 문제이고, 방어하는 입장인 LG유플러스에는 별다른 죄가 없다는 생각도 할 수 있겠지만, 주말 황금 시간대에 발생한 장애로 많은 업소의 영업에 큰 차질이 생겼다. 게다가 장애가 반복되어 여론이 나빠졌다. PC방 업주들은 서비스 망을 다른 회사로 전환하기도 하고, 공정거래위원회 등에 진정서나 회사에 대한 시위도 계획했다. 수많은 고객의 개인 정보도 유출되었고, 통신사는 수십 억 원에 달하는 거액의 과징금을 부과받았다.

점점 더 세지는 디도스 공격

디도스 사이버 테러는 새로운 수법이 아니다. 수년 동안 국내의 여러 기관, 금융사, 대형 포털, 학술 단체 등이 디도스 공격으로 피해를 입었는데, 2023년에는 디도스 방어 서비스를 제공하는 역할을 하는 통신사까지도 공격을 받게 된 것이다. 2023년 11월에 세계적으로 잘 알려진 인공지능 서비스 챗GPT도 디도스 공격으로 대규모 접속 장애를 겪었다.

디도스 공격은 대량의 트래픽(데이터 전송)을 순간적으로 일으켜 서버가 이 과부하를 감당하지 못하도록 하는 사이버 공격이다. 엄청난 수의 접속 요청을 동시에 보내서 서버가 반응을 하지 못하게 한다. 디도스는 단순하면서도 매우 강력한 사이버 공격 방법이다. 대규모 공격으로 시스템 접속이 완전히 불가능해질 수 있기 때문이다. 인기 높은 행사의 입장권 예매 사이트에 짧은 시간 동안 요청이 폭주해서 서버가 반응하지 못하게 되는 현상은 자연 발생적인 디도스 현상이다.

1996년 당시 세계적인 인터넷 서비스 공급자인 파닉스(Panix)가 최초로 도스(Denial-of-Service, DoS, 서비스 거부) 공격을 받았다. 이로 인해 통신 하드웨어를 공급하던 시스코(Cisco) 등이 방어책을 마련하는 동안 며칠 동안 서비스가 중단되었다. 다음 해 라스베이거스에서 열린 세계 최대의 컴퓨터 보안 컨퍼런스이자 해킹 대회인 데프콘(DEFCON)에서 칸 스미스가 이 공격법으로 인터넷 서비스를 약 1시간 동안 두절되도록 만들었다. 이때 알려진 샘플 코드가 이후의 여러 대기업에 대한 디도스 공격의 수단이 되었다고 한다.

디도스 공격은 더 빈번 해지고 규모와 공격 속도도 커지고 있다. 2016년 이후 Tbps(초당테라비트) 단위의 공격도 종종 일어난다. 2020년 구글은 이보다 2017년에 일어났던 구글 클라우드에 대한 디도스 공격에 대해 접속 요청이 초당 2.54TB에 달하는 엄청난 속도의 공격이었다고 밝혔다. 2020년 2월 아마존 웹서비스(AWS)도 비슷한 규모(최대 초당 2.3TB)의 공격을 받았다. 2021년 11월 마이크로소프트 엣지(Edge) 서비스를 대상으로 발생한 디도스 공격 규모는 무려 3.47 Tbps였다. 세계적인 거대 IT 기업들도 모두 심각한 디도스 공격을 받았다.

우리나라에서도 2012년 10대 청소년들이 디도스 공격용 악성 프로그램을 제작해 판매하다 경찰에 무더기로 적발되었다. 이들은 자신의 프로그램 제작 능력을 과시하기 위해 공공기관뿐 아니라 개인 홈페이지까지 무차별 공격했다고 한다. 놀랍게도 적발된 악성 프로그램 제작자 중 한 명은 14세의 중학교 2학년이었다.

이들이 사용한 디도스 공격용 악성 프로그램은 당시까지 발견되지 않았던 것으로, 중국에서 제작된 디도스 공격용 도구를 변형해 한국어로 번역해서 업그레이드한 것이었다. 이들은 이 프로그램을 불과 3개월 만에 개발했다고 한다. 이들은 함께 검거된 공격자들과 인터넷 카페를 통해 정보를 공유했다. 경찰 관계자는 "이들이 공급한 일부 프로그램은 인터넷에서 무료로 받을 수 있고, 동영상으로 사용법을 설명해주는 카페나 블로그까지 있다"며, "누구나 손쉽게 악성코드를 만들어 좀비 PC를 생성하고 공격 표적을 설정한 뒤 엔터키만 누르면 디도스 공격이 바로 가능하다"고 위험성이 매우 높음을 강조했다.

이들은 공격을 위해 서버를 셧다운이 시킬 수 있는 신종 디도스 프로그램을 개발해 적게는 200~300대, 많게는 천 대 이상의 좀비 PC를 확보했다. 또, 이들은 2010년부터 사이버머니 또는 게임 아이템, 컴퓨터 프로그램 등을 인터넷에서 음성적으로 거래하는 블랙마켓(암시장)에 이런 악성 프로그램들을 돈을 받고 공급하기도 했다.

다음 해인 2013년 10월에도 대규모의 디도스 사이버 테러가 있었다. 이때 정보보안 기업 안랩은 네이트, MSN, 티스토리, 한게임, 넥슨, 중앙일보, CBS, 그리고 안랩 자신을 포함한 20여 곳의 기업이 공격 대상 웹사이트였다고 밝혔다. 2022년에도 PC방에 대한 디도스 공격으로 수백 곳이 넘는 PC방이 피해를 보았다. PC방에서는 IP를 바꾸면서 영업을 계속하기도 했는데, 바꾸어도 하루 이틀 지난 뒤 또는 주말 사이에 다시 공격해 온다는 것이다. 웹 서핑을 해보면 디도스 공격을 대행해주는 존재들마저 있다. 심지어 무료로 서비스 샘플을 제공하기도 한다.

사물인터넷(IoT) 기기의 확산도 대규모 디도스 공격 증가에 한몫을 한다. 악성코드에 감염된 영상 저장 장치, 유선 TV의 셋톱박스 등의 일상생활에서 널리 사용되는 IoT기기들은 사이버 공격에 매우 취약하다. 당시 과학기술정보통신부 보고에 따르면 2021년 4분기 9건이던 디도스 사고 건수는 2022년 3분기 48건으로 급증했다.

사이버 조폭

디도스 공격 등으로 서버가 포화되고 시스템이 마비되면 업무가 불가능하게 된다. 공격의 표적이 된 피해자는 쉽게 시스템 복구를 하지 못해 결국 사이버 범죄자에게 랜섬을 지불하게 된다.

게다가 서버 운영자들을 협박해 상습적으로 '보호비' 등을 뜯어낸 이른바 '사이버 조폭'도 있다. 2014년 부산경찰청은 국내 유명 온라인 게임의 프로그램을 복제해 사설로 게임 서버를 운영하는 284명에게 디도스 공격을 하겠다고 위협하면서 보호비 명목으로 수억 원을 뜯어낸 일당을 적발했다. 일명 '오로라팀'이라는 이름으로 활동한 이 일당은 인터넷 카페 등을 통해 찾아낸 사설 서버 운영자들에게 전화나 문자 메시지로 위협해 금품을 뜯어냈다. 이들은 보호비를 내지 않는 운영자의 서버에 디도스 공격을 가해 영업을 하지 못하게 하기도 했다. 폭이 주점이나 오락실 등에서 보호비를 뜯어내고, 보호비를 내지 않으면 위협과 폭력을 행사하는 것과 마찬가지다. 이들은 사설로 개설한 프리 서버가 게임업체의 저작권을 침해한 범죄 행위여서 경찰에 신고할 수 없다는 점을 악용해 이런 범행을 일삼았다. 프리 서버 운영자들은 초기 서버 개설과 홍보 비용으로 800만~1,000만 원의 비용을 들이는데, 디도스 공격을 받으면 아예 영업할 수 없어 '울며 겨자 먹기'식으로 보호비를 상납한 것으로 드러났다.

2017년에는 디도스 공격을 대행해 주는 일당이 검거된 적도 있다. 이들은 토렌트 등 파일 공유 사이트를 통해 악성 프로그램을 유포해 PC 수만 대를 감염시켜 좀비 PC로 만들었다. 이어서 인터넷 도박 관련 단체 채팅방에 '먹튀 도박 사이트에 디도스 공격을 해준다'고 광고해 의뢰자를 모집하고 도박 사이트에서 돈을 잃은 사람의 요청에 의해서 도박 사이트 7곳을 공격했다. 이들은 최신 영화로 위장한 파일에 악성 프로그램을 탑재해 유포하는 수법을 썼다. 파일을 받아 실행하면 동영상은 재생되지 않고, 대신 위장된 악성코드가 해당 PC에 설치된다. 범인은 2012년 4월 총선 전날 중앙선거관리위원회 서버를 디도스 공격한 사건으로 3년간 징역형을 선고받았던 자로, 수감 기간 동안 계획을 세운 뒤 출소 이후 범행을 저지른 것으로 알려졌다.

디도스 공격에 대한 대응

높은 수준의 사이버 보안 시스템을 갖추고 있을 것으로 생각되는 금융기관과 포털 사이트도 디도스 공격을 받아 시스템이 마비되기도 했다. 인터넷 초창기인 2003년 KT 혜화전화국의 DNS(인터넷 도메인 시스템) 서버가 디도스 공격을 받아 인터넷망이 마비됐고, 2014년에는 SK브로드밴드의 유선인터넷서비스가 1시간가량 중단된 적이 있다. 2020년 한국증권거래소가 디도스 공격을 받아 2시간 동안 홈페이지 접속이 지연되었다. 이곳은 이보다 3년 전에도 디도스 공격을 받은 바 있다. 같은 해 7월 17일 임시 공휴일 연휴에 카카오뱅크와 케이뱅크, 신한은행 등이 해킹그룹으로부터 디도스 공격을 받았다. 2021년에는 네이버가 디도스 공격을 받아 약 70분간 뉴스, 카페, 블로그 등의 서비스들이 마비됐다. 배달 대행 플랫폼 '바로고'도 지난해 디도스 공격을 받아 만 하루 동안 서버 장애를 겪었다.

IT 시스템이 중지되면 당장 업무가 불가능해지고, 이어서 수익 손실로 이어진다. 이 피해는 매우 크다. 경제가 어려워지면 범죄적인 해킹도 늘어난다. 디도스 공격은 공격자의 입장에서 보면 비용이 적게 들면서 빠르게 시작할 수 있고, 기존 시스템을 토대로 삼지 않아도 되고, 노력에 비해 큰 규모로 시스템 중단을 일으킬 수 있다. 그래서 디도스 공격을 공격자들이 쉽게 선택한다.

20여 년 전에는 막을 수 없는 수준의 트래픽이 몰려들면 이를 불가항력이라고 판단했지만, 지금은 이에 대비하는 보안 기술도 많이 발전했다. 인터넷서비스공급사업자(ISP), 통신사는 실시간 디도스 감시, 대응 시스템을 갖추고 있고, 디도스 공격에 대한 대응 데이터도 충분히 가지고 있다. 디도스 공격을 받는다고 할지라도 전국 인터넷 서비스 마비까지 이어지는 일은 드물다.

기관이나 기업이 디도스 공격을 당했을 때 막을 수 있는 방어 솔루션을 제공하는 곳

또한, 통신사다. 국내 통신사는 한국인터넷진흥원(Korea Internet and Security Agency, KISA)와 함께 중소기업을 위한 디도스 방어서비스인 '사이버 대피소'도 운영하고 있다. LG유플러스 역시 디도스 공격이 발생하자 긴급 우회 차단 서비스를 자체적으로 제공했다. 우회 IP를 제공하는 등 디도스 피난처를 마련하여 우회하면서 업무를 유지할 수도 있다.

그러나 2023년 설 연휴 기간에 일어난 유플러스 인터넷망 공격은 매우 심각한 서비스 장애를 일으켰다. 이 공격은 사이버 보안에 철저한 대비를 할 것으로 기대되는 통신 서비스 제공자도 이런 단순한 공격에 문제가 생긴다는 점에서 충격을 준다. 또 이 사건은 공격받은 인터넷 사업자뿐만 아니라 이들과 연결된 소규모 업소도 큰 피해를 받는 것을 보여 준다.

경찰과 전문가들은 "인터넷에서의 해킹이나 디도스 공격 등 사이버 범죄가 갈수록 고도화, 지능화하고 있다"며 "감염 예방을 위해서는 윈도우즈의 자동 업데이트 설정하기, 백신프로그램을 통한 주기적 악성코드 검사, PC 방화벽 설정 등이 필요하다"고 말한다. 또 "출처가 불분명한 메일과 음란물, 프로그램은 열지 않는 등 컴퓨터 보호 수칙을 생활화해야 한다"며 "한국인터넷진흥원의 보호나라(www.boho.or.kr)에 수시로 접속해 자신의 PC가 좀비PC로 감염됐는지를 검사하는 것도 예방법 중의 하나"라고 조언한다.

3 중소기업도 사이버 공격을 당한다

점점 더 많은 사이버 범죄가 일어나는 이유는 이것이 수익성이 높고 투자나 물리적 어려움이 거의 없기 때문이다. 미국의 FBI는 범죄 조직들이 마약, 매춘에서 사이버 공격으로 전환하고 있다고 분석한다. 그러면서 중소기업도 사이버 범죄자의 주된 표적이 되고 있다. 마이크로소프트사의 사이버 보안 전문팀인 MS 365는 미국에서 사이버 공격의 75%가 중소기업을 표적으로 삼고 있다고 지적한다. 왜 그런가? 중소 기업은 사이버 공격에 보안이 취약하고 따먹기 쉽기(low-hanging fruit) 때문이다. 초보 해커들도 중소기업을 노린다.

2017년 4월 '여기어때' 라는 국내의 숙박 애플리케이션이 하이재킹 피해를 입었다. 해커들은 '세션하이재킹'이라는 방법을 이용하여 관리자 권한을 탈취했다. 해커는 크로스사이트 스크립트(Cross site script, XSS) 이라는 방법을 사용해서 악성 코드를 미리

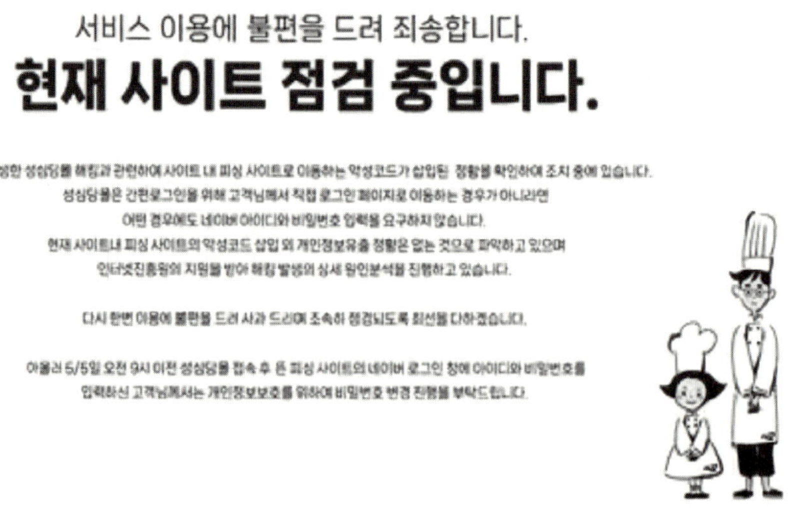

2024년 5월 대전의 한 유명 제과점의 온라인 쇼핑몰이 해킹을 당하고 이에 대해 사과 메시지를 게시했다.

웹사이트에 심어 놓고, 이 코드를 이용해서 수집된 인터넷 접속 쿠키[5]를 받아내 사용자와 상대방이 통신하는 접속 세션을 가로챘다. 이 사건에서 거의 백만 명에 달하는 회원의 개인정보 수백만 건이 유출됐다. 그리고는 해커들은 거액의 금전을 요구했다. 거래를 거부하자 해커들은 애플리케이션 사용자 고객들에게 장난 문자를 보내며 조롱하기 시작했다. '여기어때' 기업은 결국 사용자들에게 집단 소송을 당했고, 그 결과 거액의 손해배상을 감수해야 했다. 회사는 회원들에게 신뢰를 잃었고, 많은 사람이 앱 이용을 중단했다.

많은 기업이 자신의 웹사이트를 포함한 IT 시스템을 자체적으로 운영하기보다 외부 조직에 의존한다. 그런데 이 외부 전문 업체도 흔히 중소기업이고, 사이버 보안에 충분하고 철저한 대비를 하지 못하는 경우가 많다. 최근 유명 제과점의 온라인 쇼핑 시스템이 해킹을 당해 고객 정보가 유출되는 위험에 빠졌고, 수사 기관의 수사를 받고 있다[그림]. 해킹 사고는 외부 용역 업체가 운영하는 온라인 쇼핑몰 시스템에 발생한 것이지만, 사회는 이 제과점이 해킹당한 것으로 인식한다. 외부용역 업체뿐만 아니라 이 제과점이 해킹의 큰 피해자이고, 고객이 피해자다. 제과점의 고객들이 불안감을 가지는 것은 당연하다.

중소기업에 대한 사이버 공격도 패턴은 마찬가지다. 이메일이나 SMS문자를 이용한 피싱 사기로 민감한 개인 정보, 금융 정보, 패스워드를 갈취하고 사칭하면서 시스템 깊이 침투해서 시스템을 봉쇄하거나, 데이터를 암호화해서 갈취한다. 그리고 랜섬을 요구하거나, 민감한 정보를 다른 해커에게 판매한다.

중소기업의 위험이 높은 이유

2018년 미국의 비즈니스 잡지 〈기업 Inc〉에서 조 갤빈 기자는 놀라운 조사 결과를 보고했다. 사이버 공격을 받은 중소기업의 60%가 사이버 침해를 당한 후 6개월이

5 쿠키(cookie): 인터넷 사용자가 어떠한 웹사이트를 방문할 경우 사용자의 웹 브라우저를 통해 인터넷 사용자의 컴퓨터나 다른 기기에 설치되는 작은 기록 정보 파일이다. 쿠키는 소프트웨어가 아니어서 컴퓨터 내에서 프로그램처럼 실행될 수 없고, 바이러스를 옮길 수도, 악성코드를 설치할 수도 없다. 그러나 스파이웨어를 통해 사용자의 인터넷 검색 행동을 추적할 수 있고, 쿠키를 훔쳐서 웹 계정 접근 권한을 획득할 수도 있다.

지나기도 전에 문을 닫고 말았다는 것이다. 절반 이상의 기업이 사이버 공격을 받고 견디지 못한 것이다. 마이크로소프트사의 2023년 보고는 미국에서 랜섬웨어 공격으로 인한 피해 액수가 평균 약 60억 원(USD 5.13 Mil)에 달하고, 침해를 받은 회사의 대다수가 사이버 위협에 대한 대비를 제대로 하지 않았다고 지적한다. 문을 닫게 된 회사의 CEO가 사이버 구체적인 보안 계획을 세우고 있지 않았고, 제대로 대비를 실천하지 않았다는 것이다.

많은 중소기업이 IT 시스템 보안에 제대로 대비하지 못해 대기업 조직에 비해 사이버 공격에 더 취약하기 쉽다. 보안 시스템이 존재하더라도 제대로 조율되지 않으면 사이버 공격에 신속하게 대응하지 못하고, 침입해도 탐지하지 못하기도 한다. 많은 기업이 수십 개의 보안 솔루션을 채택하지만, 이를 제대로 조화롭게 연결하고 활용하는 것은 다른 문제다. 대비가 부족한 중소기업은 심지어 초보자 해커에게도 당할 수 있다. 솜씨가 높지 않은 절도범일수록 문단속이 허술한 집, 담장이 낮은 집을 노린다.

중소기업은 조직의 규모나 상황이 전담 사이버 보안 직원을 고용하지 못하는 경우가 많다. 그러다 보니 사이버 보안을 효율성을 가지고 실질적으로 관리하기 어렵다. 전담 직원이 있더라도 예산이 부족하거나 직원들에게 충분한 교육을 하지 못하기 쉽다.

그래서 기업은 외부의 IT 관리 업체의 협조를 받는 것도 생각할 필요가 있다. 외부 관리 업체가 조직 내의 전담 요원보다 더 깊은 전문 지식을 가지고 풀타임으로 서비스를 제공할 수도 있다. 자신이 모든 문단속을 책임지려고 손수 자물쇠를 설치하고 직접 순찰을 하는 것보다, 원격 방범 서비스를 설치해서 보안을 의뢰하고 자신은 자신의 업무에 역량을 쏟는 것이 회사에 더 이익이 될 수 있다.

소규모 기업은 데이터를 오프사이트에 백업할 수 있는 클라우드 서비스를 잘 사용하지 않는다. 그러면 분산서비스거부 공격의 대상이 되기 쉽고, 시스템이 장악되면 데이터를 사용하지 못하게 되는 매우 중대한 상황이 생긴다. 백업이 없으면 결국 범죄자에게 랜섬을 지불하지 않고는 데이터를 회수하지 못한다. 사이버 범죄자들이 백업이 없는 것을 알면, 랜섬을 받아낼 확률이 높다고 여기고 더 많은 공격 기회를 엿본다.

중소기업에서 무엇보다 중요한 것은 구성원들의 교육을 통해서 보안 문화를 조성하는 것이다. 일반적으로 중소기업은 대기업에 비해 보안 교육도 부족하고, 보안 인식이 낮다. 직원들이 전산망과 그 접점에서 일어나는 의심스러운 활동을 즉시 보고하고 경계하는 민감한 보안 의식을 가지는 것이 매우 중요하다. 바로 자신이 해커의 표적이 될 수 있다는 점을 인식하는 것이다. 직원들이 자신도 모르게 사이버 범죄자가 기업을 공격하도록 돕는 어처구니없는 일도 있다. 직원들은 보이스 피싱과 같은 소셜 엔지니어링 수법, 이메일 사기 등 다양한 공격 방법에 대해서도 알고 있어야 한다. 흔히 세무서, 경찰과 같은 관청이나 그럴듯한 인물, 조직을 사칭하는 전화 통화, 메시지, 이메일, 가짜 링크로 침투가 시작된다. IT 담당 부서는 시스템 운영에만 집중하기 쉽다. 전반적인 보안 문화 교육과 업무 부서에 따른 구체적인 보안 수칙을 교육해야 한다. 외부 기관의 도움을 받을 수도 있고, 효율적인 온라인 교육 프로그램도 많다.

중소기업은 해커가 대기업을 침투하기 위한 징검다리로 이용되기도 한다. 중소기업은 보안이 취약하기 때문에, 해커는 대기업에 용역 서비스를 제공하는 중소기업을 노리고, 이 중소기업을 통해서 대기업이나 금융 기관과 같은 더 큰 대상을 공격하기 위한 접속 자격을 얻어낸다. 이렇게 중소기업도 흔히 공격받는다.

중소기업이 기업과 자신의 생계를 보호하기 위해 첫 번째로 해야 할 일은 사이버 방어의 심각성을 인식하고 이에 따라 조직의 규모와 기능에 적합한 사이버 방어 계획을 세우는 것이다. 과학기술정보통신부 산하의 한국인터넷진흥원(Korea Internet and Security Agency, KISA)에서 사이버 보안지침과 가이드 라인을 제공한다.

중소기업의 사이버 보안 대책

랜섬웨어 공격으로부터 보호하기 위해 모든 데이터를 물리적으로 다른 장소에 백업하는 것은 매우 중요하다. 온사이트 백업 외에 오프사이트 클라우드 제공업체를 이용할 것을 권한다.

사이버 환경이 빠르게 변화하기 때문에 구축된 보안 시스템을 주기적으로 점검하고 평가하는 것도 매우 중요하다. 웹사이트, 드라이브, 데이터 폴더 등 외부에서 액세스할 수 있는 시스템의 보안 상태를 객관적으로 점검한다. 중소기업은 조직 내부에 이를 수행할 수 있는 전문 조직이나 인력이 없는 경우가 많아, 흔히 외부 컨설턴트에게 이를 의뢰하게 된다. 평가 결과에 근거해서 혹여 사이버 침해가 발생했을 때 조직과 직원이 할 절차도 수립해야 한다.

IT 및 보안 업무 자체를 아웃소싱하는 것도 현명한 결정일 수 있다. 직원이 소수인 경우에 외부 전문 조직의 지식과 역량을 활용하는 것이다. 이때 상근 모니터링 기능을 갖춘 관리형 IT 서비스 제공 업체와 협력하는 것이 좋다.

4 FBI, 랜섬웨어 갱단을 일망타진하다

2023년 1월 미국 법무부는 FBI가 하이브(Hive)라는 랜섬웨어 그룹을 일망타진했다고 발표했다. 하이브는 주로 에너지, 보건의료, 재무 회계, 미디어, 교육 기관을 해킹 공격하는 랜섬웨어 범죄 집단이다. 세계적으로 암약하는 거대한 랜섬웨어 범죄 그룹이 다수 있는데, 하이브는 가장 큰 랜섬웨어 범죄 그룹 중의 하나였다.

미 법무부는 이 작업을 "법에 따라 해커를 해킹(legally hacked the hackers)"한 것이라고 표현했다. 법무부는 미국과 독일이 중심이 된 13개국 이상의 국제 파트너와 공조해서 하이브에 침투했고, 암호를 해독하는 키를 확보해서 암호를 풀고 피해자들이 요구된 랜섬[몸값]을 지불하지 않고도 자신의 데이터를 복구할 수 있도록 했다고 설명했다. 또한, 법무부는 이 과정에서 그동안 누가 표적이 되었고, 피해자였는지 확인할 수 있었는데, 발생한 실제 사건의 피해 기업 중 단지 약 20% 정도만 당국에 신고를 했다는 것을 발견했다. 20%라는 숫자는 이 문제의 심각성과 규모를 볼 때 매우 낮다. 대부분이 남모르게 랜섬을 지불하고, 피해를 당한다는 뜻이다.

하이브 침투 과정: 취약점 발견과 FBI 요원의 침투

이 작업은 약 6개월 전 플로리다 주 탬파의 FBI 현장 요원이 범죄자의 내부 통신망을 침투한 것으로부터 시작했다. 요원은 하이브 네트워크의 자회사로 위장 활동하면서, 하이브 전체 네트워크에 액세스할 수 있는 권한을 획득한 후, 7개월 동안 탐지되지 않은 채 비밀리에 암호 해독 키를 생성해내고 증거를 수집했다. 이들은 수 개월동안 하이브의 통신망에 잠입한 채로 어떤 기업을 공격하고 감염시켰는지 확인했다. 그리고 수사기관은 하이브 몰래 서버로부터 천 개가 넘는 암호 해독 키를 확보해서 피해자의 시스템을 마비시켰던 랜섬웨어의 암호를 해제했다. 몇 달 동안 300곳이 넘는 피해자의 컴퓨터를 복구했다고 한다. 이렇게 FBI는 피해자들과 협력하여 하이브가 노린 표적들을 찾아내고, 법원의 명령과 수색 영장을 받은 후, 하이브 시스템에 진입하고, 인프라를 압수했다. 이들이 훔친 데이터를 보관하던 로스앤젤레스에 위치한 백엔드 컴퓨터 서버도 압수하고 웹사이트를 폐쇄했다.

2022년 11월 미국 CISA(Cybersecurity & Infrastructure Security Agency, 사이버보안 및 인프라 보안국)는 하이브 랜섬웨어의 피해를 막는 방법을 자세히 설명하는 사이버 보안 주의보를 발표했다. 당국은 이 해킹 그룹이 2021년 6월 이후 전 세계적으로 1,300개가 넘는 기업을 피해를 입혔으며 몸값으로 약 1억 달러를 획득했다고 밝혔다. 두 달 후 하이브가 해체될 때 이들이 80개국에서 200개 이상의 회사에 피해를 입힌 것이 추가로 밝혀졌다.

FBI가 하이브를 일망타진 하기 전 한국의 국민대학교의 연구원 몇 명이 하이브 랜섬웨어의 암호화 알고리즘에서 취약점을 발견하여 마스터 키를 획득하고 하이재킹된 정보를 복구하는데 성공했다고 밝혔다. 시스템의 취약점을 공격하는 랜섬웨어 자체의 취약점을 거꾸로 발견해 낸 것이고, 이것은 아이러니칼하게도 하이브 범죄자들 자신도 취약점이 있었던 것이다. 2022년 6월 한국인터넷진흥원(Korea Internet & Security Agency, KISA)은 이를 기반으로 하이브 랜섬웨어를 복구하는 매뉴얼을 제공했다. 이것은 하이브 랜섬웨어를 복구할 수 있는 통합 도구로 하이브 랜섬웨어 버전 1부터 버전 4까지 복구할 수 있는 것이다. 한국에서는 하이브의 공격 대상이 되었던 기업이나 개인이 확인되지 않았다.

수사 기관이 하이브 시스템의 취약점을 찾아내서 침투한 것은 하이브가 자신의 악성 코드를 다른 악의적인 범죄자들에게 임대하고 제공하는 "서비스형 랜섬웨어" 조직이기 때문에 가능했을 수도 있다. 내부 구성원은 아니지만 하이브 랜섬웨어를 구매하려는 고객도 접근할 것이기에 외부 사람이 조직과 시스템으로 침투하는 것이 가능했을 수도 있다는 말이다.

랜섬웨어 공격은 계속될 것인가?

랜섬웨어와 해킹에 대한 방책이 여러 수준에서 세워지고 있지만, 아직 어려운 점이 많다. 랜섬웨어 공격자가 피해자의 시스템을 암호화할 뿐만 아니라 모든 데이터의 복사본을 훔친 다음, "몸값을 지불하지 않으면 내가 모든 데이터를 온라인으로 유출할 것"이라고 협박하는 경우는 이를 해결하기가 더욱 어렵다. 암호 해독 키를 확보하면 몸값을 지불하지 않을 수도 있겠지만, 도난당한 사본에 대해서는 이를 통제할 수단이 별로 없다.

그렇다면 하이브의 몰락으로 이제 랜섬웨어 공격이 없어질 것인가? 결코 그렇지 않을 것이다. 과거에도 수차례 이와 비슷하게 해킹 조직을 수사하고 해체했어도 살아남은 범죄자들이 다시 비슷한 행태를 반복해 왔다. 그러나 이 사건이 기업과 사람들에게 자신의 시스템이 이런 방식으로 공격받을 수 있다는 경각심과 약간의 불안감을 줄 것으로 기대한다.

온라인 범죄는 국경이 없다. 그런데 사람들은 해외의 사이버 범죄자에 대해서는 관심이 적은 것 같다. 직접적으로 조치를 취하기도 어렵기 때문에 두려움도 별로 느끼지 않고 남의 일로 보는 경향도 있다. 랜섬웨어는 암호 화폐 산업과도 연결되어 있다. 암호 화폐 중개는 국경을 넘나드는 큰 규모의 통화 결제를 용이하게 해준다. 이것은 범죄자에게 랜섬웨어 공격이 수익성 있는 사업이 되도록 하기 위해 매우 중요하다. 미국 정부는 랜섬웨어에 대해서 매우 적극적인 조치를 한다. 유럽도 마찬가지다. 범죄자를 체포하고, 서버를 분쇄한다. 미국 정부는 범죄자가 랜섬 결제를 처리하는데 이용하는 특정 암호 화폐 거래소도 규제한다.

미국은 국제 공조 분야에도 적극적이다. 1995년 러시아 생페테스부르크의 블라드미르 레빈이 미국 시티은행의 계좌를 침투한 것처럼, 사이버 범죄자의 많은 경우가 미국 국내에 기반을 두고 있지 않기 때문이다. 우리나라는 중국과 그리고 북한으로 의심되는 집단에 의한 공격이 수시로 있다. 그리고 이 범죄자를 쓰러뜨리려면 피해자가 있는 다른 국가의 법 집행 기관과의 협력도 매우 필요하다. 러시아와 우크라이나를 중심으로 많은 랜섬웨어 그룹, 사이버 범죄 조직이 있었다. 그런데, 우크라이나-러시아 전쟁으로 랜섬웨어 집단이 어느 정도 혼란에 빠졌다는 견해도 있다 이들이 전쟁으로 서로 정보를 유출하고, 서로 갈등하면서 내부로부터 서로 약화되기 시작했다는 것이다.

해킹과 관련하여 사이버보안 보험도 필요하다. 2023년 3월 현재 우리나라의 주요 보험사 10곳 중 5곳이 사이버보안과 관련된 보험 상품이 있다. 기업을 대상으로 하는 보험 상품은 단지 한 곳에만 있었다. 보험사들은 기업이나 개인 보험 계약자들이 자신을 보호하는 조치를 제대로 할 것을 요구한다. 중요한 대책 중 하나는 어떠한 사이버 공격에 대해서도 시스템을 재부팅 할 수 있는 백업을 가지는 것이다.

2024년 5월 20일 미국에 기반한 다국적 회사 〈라이브 네이션 엔터테인먼트〉의 〈티켓매스터〉가 사이버 침해를 받았다. 티켓매스터는 미국의 공연 티켓 판매의 70% 이상을 차지하는 거대한 회사다. 이 침해로 5억 명 이상의 고객 데이터가 영향을 받을 위험이 있다고 〈타임〉 지는 보도했다. 미국 인구가 약 3억 5천 명인데, 이를 훌쩍 넘는 수의 사람의 상세한 개인 정보가 갈취 되었다. 문자 그대로 글로벌 레벨의 데이터 침해가 일어난 것이다.

며칠 뒤 샤이니헌터즈(ShinyHunters)라는 해킹 그룹이 이 사이버 공격을 했다고 주장했다. 티켓매스터로부터 갈취된 정보에는 560만 명에 달하는 사람의 이름, 주소, 전화번호, 신용카드에 대한 상세 내용이 포함되어 있다고 하는데, 1.3 Tb(테라바이트)에 달하는 이 정보를 5십만 달러(약 6억 5천 만원)에 다크웹 암시장에 내놓았다고 알려졌다.

샤이니헌터즈는 2020년과 2021년에 여러 기업의 데이터를 해킹한 것으로 잘 알려진 집단이다. 침해를 받은 기업에는 인도네시아의 토코피디아(Tokopedia), 인도의 교육 플랫폼 우나카데미(Unacademy), 왓패드(Wattpad), AT&T 무선통신, 마이크로소프트 등도 있다.

5 누구도 안전하지 않다

2024년 1월 미국 법무부는 세바스티엥 라울이라는 프랑스 국적 샤이니헌터즈의 일원을 체포하고, 이들이 약 2020년 4월부터 2021년 6월까지 약 1년간 60개 이상의 회사를 해킹하고 수천만 명의 고객 데이터를 강탈했다고 밝혔다. 이들 회사가 받은 피해는 6천억 원이 넘는다고 한다. 라울은 체포되어 미국 시애틀 법정에서 3년 감옥 형을 언도 받았다.

한국도 예외가 아니다

2023년 말 대한민국 법원이 대규모 사이버 침해를 받는 깜짝 놀랄 사실이 알려졌다. 이 법원의 전산망 침입은 북한의 지원을 받는 해킹그룹 라자루스의 소행으로 추정하는데, 2021년 1월 7일 이전부터 2023년 2월 9일까지 최소 2년 이상 꾸준히 진행됐다. 이 기간동안 무려 1,014GB(기가바이트)의 법원 자료가 법원 전산망 외부로 전송됐으며, 그 가운데 회생 사건 관련 파일 5,171개, 4.7GB를 법원 전산망 외부에서 발견되면서 유출이 사실임이 확인되었다. 유출이 확인된 자료는 4.7GB 분량이며, 모두 법원의 개인회생과 관련된 문서 5,171개다. 이 안에는 개인정보가 포함된 자필진술서, 채무증대 및 지급불능 경위서, 혼인관계증명서, 진단서 등이 포함됐다.

수사결과에 따르면 공격자는 적어도 2021년 1월 7일 이전부터 법원 전산망에 침입해 있었는데, 당시 보안장비의 상세한 기록은 이미 삭제돼 최초 침입 시점과 원인은 밝힐 수 없었다고 한다. 공격자의 악성 프로그램이 백신에 탐지돼 침해를 발견할 수 있었다. 약 2년간에 걸쳐 국내 서버 4대와 해외 서버 4대로 모두 1,014GB 분량의 자료를 전송했으며, 이를 역추적해 유출된 자료 일부를 확인한 것이다.

수년 동안 법원의 공식 자료가 대량으로 유출되면서, 사실상 얼마나 많은 민감한 정보가 의도를 알 수 없는 자들의 손에 들어갔는지 파악하기 어렵다. 우리나라 국민 대부분의 인적 정보가 북한이나 다른 범죄 집단에 넘어가 있을지도 모른다. 정보의 유출은 이들이 이를 이용해서 개인과 조직을 침투하고 새로운 약탈을 할 수 있다는 잠재적 위협이다. 상당히 많은 우리 국민의 신상 정보도 다크웹이나 암시장에서 거래되고 있을 것이다. 자신들에게 닥쳐오는 이상한 문자나 스팸메일을 보면 느낄 수 있다.

남미의 에콰도르는 80%에 달하는 국민의 개인 정보가 유출되었다고 한다.

제2부

인공지능 시대 사이버 보안

1 2024 사이버 공격과 범죄의 경향

기업은 악의적인 해커에게 좋은 먹잇감이다. 해커가 자주 기업을 표적으로 삼는 이유는 우선 기업은 몸값 지불 능력도 있어 보이고, 사이버 침해 사실이 외부로 알려지는 것을 원하지 않는 경우도 많기 때문이다. 게다가 이미 수차례 대규모의 사이버 공격에 침해를 받아온 정부 기관보다도 사이버 보안 수준이 높지 않다. 도둑들이 노리는 집은 결국 무엇인가 있을 것 같으면서 담장이 낮고, 자물쇠가 엉성한 집이다.

해커의 공격 수법은 나날이 교묘해지고, 복잡해지고, 은밀해진다. 세계 경제 포럼(World Economic Forum)은 2018년 공식 보고서는 "공격적인 사이버 기술이 이런 적대적인 사건에 대비하고 처리하는 능력보다 더 빠르게 발전하고 있다"고 지적한다. 2022년 말 챗GPT와 같은 형성형 인공지능 기술도 공개되었고 하루가 달리 새로운 기술이 등장한다.

2024년 초에 딥페이크 기술을 악용한 대형 사고도 홍콩에서 발생했다. 빠르게 첨단 수법을 만들어내는 사이버 범죄자들을 제압하기 위해서 보안 대비도 모든 첨단 기술과 지식이 동원되어야 한다.

급속하게 발전하는 IT 기술로 사이버 범죄 수법도 일반인이 쉽게 이해하기 어렵고, 또 속아 넘어가기 쉽다. 그러나 이것도 사람이 하는 일이다. 실제 침투의 시작은 엔드포인트, 즉 외부와 접점을 이루는 기기와 사람을 통한 경우가 매우 많다.

누가 공격당하는가?

어떤 해킹 그룹은 세계적인 조직을 공격함으로써 자신들의 명성을 높이려고 한다. 그래서 명망 있고 권위 있는 조직이 망신을 당하고 큰 손해도 입는다. 2021년 중반 사이버 범죄 그룹 랩서스(Lapsus$)는 세계적인 컴퓨터 기기 회사인 엔비디아(NVIDIA), 삼성전자, 마이크로소프트, LG 등을 공격했다. 이들은 초기 접근 단계에서 주로 피싱이나 심(SIM) 교환 등의 소셜엔지니어링 수법을 사용했다. 이 해킹 그룹은 랜섬을 요구하기 보다 조직에 불만을 품은 직원들이 내부 정보를 제공하도록 유인했다. 잘 방어된 조직도 이렇게 내부자를 표적으로 삼은 공격은 방지하기 어렵다. 정치적 해킹도 있다. 특정 해커 그룹이 특정 산업 분야를 주로 공격하기도 한다. 러시아가 배경인 것으로 알려진 바이스소사이어티(Vice Society)라는 해커 집단은 교육기관, 의료기관을 표적으로 랜섬웨어 공격을 일삼는 것으로 유명하다. 교육기관, 의료기관이 어째서 해킹의 대상이 되겠는가 의아할지 모르지만, 해커가 탐내는 많은 정보가 있다.

그러나 대부분 범죄의 동기는 금전적 이익이다. 사이버 범죄자들은 보안이 허술하면서 돈을 지불할 것으로 보이는 조직을 표적으로 삼는다. 일부는 해킹 후에 갈취한 정보와 자료를 다른 사이버 범죄자에게 제공하기도 한다. 해커나 해킹 그룹은 수익성 있는 표적을 노린다.

그동안 거대 다국적 기업은 많은 금액을 지불할 수 있는 능력이 있고, 이런 기업은 비즈니스가 중단을 막기 위해 속히 문제를 해결하려는 요구가 크기 때문에 해커들에게 "큰 먹잇감(big game)"이 되었다. 이들은 사이버 공격에 대비해서 상당한 투자를 한다. 그러나 방어 능력은 조직마다 상당한 수준 차이가 있었던 것 같다. 기업과 연결된 자회사,

위성 사무실 또는 원격 근무자들은 상대적으로 보안과 보호 수준이 낮아 이들에게 결정적으로 취약한 요소가 되었다. 이런 주변 조직이 해킹의 시작점이 되고, 그래서 대기업과 연결된 중소기업도 해커들에게 공격 대상이 되기 쉽다. 대기업을 노리는 사이버 지점, 자회사나 용역 서비스를 제공하는 연관 기업을 통해 사이버 침투가 시작된다는 말이다. 이런 식으로 해커들은 구축된 방어 시스템을 우회하고 측면으로 침투한다.

다크웹과 글로벌 해킹

2022년, 몇몇 해킹 그룹들이 포브스 글로벌 2000(Forbes Global 2000) 목록에 있는 거대 조직과 기업을 공개적으로 공격했다.[6] 그 결과 100여 개 조직의 기밀 파일의 일부가 공개적으로 노출됐다. 같은 해 대표적인 해커 그룹 록빗(LockBit)은 다크웹에 있는 자신들의 유출 사이트에 그들이 침투했던 801개의 조직에 대한 내부 정보를 게시했다. 록빗은 그전 해에도 409곳의 피해자를 게시했다. 이는 2022년에 피해자 수가 작년에 비해 거의 두 배 증가한 것이었다. 또 다른 그룹 콘티(Conti)는 2021년에 511곳의 내용을 게시했다.

이렇게 해커들이 유출했다고 게시하는 조직은 대개가 범죄 집단의 요구사항을 거부한 조직들이다. 그러나 어떤 조직은 자신의 정보를 다크웹에 노출시키지 않기 위해 해커 갱단의 요구에 굴복하고 랜섬을 지불한다. 해커 갱단이 이렇게 랜섬을 지불한 조직의 데이터는 다크웹 등의 유출 사이트에 공개하지 않았을 수도 있다. 따라서 실제적인 침해 피해와 영향은 보이는 것보다 훨씬 더 클 것이 분명하다.

콘티의 강탈팀으로 알려진 카라쿠르트(Karakurt)는 2022년에 발생했던 많은 사건의 배후다. 이들은 중국 최대 투자 지주회사 중 하나를 공격해서 320GB에 달하는 기업 데이터를 훔쳤다. 이들은 자신이 직접 초기 침입을 시도하기도 했지만, 표적 네트워크의 액세스 권한을 판매하는 액세스 브로커에게 비용을 지불하면서 기업 네트워크로 침투할 수 있는 접근 권한을 얻었다. 마치 권리금을 내고 사업을 인계받는 구조와 비슷하다.

6 이때 가담한 해킹 그룹에 록빗(LockBit), 콘티(Conti), 블랙캣(BlackCat), 하이브(Hive) 및 블랙바스타(Black Basta) 등이 포함된다.

이런 식으로 사이버 갈취를 자주 실행하는 해킹 그룹 중 일부는 보안 당국의 수사에 의해 해체되기도 했다. 악명 높은 해킹 그룹 콘티와 레빌(Revil)은 2022년, 하이브는 2023년 초에 해산되었다. 하이브 일망타진에 대해서는 1부 〈FBI, 랜섬웨어 범죄 집단을 분쇄하다〉에서 상세히 설명하였다. 그러나 콘티, 레빌 그룹 출신의 개인 해커들이 사이버 범죄 커뮤니티에서 계속 암약하는 것은 현실이다. 물론 새로운 범죄자들도 나타난다.

2021년 이후 사이버 공격 수법의 변화

2021년, 미국, 영국, 호주의 사이버 보안 당국은 다음과 같이 사이버 범죄자들의 행동과 추세를 지적했다.

1) 전형적으로 해킹 범죄자들이 피싱이나 훔친 원격 데스크톱 프로토콜(Remote desktop protocol, RDP)의 자격 증명을 이용하거나 무차별 대입 공격(brutal-force attack)을 통해 인증 정보를 절취해서 네트워크에 액세스하고 시스템의 취약점을 이용해서 뚫고 들어온다.

피싱 이메일, RDP 악용, 설치된 소프트웨어의 결함을 이용한 침입이 2021년 랜섬웨어 사고의 상위 3대 초기 침입 루트였다. 랜섬웨어 범죄자는 일단 장치 또는 네트워크에 침투한 후에 실행 권한을 얻고 이어서 랜섬웨어를 뿌린다.

이러한 사이버 침투는 2020년부터 확산되기 시작한 원격 근무나 원격 교육증가로 앞으로도 지속적으로 악용될 것이다. 원격 공격에 노출되는 접점이 늘게 되면서 네트워크 보안팀은 일상적인 소프트웨어 개선을 위한 패치를 따라잡기에도 어려움을 겪게 된다.

2) 단기적으로 전문 사이버 범죄자들을 고용하고 연합한다

2021년을 기점으로 랜섬웨어 시장은 점점 더 '전문화'되고 있다. 특히 랜섬웨어 범죄가 하나의 비즈니스 모델로 자리 잡았을 정도다. 심지어 범죄자에게 돈을 받고 준비된 악성코드를 제공하는 서비스형 랜섬웨어(Ransomware-as-a-Service, RaaS)도 나타났다. 또, 랜섬웨어 범죄자들은 지불 협상, 지불 중개, 자신과 다른 사이버 범죄자

사이의 지불 분쟁 중재 등을 위해 별도의 독립적인 서비스 그룹을 이용하기도 한다. 일부 랜섬웨어 범죄자들이 몸값 지불과 시스템과 데이터 복원을 신속하게 처리하기 위해서 심지어 피해자에게 연중무휴 24시간 동안 연결할 수 있는 시스템도 제시한다. 랜섬웨어 범죄 모델이 돈벌이 비즈니스로 계속될 가능성이 높다. 이런 범죄에 흔히 랜섬웨어 개발자, 연계 조직, 또는 프리랜서와 같은 복잡한 네트워크가 형성되어 범죄 구성이 복잡하게 되고, 범죄의 책임자를 파악하기도 어려운 경우도 많다.

3) 범죄자들이 정보를 공유한다

최근 유라시아 지역의 랜섬웨어 범죄자 그룹은 피해자 정보를 공유하면서, 표적 조직에 대한 위협을 다양화하고 있다. 예를 들어, 블랙매터(BlackMatter)라는 랜섬웨어 그룹은 그들의 활동 작업을 폐쇄하면서 그 간의 피해자 정보를 다른 그룹인 록빗 2.0이 소유한 시스템으로 전달했다. 2021년 10월, 콘티 랜섬웨어 공격자는 피해자 네트워크에 대한 접근 권한을 판매해서 다른 사이버 위협 공격자들이 후속 공격을 가능하게 했다. 그래서 한번 공격을 받고 이에 굴복한 표적이 재차 또 다른 공격자의 대상이 되기도 한다.

4) 표적이 "대형 먹잇감(big game)" 사냥에서 벗어나 확산된다

2021년 상반기까지는 각국의 사이버 보안 당국은 사이버 범죄자들에게 주 표적이 "대형 먹잇감(big game)"이 되는 조직, 즉 거대 기업, 중요 서비스 기능을 제공하는 조직들이었다고 보았다. 예를 들면 미국의 콜로니얼 파이프라인, JBS 식품, 카세야가 대표적인 피해 기관이고, 우리나라도 KT, 증권거래소, 은행 등이었다. 그러나 2021년 중반부터 일부 랜섬웨어 범죄자들이 수사를 피하기 위해서 랜섬웨어 공격을 중간 규모의 조직을 표적 하기 시작해서, 최근에는 크고 작은 모든 규모의 조직이 공격 대상이 되고 있다. 다양한 규모의 기업, 법조계, 교육, 지방 정부, 보건 부문의 공공 서비스, 심지어 자선 단체도 모두 사이버 범죄의 피해자가 되고 있다.

5) 돈을 갈취하는 방식도 다양해지고 있다

범죄자들은 데이터를 암호화해서 사용하지 못하게 하고 절도, 위협을 통해 몸값을 요구하는 '이중 갈취(double extortion)도 계속한다. 또 더 나아가서 범죄자는 훔친 정보를 공개적으로 공개하거나, 피해자의 파트너, 주주 또는 공급 업체에 시스템의 침투를 알리겠다고 위협하는 식의 '삼중 갈취(triple extortion)'도 가하는 것도 빈번해지고 있다.

6) 클라우드를 표적으로 한다

사이버 공격이 최근에는 클라우드 시스템을 표적으로 삼는다. 또, 사이버 범죄자들은 클라우드 계정, 클라우드 애플리케이션 프로그래밍 인터페이스(Application programming interface, API), 데이터 백업 및 저장 시스템이 가진 취약점을 악용하면서 클라우드 리소스와 시스템에 대한 접근을 봉쇄하고 데이터를 암호화해서 피해자들에게 몸값을 요구한다.

사이버 범죄자들은 이때 클라우드 시스템을 직접 공격하기도 하지만 이 시스템을 사용하는 개별 고객 회사의 엔드포인트 장치를 먼저 장악하고, 이어서 클라우드 시스템으로 이동해 클라우드의 스토리지 시스템으로 침투한다. 클라우드 서비스 제공 업체의 시스템이 침해되면 피해 범위가 크게 확대된다. 클라우드 서비스 제공자뿐만 아니라, 이 클라우드 서비스를 사용하는 모든 사용자가 피해자가 된다.

7) 시스템 관리 업체를 공격한다

사이버 범죄자들이 표적에 접근하기 위해 조직의 전산 시스템 관리 서비스를 제공하는 업체(managed service provider, MSP)를 중간 표적으로 삼는 경우도 있다. 소프트웨어 공급업자나 IT 시스템 관리 공급 업체가 사이버 공격의 중간 징검다리가 되는 셈이다. MSP가 여러 고객 회사를 관리하면서 여러 조직의 시스템에 광범위한 접근 권한을 가지고 있기 때문에, 이들이 침해를 받으면 클라우드 공격과 마찬가지로 광범위한 피해가 생긴다. 하나의 MSP를 침투해서 장악하게 되면, 사이버 범죄자는 한 번의 초기 침투로 여러 표적으로 접근할 수 있게 되어 2차, 3차의 피해가 발생한다.

시스템 관리 업체뿐만 아니라 흔히 사용되는 소프트웨어 공급망을 통해서도 공격한다. 소프트웨어 공급망을 장악하면 역시 한 번의 침투로 여러 조직에 접근할 수 있기 때문이다. 실제로 2020년 미국의 쏠라윈즈(SolarWinds)사가 개발한 IT 관리 소프트웨어를 악성코드로 감염시켜 이 소프트웨어를 사용하는 수많은 조직을 한꺼번에 공격한 큰 사건이 일어났다.

8) 산업체의 프로세스 경로를 공격한다

중요 기반 시설에 대한 대부분의 랜섬웨어 사고는 비즈니스 정보나 기술 시스템을 탈취하기도 하면서, 최근에는 국가의 중요 인프라 산업의 운영도 중지시킬 수 있다.

9) 주말이나 공휴일에 공격한다

사이버 범죄자들이 네트워크 보안팀이나 IT 지원 인력이 적은 긴 공휴일과 주말을 이용해서 공격하는 경우가 많다. 우리나라에서는 발생한 많은 사이버 공격이 설날이나 추석 연휴 중에 발생했다.

2 생성형 AI시대의 사이버 보안

2022년 말 챗GPT(ChatGPT)라는 대화형 인공지능 챗봇(chatbot) 기술이 대중에게 공개되면서, 많은 사람이 이를 경험하면서 감탄하고 놀라고 있다. 이런 인공지능 기술의 발전은 우리 생활에 큰 효율성과 능력의 확장을 기대하게 하지만, 동시에 사이버 범죄자들에게도 엄청난 능력과 무기를 제공하고 있다.

이런 변화에 대해 2023년 9월 맥킨지사가 사이버 보안에 인공지능 기술을 사용하는 것에 대해 기업에 설문 조사를 했다. 응답한 기업가의 40%가 생성형인공지능(Generative Artificial Intelligence, GenAI)의 발전에 따라 전반적인 AI 투자를 늘릴 계획이라고 답했다. 그러나 이 조사는 응답자의 절반 이상이 사이버 보안이 GenAI 관련된 위험 영역으로 인식하고 있지만, 인공지능 기술을 어떻게 사용할지, 이와 동반되는 비즈니스 위험에 대해 그다지 준비된 기업은 거의 없는 것 같다고 지적했다.

그러나 이미 사이버 범죄자들은 인공지능 기술을 이용한 엄청난 규모의 사이버 범죄를 일으키고 있다. 2024년 초 홍콩의 금융회사에서 딥페이크(deepfake) 수법으로 교묘하게 조작된 화상회의를 통해 수백만 달러의 돈이 갈취된 사건이 일어났다. 인공지능 기술은 악성코드 제작도 쉽게 해주고, 패스워드를 알아내는 것도 쉽게 만든다.

인공지능 기술은 사이버 보안 전 영역에서 침해 위협을 높일 것이다. 2023년 6월, 우리나라 국가정보원이 제시한 사이버 보안 가이드라인에 생성형 AI 기술이 보안 위협에 미치는 영향을 제시했다.

당연하게도 사이버 침해에 대비하는 보안 시스템도 인공지능을 활용한다. 인공지능 기법을 적극 활용해서 조작된 이미지, 비디오, 오디오 등을 탐지한다. 인공지능 모델이 비정상적인 전산망 활동 패턴을 해서 악성코드의 침투나 해킹 시도를 자동으로 추적한다. 인공지능이 소프트웨어나 하드웨어가 가진 취약점을 자동으로 분석하고 이에 대한 보안 패치도 가속화할 수 있다.

대규모 언어모델 등 생성형 AI 기술의 대표적인 보안 위협		
대표 보안 위협	**주요 원인**	**가능한 보안 위협**
잘못된 정보	• 편향 • 최신 데이터 학습 부족 • 환각 현상	• 사회적 혼란 조장 • 고위험 의사 결정 • 잘못된 의사 결정 유도
AI 모델 악용	• 적대적 시스템 메시지	• 피싱 이메일 및 인물 도용 • 사이버 보안 위협 코드 작성 • 대화형 서비스를 악용한 사이버 범죄 커뮤니티 활성화 • 사회 공학적 영향 • 가짜 뉴스 생성
유사 AI 모델 서비스 빙자	• 유사 악성 서비스 접근 유도	• 스쿼팅 URL 및 확장 프로그램 • 가짜 애플리케이션
데이터 유출	• 데이터 합성 과정의 문제 • 과도한 훈련 데이터 암기 문제 • 대화 과정에서 개인정보 및 민감 정보 작성	• 훈련 데이터 유출 • 데이터 불법 처리 우려 • 기밀 유출 • 대화 기록 유출 • 데이터베이스 해킹 및 회원 추론 공격
플러그인 취약점	• AI 모델의 적용 범위 확장 • 안정성 확인 미흡 • 해커 공격 범위 확장 • 취약점이 있는 서비스와 연결	• 새로운 도메인에서의 모델 오작동 • '에이전트'화 된 AI 모델의 악용 • 멀티모달 악용
확장 프로그램 취약점	• 확장 프로그램 내부의 악성 서비스 설치 • 서비스 제공 업체의 보안 조치 미흡	• 개인정보 수집 • 시스템 공격 • 호스팅 서버 및 스토리지 시스템
API 취약점	• 미흡한 API 키 관리 • 데이터와 명령 사이의 불분명한 경계	• API 키 탈취 • 악의적인 프롬프트 주입

[챗GPT 등 생성형 AI 활용 보안 가이드라인, 국가정보원 2023 참조]

신속하게 공격을 탐지하고 대응하기 위한 자동화 사이버 감시에 인공지능 기술이 유용하게 활용될 것이다.

그러나 사이버 범죄자의 침투 기술도 끊임없이 진화하고 위협은 점점 파괴적으로 되고 있고, 관리하고 모니터링 해야 하는 IT 자산과 침투 영역도 증가한다. 그러나 이에 대응할 숙련된 전문 보안 인력은 매우 부족하다.

인공지능을 이용한 보안 자동화

2023년 마이크로소프트 사는 미국의 대부분 기업이 평균 약 80여 개의 사이버 보안 툴을 사용하고 있다고 분석하면서, 이 툴들이 조화롭게 연결되어 효과적인 방어를 수행하는 것은 또 다른 차원의 작업이라고 경고한다. 이 말은 전산 시스템에 설치된 많은 보안 툴들이 서로 잘 연계되어 침해가 발생했을 때 즉각적인 경고를 하고, 침투 정보를 수집하는 활동을 자동화하는 것을 뜻한다. 이런 개념을 SOAR(Security Orchestration, Automation and Response)라고 한다. '보안관제 침해대응 자동화 플랫폼'이다. 당연하게도 이 시스템 운영에 인공지능 기술이 접목된다.

이런 시스템은 보안팀이 침해가 있을 때 조기에 대응하면서 스마트하게 일하도록 할 것이다. 침해 사고 대응 절차도 자동화할 수 있다. 예를 들면, 방화벽과 같은 침입탐지시스템에서 IP 주소를 차단하고, 사용자 계정을 일시 중단시키거나, 감염된 사용자 단말기나 장치를 네트워크에서 격리하는 조치 등을 자동으로 처리할 수 있다.

2024 사이버 보안 환경의 변화

최근의 기술 발전은 사이버 위험과 위협을 늘리고 앞으로 수년 동안 조직은 더 많은 부담을 지게 될 것이다.

1) 데이터, 정보, 시스템에 대한 접근 증가로 공격 지점이 확대된다

모바일 기기의 사용, 원격 근무, 교대 근무가 늘고, 언제 어디서나 데이터에 빠르게 접근하려는 요구도 높아지면서 사이버 침해 위험성도 높아진다. 효과적인 경영을 위해 각 조직은 고객과 시장에 대해 훨씬 더 많은 데이터를 수집하고, 금융 거래부터 전기 소비, 소셜 미디어 보기까지 개인 생활과 업무에 디지털 통신은 더욱 증가할 것이다. 2020년에는 지구상의 모든 사람이 평균적으로 초당 1.7MB(메가바이트)의 디지털 데이터를 생성했다고 한다. 더욱더 조직과 개인이 디지털 데이터에 의존하게 된다.

데이터를 저장, 관리, 보호하고 폭발적인 데이터 볼륨 문제를 해결해야 하는 책임이 점점 커지면서 클라우드의 중요성도 커지고 있다. 이러한 비즈니스 모델을 원활하게 실행하기 위해 기업은 사이버 환경 전반에 걸쳐 공급 업체나 사업 파트너의 정보를 관리할 새로운 기술도 필요하게 된다. 기업은 데이터를 클라우드에 중앙 집중하게 되고, 공급 업체나 다른 제3자를 포함한 다양한 사람과 조직에도 전산망 접근 권한을 부여하게 된다.

IoT기기 사용이 증가하고, 장차 자율주행자동차도 활용되면, 이런 모든 것들이 사이버 범죄자가 노릴 수 있는 공격 표면(attack surface)을 확장시킨다. 2024년 공개된 넷플릭스 영화 〈Leave the world behind〉는 사이버 공격이 가져올 혼란과 암울한 공포를 잘 묘사한다.

2) AI, 머신러닝 등 신기술 사용으로 해킹 공격이 점점 더 정교해지고 강력해진다.

흔히 해커가 혼자 작업하는 것처럼 상상할지 모르지만 모두 그렇지 않다. 오늘날 사이버 해킹은 계층 조직 구조와 연구개발 예산도 갖춘 수십억 달러 규모의 사업이기도 하다. 공격자는 인공지능, 기계학습, 자동화 등의 고급 기술과 도구를 사용한다. 표적에 대한 정찰 단계부터 실제 공격까지 전체 공격 주기가 몇 주씩 걸리던 것이 이제 며칠 또는 몇 시간으로 단축될 수도 있다.

새로운 기술과 기능으로 랜섬웨어, 피싱 등 이미 알려진 형태의 공격도 더욱 널리 확산될 것이다. 서비스형 랜섬웨어와 암호 화폐는 랜섬웨어 공격 실행 비용을 크게 줄였다. 랜섬웨어 공격 횟수는 2019년 이후 매년 두 배로 늘어나고 있다. 다른 영역에서 생긴 문제로 이러한 공격이 급증하는 경우도 많다. 예를 들어, 2020년 2월부터 2020년 3월까지 코로나19가 처음 확산되는 동안 전 세계적으로 랜섬웨어 공격 건수는 148%나 급증했다. 피싱 공격은 2020년 1월부터 2월까지 510%나 증가했다. 2020년 은행을 표적으로 삼는 매우 강력한 악성코드인 이모텟(Emotet)이 고급 인공지능 기술을 활용해서 상황에 그럴듯한 피싱 이메일을 자동으로 발송하면서 이메일을 하이재킹 했다. 많은 내용이 코로나19 바이러스 팬데믹이 확산하던 시점에 그럴듯한 코로나19 바이러스와 관련된 통신들이었다.

3) 공격과 방어의 격차가 지속되고 커질 것이다.

많은 조직이 사이버 보안을 해결할 전문 인력이나 경험이 부족하다. 이 부족의 간극은 점점 커지고 있다. 사이버 위험 관리 능력이 디지털 기술의 발달을 따라잡지 못하고 있고, 많은 기업이 디지털 위험을 식별하고 관리하는 방법을 잘 모른다. 시간이 갈수록 적극적으로 대비하지 않으면 무차별 공격의 대상이 될 위험이 커진다고 말할 수밖에 없다.

또, 각국의 규제 기관은 더 많은 조직이 금융 서비스나, 주요 인프라 수준의 사이버 보안 감독과 구현을 하도록 요구한다. 개인 정보 보호 요구의 증가, 큰 사이버 침해 사고의 빈발로 인해 기업은 더욱 엄격한 규정을 준수해야 하는 요구에 직면해 있다. 미국에는 국경을 넘어서는 데이터 흐름에 대해 현재 약 100여 개도 넘는 규정들이 있다. 미국 기업의 사이버 보안 팀은 국가 사이버 보안 개선에 관한 백악관의 행정 명령을 따라야 할 뿐만 아니라, 새로운 휴대폰 운영 체제의 출현에 따른 추가적인 데이터 보고 요구 사항도 관리해야 한다. 자율자동차의 등장은 또 다른 사이버 위협과 재난의 대상이다.

제3부

사이버 생태계와 해커

1 사이버 보안 생태계와 해커

지금 우리는 자연과 인간이 만든 물리적 세계와, 동시에 인간이 만들어낸 사이버 세계 속에서 살고 있다. 현대인에게 사이버 세계는 물리적 세계와 긴밀하게 연결된 없어서는 안되는 생활과 활동의 무대다.

사이버 세계의 생태계는 전산 연결망을 포함하는 하드웨어, 소프트웨어, 그리고 이를 움직이는 사람이 구성한다. 이 새로운 세계는 우리가 접촉하는 물리적 세계보다 더 훨씬 더 크고, 넓고 복잡하다. 사이버 공간에서는 가족, 고객, 사업 파트너, 공급자, 정부 기관, 클라우드, 해외 지점을 포함해서 모든 사람 모든 조직이 빠르게 연결된다. 그리고 잘 아는 사람도 있지만, 알 수도 있고, 또 전혀 알지 못하는 사람도 있다. 이미 인공지능으로 단련된 사람과 같은 사물도 나타났다. 거의 무제한적인 대상이 무제한적으로 연결된다. 그런데, 여기에 달갑지 않은 해커와 사이버 범죄자도 있다.

이런 생태계의 구성 요소 사이의 상호 작용은 물리적 환경에 비해서 복잡한 장치와 과정을 거치지만, 그 연결 속도는 훨씬 빠르고 거의 순간적이다. 사이버 공간에서 새로운 정보를 빠르게 얻고 신속한 결정도 가능하지만, 자신의 자산과 정보가 침해되고 유출되는 위험도 순식간에 일어나고 그 규모도 크다.

현대 기업의 생태계 구조를 사이버 보안의 개념에서 살펴보자. 기업이 외부와 통하는 길은 물리적 접촉 이상으로 사이버 시스템을 통한다. 고객, 협력 회사, 정부 기관, 그리고 조직 안팎에 존재하는 구성원과 무수히 많은 접속자가 시스템과 연결된다. 물론 이 속에 원치 않는 해커도 끼어든다.

대부분 전산 시스템은 외부와 연결되는 입구에 검문소를 설치한다. 흔히 '방화벽(firewall)'이라고 불리는 시스템이 인터넷을 통한 모든 출입의 접속을 관제한다. 송수신 이메일과 메시지, 이에 첨부된 파일을 스캔하고 컴퓨터 바이러스 등의 알려진 악성코드를 찾아내고 통제한다. 외부에서 내부로 접속할 때, 내부에서도 다른 영역에 접속하려 할 때에도 인증 시스템이 접속자의 신원과 자격을 확인한다.

외부의 접속 요청이 내부로 연결되면 이는 관제 서버로 연결되고, 검수를 통과하면 내부에서 기업 특성을 반영하는 다양한 하부 구조에 업무를 수행하는 사용자와 최종 단말기기로 이어진다. 이런 접속점과 연결선은 하드웨어 라우터, 스위치 시스템으로 연결되고, 이를 운영하는 소프트웨어에 의해 통제된다.

해커는 사이버 생태계를 이루는 하드웨어, 소프트웨어가 가진 물리적, 기술적 문제점과, 이를 사용하는 인간이 가진 약점을 악용하고 공격한다. 외부로부터 들어오는 유선, 무선 인터넷부터 내부의 모든 연결선과 접속점, 그리고 외부와 연결된 사용자와 기기 장치가 해커가 침입하기 위해 노리는 곳이다. 특히 엔드포인트라고 불리는 말단의 장치 기기와 이를 사용하는 사용자들이 흔히 해킹의 시작점이 되는 취약점이다. 해커는 엔드포인트의 기기와 사용자를 공격해서, 메일을 이용한 피싱이든, 엉뚱한 웹사이트로 유도하는 스푸핑(spoofing) 수법이든 여러 가지 수단을 이용해서 시스템으로 접속하는 권리와 통로를 찾아내고, 교묘하게 잠입한 뒤, 시스템 곳곳을 돌아다니며, 악성코드를 심고, 업무를 훼방하고, 정보를 탈취한다.

〈기업의 사이버 생태계 예〉

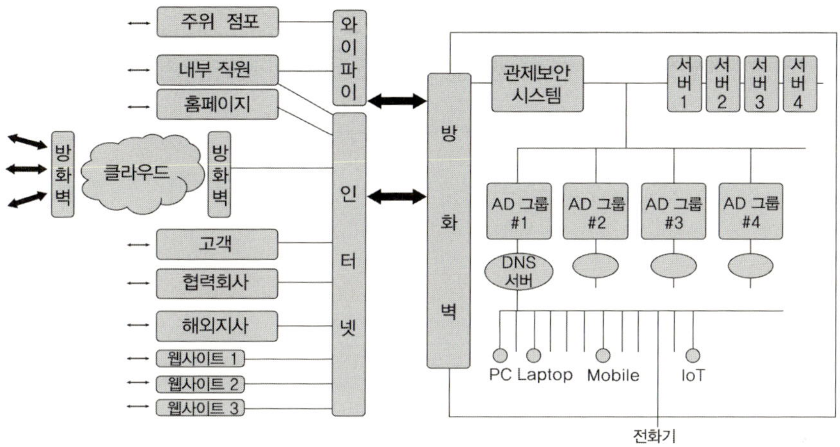

〈기업의 사이버 생태계와 해킹 루트〉

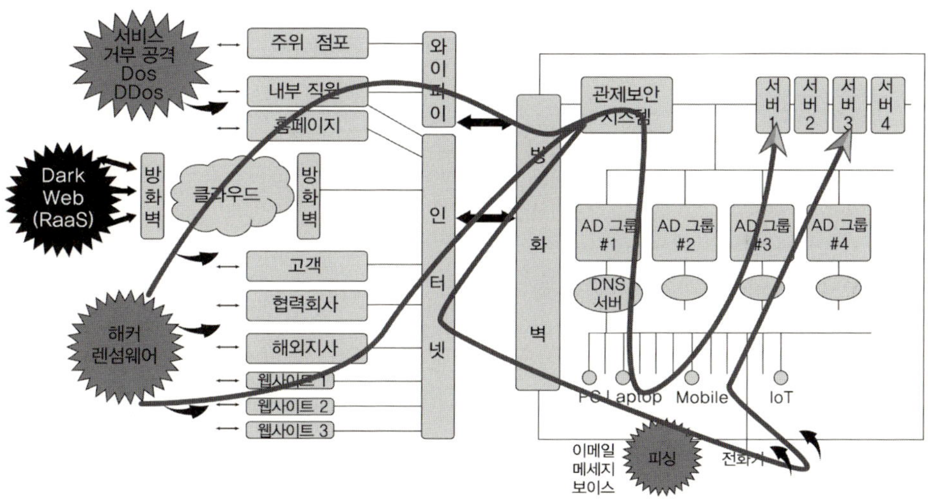

해커가 내부 구성원이나 정당한 고객, 업무 협조 기관 등을 직접 사칭하기도 하고, 이들이 정당하게 접속할 때 슬쩍 끼어들거나, 이들의 등에 업혀 들어와 악성코드를 심을 수도 있다. 정당하게 접속 자격을 가진 구성원은 방화벽이나 인증 시스템을 상대적으로 통과하기 쉽기 때문에 흔히 해커가 노리는 표적이다. 최근 유효한 자격을 가진 사람을 도용해서 침투하는 방식이 가장 흔한 사이버 범죄의 공격 루트가 되고 있다.

휴대전화, 노트북 컴퓨터 같은 모바일 기기들이 해커가 시스템으로 잠입하는데 애용하는 통로다. 보안 점검 서비스를 하는 중 우리나라의 굴지의 글로벌 기업인 A 회사도

와이파이 시스템이 방화벽 없이 조직 내부망으로 직접 연결되어 있는 어처구니없는 상황을 발견한 적도 있다. 이것은 보안 체계 구성에 결정적인 실수를 한 것이고, 고가의 방화벽 시스템이 내부만 경계하고 있는 셈이다. 마치 현관문에 자물쇠가 있지만, 뒷문을 활짝 열어놓은 것과 같다. 그래서 조직의 보안 시스템을 상시적이고 반복적으로 점검하고 보완하는 적극적인 보안 정책이 필요하다. [〈사이버 보안 점검: 보안컨설팅〉 장 참조]

많은 기업이 클라우드 서비스를 이용한다. 클라우드 시스템은 데이터를 저장하는 것뿐만 아니라 클라우드에서 업무를 수행할 수도 있다. 그래서 보안의 측면에서 보면 클라우드는 내부 시스템이라고 볼 수도 있고, 외부이기도 하다. 일반적으로 클라우드 서비스 공급자들이 높은 수준의 보안 시스템을 가지고 있지만, 안심할 수 없다. 역시 이들도 구성원이나 협력 업체의 취약성 등을 이용해서 해커가 잠입할 수 있고, 침투 경로가 될 수 있다.

보안 측면에서 보면 모든 구성 요소와 연결 고리가 취약점이고 소통의 흐름이 침투의 통로가 된다. 특히 외부와 접점이 되는 엔드포인트, 즉 사용자나 컴퓨터, 노트북, 휴대전화 같은 장치 기기들이 침투와 공격이 시작되기 쉬운 취약점이다.

사이버 범죄자들은 사전 정찰을 통해 진입하기 위한 표적을 찾고, 이를 공격하고 우회해서 거점을 확보한다. 전형적으로 초기 단계에 소셜엔지니어링 속임수로 엔드포인트 사용자를 기만해서 거점을 확보한 뒤, IT 기술로 악성코드를 심고, 이를 수평, 상향 확산하면서 결국 시스템을 장악하려 한다. 엔드포인트 사용자들이 자신이 전혀 모르는 채 자신의 행동이나 기기가 해커의 침투를 방조할 수도 있다는 사실을 잘 인식해야 한다.

일단 이 접점, 검문소를 해커가 통과하고 나면, 내부 확산과 교란이 시작된다. 일단 초기 엔드포인트가 침투되더라도 내부 네트워크에서 해커의 이상 행동을 탐지하고 방어해야 하는데, 많은 조직이 내부 감시 체계가 매우 취약하다.

사이버 공간은 자연이 아닌 인간이 만들어낸 무형의 공간이다. 자연 생태계와 마찬가지로 사이버 생태계도 전체를 총괄하고 조절하는 주체가 없다. 각 구성단위가 스스로의 최적의 환경을 만들고 생존하려고 한다. 컴퓨터와 전산망이 해커가 노리는 목적이지만, 바로 이 시스템이 이들이 사용하는 도구도 된다. 그래서 사이버 세계에서는 사용자가 사이버 공간에서 보안 요소를 점검하고 스스로 모니터링하는 시스템이 필요하다. 사용자의 높은 사이버 보안 의식이 절대적으로 중요하고, 여러 통제 장치와 모니터링 툴이 이를 뒷받침한다.

사이버 보안: 방어적/소극적 대비와 공격적/적극적 대비

대부분 기업이나 조직은 은 IT 네트워크를 개발하고 유지하기 위해서 시스템을 개발하고 운영하는 기능을 담당하는 전문가나 전문 부서가 있다. 그리고 모든 조직은 IT 시스템의 개발 운영과 마찬가지로 분명한 사이버 보안 기능을 책임질 부서나 인력도 명확하게 규정하는 것이 필요하다.

이들은 서로 다른 관점을 가지는데, IT 개발 부서는 조직의 전산 시스템이 유용하고 원활하게 운영되도록 하는 것이 일차 임무이기 때문에, 자칫 보안 측면을 충분히 고려하지 않는 경향을 보일 수 있다. 조직의 규모가 작다면 한 부서가 이 두 기능을 모두 담당하기도 하지만, 어느 정도 이상의 규모를 가진 조직은 대체로 별도의 조직을 가지는 것이 바람직하다. 그리고 기업에 사용할 소프트웨어나 시스템을 확보하고 개발하는 초기 단계부터 보안 전문가와 함께 시스템을 디자인하는 것이 건강하고 튼튼한 사이버 환경을 만드는 데 효율적이고 비용도 줄일 수 있다.

사이버 공격의 수법이 나날이 교묘하고 복잡해지고 대담해지는 데 비해, 조직 경영진의 자세는 면밀한 대비로부터 심각한 무관심까지 다양해 보인다. 일반적으로 기업은 사이버 공격에 대비해서 방화벽을 설치하고, 바이러스 백신을 구입하고, 인증 장치를 적용한다. 또, 사이버 공격으로 시스템이 중단되더라도 기능을 재개할 수 있도록 백업 시스템을 마련한다. 이런 대비를 방어적이라고 한다면, 보다 적극적으로 자신의 시스템이 가지는 취약점, 허점을 찾아내고 보완하는 공격적 대비도 최근 강조되고 보편화되고 있다. 왜냐하면, 악의적인 해커들은 일반적인 방화벽이나 인증 확인을 우회하고 돌파하기 때문이다.

2007년경 이후부터 전 세계의 많은 기업이 보안 상태를 보다 적극적으로 점검하기 위해서 침투테스트(penetration test)를 한다. 우리나라에서도 일부 기업에서 가상의 침투 상황에서 예상되는 침투 루트와 수법에 대해서 점검하는 기초적인 모의침투 테스트를 하고 있다. 흔히 '모의 해킹'이라고 불리는 가상 침투테스트는 대부분 이미 알려지고 일반화된 수법에 대해 점검하는 것으로, 공격적/적극적 점검 중에서도 기본적인 것이라 할 수 있다. 보다 적극적으로, 빠르게 변화하는 해킹 기술과 여러 루트를 포괄적으로 망라해서 실전적으로 점검하는 레드팀(red teaming)을 도입할 수도 있다. 우리나라에서는 이를 '분석보안진단' 또는 '실전침투훈련'이라고 한다. 〈사이버 보안 상태 점검〉 장에서 이를 보다 상세히 살핀다.

2 해커는 누구인가? 누가 해킹을 하나?

해커는 누구인가? 누가 해킹을 하나? 자생적 해커가 단독으로 활동하는 경우도 있지만 해커들이 특수한 목적을 가진 거대한 조직을 만들기도 한다. 이 조직은 범죄 조직인 경우도 있고, 군사 조직이나 정부 조직인 경우도 있다. 악의적인 해커는 좀도둑 수준부터 큰 은행 강도까지, 그리고 국가를 공격하기도 하는 군대 수준의 해커 집단도 있다.

영어의 'hack'은 원래 '자르다', '차다'를 뜻한다. 원래 목적과 달리 전혀 다른 목적으로 쓸 수 있게 '조작'한다는 의미의 가진 말이 1980년대 중반부터 '컴퓨터에 불법으로 접근하다'라는 의미로도 쓰이기 시작했다. 지금 '해킹' 또는 '해커'라는 말은 주로 '정상적이지 않은 방법으로 컴퓨터 시스템이나 네트워크에 침투하거나, 여기에서 원하는 목적을 시도하는 행위나 사람'을 말한다.[7] 불법적인 해커들은 주로 금전적 이익, 항의, 기밀 정보를 탐지하고 수집하는 악의적 의도를 가지고 시스템에 침투하지만, 단순하게 기술 개발 목적이나 심지어 재미로 해킹을 하는 사람도 있다. 그러나 악당들만 해킹 기술은 사용하는 것은 아니다. 악의적인 해킹에 대응하고, 보안 시스템을 강화하기 위해서 합법적, 윤리적으로 활동하는 해커도 있다. 예를 들면, 조직이 사이버 보안 상태를 점검하기 위해 시도하는 모의침투훈련을 할 때, 윤리적 해커들도 해킹 기법을 사용한다. 또 경찰이나 다른 법 집행기관이 정보 수집 등의 목적으로 범죄 집단에 대해서 해킹을 하기도 한다.

화이트햇 해커, 블랙햇 해커

상대의 시스템에 피해를 주려는 의도를 가지고 법과 윤리 기준을 위반하면서 전산망에 접속하거나 침투하는 범죄자 컴퓨터 해커를 블랙햇 해커(black hat hacker), 또는 블랙햇(black hat)[8]이라고 말한다. 이와 대비해서 화이트햇 해커(white-hat

7 해커라는 용어는 컴퓨터와 네트워크에 대해 고도의 지식을 가진 사람들을 뜻하는 것이고, 무단으로 시스템에 침입하는 부류를 크랙커(cracker)라고 부르자는 주장도 있다.

hacker) 또는 화이트햇(white hat)은 자신의 존재를 드러내고 사이버 보안 강화를 위해 윤리적으로 활동하는 해커다. 한국에서는 이들을 주로 '화이트 해커'라고 부른다. 화이트햇 해커는 기업과 조직의 요청에 따라 모의침투훈련(penetration testing), 실전침투훈련(red teaming) 등을 통해 IT 시스템이 가진 보안의 취약점과 문제점을 찾아내는 역할을 한다. 이들은 공익을 위한 목적으로 조직의 승인 하에 사이버 환경과 IT 시스템에 대해 윤리적 원칙을 준수하면서 해킹을 시도하고, 발생할 수 있는 악의적 해킹에 대한 대응 전략을 구상한다. 이런 사이버 공격을 모의하는 적극적인 점검을 위해서 기업들이 내부에 화이트햇 해커를 보유하기도 하지만, 많은 경우 외부의 전문가로부터 협조를 얻어 자신들의 보안 시스템을 점검한다.

사이버 보안과 관련하여 블랙팀(black team)이라는 표현도 있는데, 이는 블랙햇 해커와 다른 말이다. 블랙팀은 〈사이버 보안의 점검〉 장에서 설명할 레드팀의 확장으로 물리적인 해킹을 포함해서 모든 침투 루트를 확인하는 광범위한 실전적 점검을 하는 사이버 보안 전문가 조직을 뜻한다.

그레이햇 해커(grey hat hacker) 또는 그레이햇이라는 말은 말은 흰색과 검은색을 섞은 회색처럼 화이트햇 해커와 블랙햇 해커의 중간적 성격을 가진 그룹을 말한다. 이들은 좋은 의도로 해킹을 하지만 때로는 허가 없이 해킹하고 침투한다.

해커는 무엇을 노리나?

해커는 무엇을 노리나? 한 마디로 모든 것을 노린다. 그들이 원하는 것, 가져갈 수 있는 것이면 무엇이든 노린다. 어떤 경영자는 "아, 우리는 걱정 안 해. 우리 회사는 너무 작아. 해커가 관심이 있을 것이 없어"라고 생각할지 모른다. 그러나 해커들은 주인이 생각지 않은 것도 갈취한다. 해커는 조직이나 개인이 가진 모든 것 중에서 소유자가 어떻게 생각하든 자신들이 필요로 하는 것, 또 가져갈 수 있는 것을 무엇이든 가져간다. 그리고 그것을 자신들이 사용하든지, 이를 원하는 다른 자들에게 팔거나 넘긴다.

8 화이트햇 해커, 블랙햇 해커는 서로 대비되는 개념이다. 이런 표현은 미국 서부 영화에서 착한 주인공역이 주로 흰색 카우보이 모자를 쓰고, 악당들이 검은색 모자를 쓰는 것에서 유래되었다고 말해지지만, 실제로 서부 영화에 이런 규칙이 아주 잘 지켜진 것 같지는 않다.

해커들은 조직 구성원뿐만 아니라 고객의 이메일 주소, 전화번호, 이름과 같은 개인 정보와 신상에 관한 민감한 정보와 회사의 새로운 기술 개발, 인사, 영업 비밀을 포함해서 그들이 훔칠 수 있다면 모든 것을 훔치려고 한다. 엄청나고 비밀스러운 고급 기술이나 큰 자산이 아니어도, 모든 것이 해커의 표적이다.

시스템 자체가 공격 대상이 되기도 한다. 시스템이 해커에게 장악되거나 마비되면 그 자체로 큰 영업 손실이고, 이를 벗어나려면 랜섬을 지불하거나 범인을 찾아 암호를 풀어야 한다. 범인을 잡아도 시스템 복구를 완전히 할 수 있다는 보장도 없다.

대비가 허술해서 쉬운 표적으로 해커의 눈에 들게 되면, 개인과 조직은 데이터의 손실, 시스템 파괴, 몸값, 사회적 신뢰 추락 등 전방위적 피해의 위협에 놓인다. 구체적인 피해가 발생하지 않더라도 시스템이 침투당했다는 사실만으로도 기업이나 조직의 신뢰도는 추락하고, 경영자나 조직의 존망도 위협받는다.

자신이 보기에 가치가 없다고 생각하는 정보도 스팸 메일을 보내는 자들에게는 대단히 좋은 먹잇감이 될 수 있다. 경영자들은 자신의 조직이 남들이 탐낼 만한 자산이나 정보를 가지고 있지 않다고 생각해도, 해커는 이를 이용해서 돈벌이를 한다. 고객의 이메일 주소가 알려진다고 무슨 큰일이 일어나겠는가 생각할지 모르지만, 밖에는 이런 정보를 원하는 자들이 있고 이를 거래하는 다크웹 같은 암시장도 있다. 쏟아져 들어오는 갖가지 스팸 메일 광고를 보시라. 비아그라를 싸게 살 수 있다는 광고, 신비한 가정용품, 명품을 위장한 짝퉁 광고 등, 이런 것들을 보내는 자들은 당신의 이메일 주소뿐만 아니라, 당신이나 당신의 회사가 가진 고객과 아는 사람의 이메일 주소, 전화번호를 탐낸다. 남미의 일부 국가는 거의 국민 80%의 개인 정보가 다크웹에서 거래된다고 한다. 우리나라도 수많은 정보 유출이 있었고, 심지어 법원이나 정부 기관에서도 개인 정보가 무방비로 노출되는 사고도 있었다. 2023년 밝혀진 법원의 사이버 침해 사건은 참으로 심각하다. 해커가 장기간 동안 막대한 양의 개인 정보를 빼내간 것으로 추정된다. 우리나라 대부분 국민의 개인 정보가 이미 해커들에게 넘어가 암시장에서 돌아다니고 있을 가능성도 높다.

해커는 이런 정보를 갈취한 뒤 이를 원하는 자에게 팔거나 넘긴다. 알아낸 현관 자물쇠의 키 코드를 흉악범에게 팔아넘기는 식이다. 1995년 러시아 생페테스부르그에 사는 블라디미르 레빈이 미국의 시티은행을 해킹한 사건이 그런 예다. 장난기 있는 젊은이들이 은행의 서버를 이용해서 온라인 게임을 하려다가, 우연히 은행의 핵심 네트워크로 침투할 수 있는 정보를 탈취하게 되었다. 젊은이 중 하나가 이 정보를 헐값에 레빈에게 팔았고, 레빈은 이를 이용해서 미국 시티은행 중요 고객의 계좌로부터 거액을 인출했다. 조무래기 해커로부터 침투 정보를 얻은 제3의 해킹 범죄자가 이를 악용해 큰 은행을 강탈한 사건이다.

2024년 6월 미국의 온라인 공연 티켓 판매 기업, 〈티켓마스터〉가 대규모의 랜섬웨어 공격을 받고 5억 명에 달하는 고객 정보가 갈취 되었다. 미국 인구가 3억 명 정도라고 본다면, 가히 지구적인 사이버 침해라고 말할 수 있다. 이 갈취된 데이터는 2~3일 뒤 암시장에서 경매를 통해 원하는 자에게 팔렸다고 한다.

피해자는 자신이 침입당하고, 자신의 정보와 자산이 새나가도 이를 알지 못하는 경우도 많다. 침투 수법이 나날이 정교해지고 복잡하게 되면서, 자신도 모르는 사이에 정보가 도용되고, 자신이 침입의 통로가 될 뿐만 아니라 새로운 해커를 불러들이고, 해커가 오랜기간 동안 조직의 전산망에서 잠행, 암약하고 있어도 모르는 경우도 있다.

그러면 해커의 도구는 무엇이고, 어떻게 침입하는가? 악의적 해커는 대부분 은밀하게 잠입한다. 해커가 고도의 IT 기술로 가지고 방화벽을 정면으로 파괴하고 시스템을 장악하기 보다, 일상적인 활동을 통해 틈새를 찾아 들어온 해커는 IT 기술을 이용해서 악성코드를 퍼뜨리고, 시스템을 마음대로 움직이고, 마비시키고, 데이터를 갈취한다. 악성코드는 그 즉시 움직이기도 하고, 수 시간이든 며칠이든 움직이지 않고 잠복해 있다가 슬며시 활동하기도 한다. 사용자가 모르는 사이에 은밀하게 작동하면서 수개월, 수 년 동안 마치 간첩처럼 기밀 정보를 갈취할 수도 있다. 정해진 틀을 가지고 정해진 규칙에 따라 움직이는 일반적인 컴퓨터 바이러스 백신이나 방화벽은 이런 은밀한 해킹 공격을 모두 통제하지 못한다. 그래서 끊임없는 내부 순찰과 점검이 필요하다.

해커는 다양하다

해커 중에는 자신의 존재와 능력을 증명하고 싶어서, 또는 장난기로 해킹을 하는 십대 청소년들도 있고, 전문적인 해커 그룹도 있다. 전 세계 해커 중 상당수가 학생이라고도 한다. 영리나 금전 갈취가 목적이 아니라, 호기심 또는 학습의 목적으로 해킹을 하는 경우도 있다는 말이다. 하지만 돈을 목적으로 하지 않아도 범죄는 범죄다.

영화에서는 해커를 흔히 홀로 지하실에서 인터넷으로 세상을 접속하면서 사는 은둔하는 존재로도 묘사하지만, 이들 중 일부는 다른 사람들을 공격하고 당혹하게 만들고, 피해를 준다. 2023년 우리나라에서 대형 온라인 서점과 여러 유명 입시 학원이 온라인 서적과 강의 동영상이 해킹당하고 30억 원에 가까운 랜섬 위협을 받은 사건이 일어났다. 놀랍게도 이 사건은 주범은 한 고등학생이었다. 그 학생은 입시 서적을 구하기 위해서 작은 해킹으로 시작했다고 진술했지만, 나중에는 결국 수십 억 원을 요구하는 큰 사이버 범죄자가 되고 말았다.

또, 애초부터 본격적으로 돈을 훔치거나 스팸 등을 이용해서 경제적 이득을 취하려는 범죄자 그룹도 있다. 우리 사회가 초 연결사회가 되어 가면서 해커도 초고속으로 증가한다. 마스크를 쓰고 총을 들고 은행에 가서 물건을 훔치기보다 키보드 뒤에 숨어서 지구 반대편에 있는 사람이나 네트워크를 공격해서 큰돈을 가져가는 것이 범죄자에게는 더 쉬워 보인다. 미국의 수사 당국은 최근 많은 범죄 조직이 해킹이 수익성이 높다고 보고, 도박, 마약, 매춘에서 해킹 사업으로 이동하고 있다고 분석한다. 예를 든 2023년 미국 라스베이거스의 MGM 호텔 해킹 사건도 전문적 해킹 그룹들이 연합해서 벌인 것으로 분석된다. 이들은 카지노의 슬롯머신을 해킹해서 금전을 갈취하려 했다가, 이것이 여의하지 않자 시스템 전체를 셧다운 시키고 랜섬을 요구했다.

해커 그룹 중에는 해킹을 통해 정치적 메시지를 주고 사회에 영향을 끼치려는 집단도 있다. 정치 사회적 목적으로 해킹을 하는 행동을 핵티비즘(hacktivism)이라고 한다. 대표적으로 어나니머스(Anonymous)[9] 같은 해커 그룹은 다양한 정치 사회적 이슈에 대해 정부, 종교, 기업 관련 웹사이트를 공격하기도 했다. 심지어 2012년 타임지는

9 어나니머스의 체계에 대해 이들은 어떤 형태나 구조를 갖춘 조직이 아니라 "지시나 명령보다는 오히려 발상에 따라 작동하는 매우 느슨하고 분산된 명령 구조를 가진 인터넷상의 모임"이라고 말한다. 누구나 작전에 대한 발상을 제공하고 뜻을 함께해서 행동하는 그룹으로 활동 지역이나 활동 내용이 정해져 있지 않기 때문에 점조직 적으로 분포한 세계 각지의 해커가 가상 공간에서 작전을 포고하고 수행하는 방식의 활동을 하는 것 같다.

가이 포크스(Guy Fawkes)[10] 가면을 쓰고 공개적으로 나타난 어나니머스 멤버들. 이들은 자신을 아논(anon)이라고 부른다
[https://www.cbsnews.com/pictures/anonymous-most-memorable-hacks/]

2013년 어나니머스 그룹이 북한에 '우리민족끼리(uriminzokkiri)'를 해킹하고 트위터에 게시한 화면
[https://www.bbc.com/news/technology-22025724]

어나니머스를 세계에서 '가장 영향력 있는 100인' 중의 하나로 선정하기도 했다. 2013년 어나니머스는 북한의 '우리민족끼리(uriminzokkiri〉를 해킹했다고 주장했다. 이들은 해킹을 하면서 북한 주민들이 인터넷에 자유롭게 접속할 수 있도록 해야 하고 김정은이 물러날 것을 요구했다.

국가 수준 집단으로부터 지원을 받으면서 본격적으로 군사 정치적 비밀이나 기술, 영업 비밀을 추구하는 해커도 있다. 이미 러시아, 중국, 북한 등의 국가가 지원하는 해커 조직이 기업과 군사적 비밀이나 가상 화폐 등을 훔치고 있다는 언론 보도도 많다. 테러리스트 그룹도 있다. 시리아 전자군(Syrian Electronic Army), ISIS나 이의 동조자 그룹들, 알 카에다(Al Qaeda) 등의 테러리스트들이 돈을 노리고 해킹하고, 메시지를 보내고 정보를 훔친다. 2024년에도 이란의 주요 기반 산업시설이 사이버 공격을 받았다. 이란 당국은 이것이 이스라엘과 미국의 공격이라고 비난하고 있다.

10 가이 포크스(Guy Fawkes, 1570~1606)는 1605년 영국의 제임스 1세를 암살하려는 화약 음모 사건으로 처형된 주동자 중의 한 명이다. 최근 들어 〈V for Vendetta〉 만화와 영화를 통해서 가이 포크스의 가면이 저항의 상징으로 널리 퍼지게 되었다.

우리나라 정보기관에서 북한의 해커 그룹이 외화벌이로 해킹 공격 용역 사업을 한 것이라고 분석한 예는 대단히 많다. 김수키, 라자루스, APT398라는 해커 그룹의 이름도 나온다. 국내의 주요 기업이나 기관이 북한이나 중국 해킹 그룹의 공격을 받았다는 보도도 수년 전부터 여러 차례 있었다. 심지어 이들 그룹이 연합으로 우리나라의 주요 기관들을 공격했다는 것이 올해 4월 공개되기도 했다. 만약 사이버 공격으로 발전 시설이나 통신 시설이 기능이 마비되면, 그 충격은 핵폭탄 이상일 것이라고 필자는 우려한다.

해커는 주위에 너무 많다

아래 사진은 구글 검색에서 "해커 고용(Hire hacker)"라는 용어로 검색하면 나오는 화면이다. "프리랜서 해커 고용", "익명 해커 고용", "최고의 양심적 해커 고용" 등이 보인다. 놀랍지 않은가? 해킹과 해커 알선이 하나의 거대한 산업이 된 것이다.

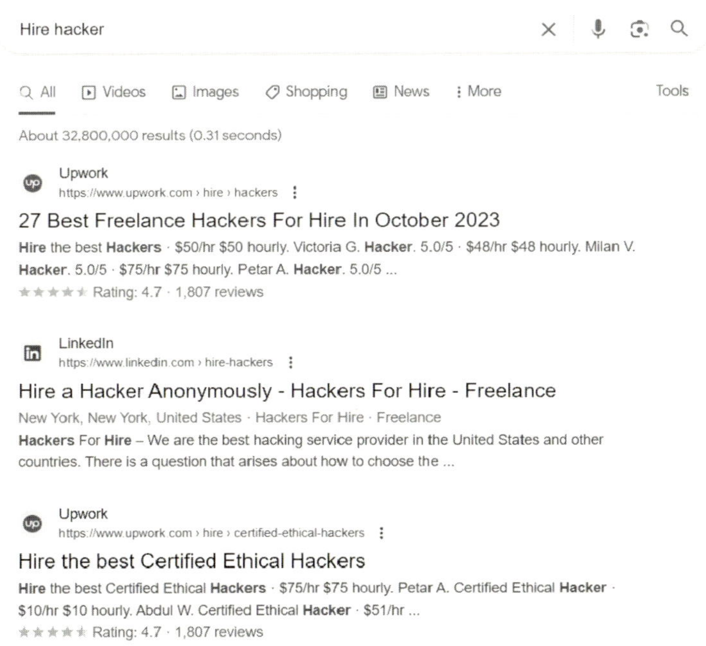

구글 검색 엔진에서 검색어 "해커 고용(Hire hacker)"를 키워드로 검색한 화면 [2023년 10월 19일 1:15PM 검색].

이런 광고 중 일부는 진짜 범죄를 일으키는 해커나 해커 집단의 작업일지도 모른다. 법 테두리의 회색 영역에서 여기저기 헤치고 다니는 컴퓨터 전문가도 있을 수도 있다. 어떤 해커는 돈을 지불하면 원하는 것은 무엇이든 해주기도 할 것이다. 이 중에는 온라인에서 문제를 일으키는 사람을 추적할 수 있는 능력을 갖춘 이도 있을 것이고 철저하게 윤리적으로 활동하는 해커도 있을 것이다.

이제 해킹 기술을 가진 사람을 온라인 시장에서 찾는 것은 매우 쉬워진 것 같다. 해커가 되고자 하는 사람도 많고 그 길도 어렵지 않아 보인다. 서점에서 IT 기술, 해킹 기술과 관련된 책을 쉽게 구할 수 있다. 온라인에도 엄청난 자료가 있다. 자신이 해킹 툴을 만들 기술을 가지고 있지 못해도, 해킹용 소프트웨어, 서비스형 랜섬웨어를 어렵지 않게 구한다. 공개적인 해커 사이트뿐만 아니라 해커를 고용하거나 해커용 툴 구입 또는 임대, 멀웨어나 바이러스를 판매하는 지하 시장과도 같은 다크웹도 있다. 심지어 악성 소프트웨어를 설정하고 유지 관리하는 것을 도와주는 해커 IT 지원 회사도 있다. 지난 몇 해 사이에 거대한 조직을 형성했던 히드라 마켓(Hydra market)이나 하이브(Hive) 같은 조직을 FBI와 인터폴, 유로폴이 연합해서 일망타진했어도, 그 일당 또는 이들과 연결된 자들이 다시 이와 비슷한 행동을 할 것은 분명하다. 돈만 지불하면 최신 해킹용 소프트웨어를 계속 제공받고 이 소프트웨어에 대한 업데이트를 받을 수도 있다.

탁월한 기술과 재능을 가진 뛰어난 해커들도 있다. 2013년 미국 국가안보국(National Security Agency, NSA)의 기밀문서를 폭로했던 에드워드 조셉 스노우든(Edward Joseph Snowden)이나, 위키리크스(Wikileaks)를 설립한 줄리언 폴 어산지(Julian Paul Assange) 등은 그들의 해킹 기술로 정치 군사 기밀로 간주될 수 있는 비밀 내용을 폭로하면서 세계적인 이목을 끌었다. 그러나 결국 스노우든은 미국의 수사 당국에 쫓기다가 러시아로 귀화했다. 어산지는 수년간 영국 런던에 있는 에콰도르 대사관에 망명 신청을 한 채 숨어 지냈지만 2019년 에콰도르 대사관이 어산지 보호를 철회하면서 체포되었다. 2024년 어산지는 미국 법원에서 유죄를 인정했다.

봇넷(Botnet)

봇넷(botnet)은 인터넷에 연결되어 있으면서 침해를 입은 여러 컴퓨터들의 집합으로, 사이버 범죄자가 악성 소프트웨어를 이용해 통제권을 빼앗아 종속시킨 다수의 '좀비 컴퓨터'로 구성되는 네트워크다. 봇넷은 전형적으로 공격자가 하나의 컴퓨터의 통제권을 빼앗은 후, 이 컴퓨터가 계속해서 다른 컴퓨터를 공격해서 감염시키면서 통제권을 확대한다. 공격자는 좀비 컴퓨터나 이에 연관된 기기에 접속해서 자기 마음대로 이 컴퓨터들을 제어한다. 봇넷은 전형적으로 분산서비스거부 공격, 데이터 갈취, 스팸 발송 등에 악용된다. 거대한 봇넷은 악성코드를 감염시켜 장악한 PC나 서버가 수백만 대에 이르기도 한다.

대부분의 사람은 자신의 컴퓨터나 서버가 감염된 것조차 인지하지 못한다. 이 책을 읽고 계신 독자가 집에서 사용하는 PC나 회사의 서버, 또는 손에 들고 있는 휴대 전화도 알지 못하는 사이에 이미 노예가 되어 좀비 역할을 하고 있는지도 모른다. 그러나 자신의 컴퓨터나 서버가 손상되었다고 해서 반드시 해커가 자신으로부터 무엇인가를 훔치고 있다는 의미는 아니다. 귀하의 서버나 컴퓨터를 사용하여 다른 사람을 공격하거나 다른 시스템을 감염시키는데 자신도 모르게 이용될 수 있다는 말이다. 또 사악한 활동의 수익금을 저장하는데 자신의 시스템이 사용되고 있을 수도 있다.

사이버 범죄자는 낮은 담장, 허술한 문단속을 좋아한다

가정의 방범을 생각해 보자. 도둑이 정말로 당신 집에 침입하려고 마음먹으면, 아마도 웬만한 집은 결국 뚫릴 것이다. 그 도둑은 당신이 집에 언제 있는지, 언제 집에 없는지, 어떤 종류의 경보 시스템을 가지고 있는지, 개가 있는지, 무기를 가지고 있는지, 늘 열려 있는 창문이 있는지 등을 면밀히 조사할 것이다. 집 구조를 조사하고, 어떤 소셜 미디어를 사용하여 귀하가 어떤 유형의 사람인지, 얼마나 많은 가족이 살고 있는지 알아낼 것이다. 이웃에 교통량이 많고, 개들이 짖고, 아이들이 놀고 있는 시끄러운 곳인지, 창문을 깨고 들어갈 수 있을 만큼 한적한 곳인지 판단할 것이다. 해커도 마찬가지다. 많은 해커들, 특히 고도의 전문가 해커는 정보를 수집하는데 많은 시간을 투자하면서 모든 사전 정보를 알아낸다. 고도의 전문가 해커는 은밀하게 침입해 들어와 몇 달 또는 몇 년 동안 조용히 숨어 있다. 그러면서 천천히 물건을 빼낸다. 개인이나 조직이 가진 문제는 해커가 들어오고 싶어하면 들어올 수 있는 상태가 대부분이라는 점이다. 이때 우리가 할 수 있는 일은 한계도 많고 완벽하게 막을 수 없다는 점이다. 늘 그렇듯이 공격하는 것보다 방어하는 것이 훨씬 더 어렵다.

도둑이나 해커는 어떻게 판단할까? 쉽게 담을 넘고, 창문을 열 수 있는 집을 선택할 것인가? 높은 철조망과 방범 시스템을 갖추고 사나운 개가 있는 집을 택할 것인가? 해커는 담장이 낮고, 문단속이 허술한 시스템을 선택한다. 쉬운 표적을 선택할 것이다. 같은 업종이나 비슷한 규모의 조직이나 기업 중에서도 보안 수준이 낮으면, 그만큼 해커의 공격 대상이 되기 쉽다. 심지어 수법이 낮은 해커도 넘볼 수 있는 허술한 사이버 방벽은 지나가던 해커를 불러 드린다.

제4부
사이버 위협

1 사이버 범죄의 분류

우리나라는 〈정보통신망 이용촉진 및 정보보호 등에 관한 법률〉, 〈정보통신기반 보호법〉, 〈개인정보 보호법〉, 〈통신비밀보호법〉, 〈저작권법〉 등에서 사이버 범죄를 정의하고, 규제와 처벌을 정하고 있다.

우리나라 경찰 사이버 안전국은 사이버 범죄를 크게 '사이버 테러형 범죄'와 '일반 사이버 범죄'의 두 가지로 대별한다. 사이버 테러형 범죄는 정보통신망 자체를 공격 대상으로 하는 불법 해킹, 바이러스 유포, 메일 폭탄, 서비스거부 공격 등 전자기적 침해 장비를 이용하여 컴퓨터 시스템과 정보통신망을 공격하는 불법 행위다. 이외의 사이버 도박, 사이버 스토킹, 사이버 성폭력, 사이버 명예 훼손, 전자 상거래 사기, 개인 정보 유출과 같은 사이버 공간을 이용한 일반적인 불법 행위를 일반 사이버 범죄라고 분류한다. 2022년 우리나라의 전체 범죄 발생 건수는 약 150만 건이었는데, 일반 사이버 범죄가 약 15만 건 이상, 사이버 테러형 범죄가 해마다 1만 건 이상 일어났다. 우리나라 범죄의 약 10%가량이 사이버 범죄라는 말인데, 실제로는 이보다 더 많을 것이다. 엄청난 수의 사이버 범죄가 알려지지 않은 채 숨겨져 있을 것이다. 미국의 FBI는 랜섬웨어 공격과 같은 사이버 테러형 범죄가 알려지는 것은 실제 발생의 약 20%에 불과하다고 본다.

다시 말해 사이버 범죄는 컴퓨터 또는 컴퓨터 네트워크와 관련된 모든 범죄다. 컴퓨터, 네트워크, 정보 시스템을 침입하고 조작함으로 일어나는 재무 사건이나 정보와 금전 갈취, 신용 사기, 성범죄, 광고 조작 등을 말하고, 책상 위의 PC, 노트북 컴퓨터, 워크스테이션 컴퓨터, 서버뿐만 아니라 모바일 기기, 사물인터넷으로 연결된 가전 시스템의 모든 장치가 사이버 범죄의 대상이고 도구다. 또 데이터 센터나 클라우드도 사이버 범죄의 표적이 되고, 자동차도 점점 많은 IT 기술을 채택하면서 사이버 위협의 대상이 되었다. 미래에 자율 자동차가 해킹된다면 이는 무서운 무기로 돌변할 수도 있다. 2023년 넷플릭스 영화 〈이 세계를 뒤로 하고 Leave the world behind〉는 사이버 공격에 의해서 정전이 되고, 모든 통신이 마비되는 암울한 사회 혼란 상태를 그린다. 자율운행 자동차들이 문자 그대로 제멋대로 '자율적'으로 충돌하는 말세적 상태를 보여 준다. 이미 현실에서 이런 범죄적 행동이 국가 수준에서 지원받는 사이버 전쟁(cyberwarfare)이나 사이버 테러(cyber terror)로도 나타나고 있다. 이때 사용되는 기술이나 장치는 사이버 무기(cyber weapon)다.

사람이 사람에게 범죄를 저지르는 것과 마찬가지로 컴퓨터는 범죄의 표적이기도 하지만, 범죄의 도구도 된다. 사이버 공격은 개인용 컴퓨터에 스파이웨어를 설치하는 것부터 국가 전체의 인프라를 파괴하려는 시도까지 다양하다. 그런데 표적이 된 피해자에게 큰 손상을 줌에도 사이버 범죄는 고도의 IT 기술과 결합하여 쉽게 알아채기 어렵다. 해커가 시스템 안에 오랜 기간 숨어 있으면서 큰 피해를 주어도 오랫동안 알지 못하기도 한다.

사이버 범죄는 담장을 넘는 물리적 행동이 아니다. 그렇다고 IT 기술만으로 이루어지는 것도 아니다. 사람의 심리와 행태를 이용하는 속임수 과정과 교묘하게 결합해서, 은밀하게 경계를 뚫고 네트워크를 타고 들어와 자산과 정보를 갈취한다. 사이버 범죄자들이 정보 전산망에 침입하기 위해서 사용자의 심리를 이용해서 속임수를 쓰는 것을 사회공학(소셜엔지니어링 social engineering) 수법이라고 한다.

사이버 공격자는 아마추어 장난꾼부터 조직적 범죄자, 국제 테러리스트, 적대적인 정부에 이르기까지 다양하다. 사이버 공격은 조직 외부에서만 시작하는 것이 아니다. 보안 경계 내부에 존재하는 사용자나 장치, 즉 시스템에 접근 권한이 있지만 승인 없이 시스템 자원을 약탈하는 '내부자 공격'도 있다.

사이버 범죄의 유형을 살펴보자.

컴퓨터 사기, 인터넷 사기

이것은 컴퓨터, 인터넷 장치 및 인터넷 서비스를 사용하여 사람이나 조직의 자원을 속이는 행위를 말하고, 일반적으로 허가나 승인없이 컴퓨터와 네트워크에 액세스하는 행위도 포함한다. 컴퓨터 사기, 인터넷 사기라고 하여도 컴퓨터나 전산 시스템은 복잡한 사기의 도구일 뿐이고 결국 사기 범죄의 대상은 사람이고 피해자도 사람이고, 조직이다.

사이버 범죄자는 사이버 공간과 현실에서 암약하는 사기꾼이다. 사람을 속이는 사기(詐欺 fraud)는 수천 년 동안 인간의 역사와 함께 존재해 온 범죄다. 컴퓨터와 인터넷이 나타나기 전부터도 사기, 절도 범죄는 존재해 왔다. 사이버 기술과 공간이 범죄자에게 새로운 도구를 제공하게 되었고, 기술적인 면과 교묘하게 결합하는 사기술로 인해 수법이 교묘해지고 알기 어렵게 되고 피해자가 급격히 늘어났다. 점점 추적과 체포도 어려워지고 있다.

사이버 범죄자는 컴퓨터를 이용해서 피싱 등의 수법으로 정보를 빼내고, 악성 프로그램을 주입하고, 신원을 도용한다. 그뿐만 아니라 괴롭힘, 위협 등 외설적이거나 공격적인 콘텐츠를 전파하고, 상업적 목적으로 원치 않는 대량 이메일(스팸 메일) 전송하는 것도 불법이다. 범죄자는 컴퓨터 시스템을 이용하여 은행 사기, 카드 발급, 신원 도용, 기밀 정보를 유출한다. 컴퓨터를 해킹해서 정보를 변조하고, 웜이나 바이러스를 심고, 데이터를 훔치는 악성코드나 스파이웨어를 설치한다. 피싱을 통해 금전을 갈취하려는 시도는 우리 주위에 너무나도 많다.

광고 사기(ad fraud), 또는 클릭 사기(click fraud)로 불리는 수법은 성공률, 즉 대상을 속여서 금전을 갈취하는 수익성이 좋아서 자주 사이버 범죄자들이 유명 브랜드를 사칭하거나 가짜 웹 페이지를 제작하는 식으로 사용자를 속인다.

사이버 강탈 / 갈취(Cyberextortion)

사이버 강탈(cyberextortion)는 웹사이트, 이메일 서버 또는 컴퓨터 시스템이 서비스거부 공격이나 랜섬웨어 등의 악의적인 해킹 공격을 받거나 위협을 받는 것을 말한다. 기업 웹사이트와 네트워크를 공격해서 장악한 뒤 암호화시켜 이를 사용할 수 없도록 만들고, 시스템 복원을 위해 금전을 요구한다. 사이버 범죄자들은 사이버 공격을 중단하고 보호를 제공하겠다는 대가로 돈을 요구하기도 한다. 직접적인 갈취뿐만 아니라 유명인의 신상을 털거나(doxing), 대상 기업의 전산 구조와 취약점을 조사하는 버그 밀렵(bug poaching)과 같은 행위도 있다.

2014년 일어난 소니 영화사 해킹 사건(Sony Hack)을 보자. 스스로를 '평화의 수호자(Guardians of Peace)'라고 밝히는 해커 그룹이 영화 스튜디오 소니픽처스 엔터테인먼트(Sony Pictures Entertainment)의 기밀 데이터를 유출했다. 해킹 과정에서 이들은 당시 개봉 예정이었던 북한의 김정은 암살을 그린 코미디 영화 '인터뷰'를 소니가 철회할 것을 요구했다. 북한과 관련된 것으로 보이는 이 해커 그룹은 이 영화를 상영하는 영화관에 대해서 테러 공격을 하겠다고 위협했다.

사이버 강탈은 시스템을 대량 접속으로 마비시키는 서비스거부 공격이나 몸값을 요구하는 랜섬웨어 공격과 결합한다. 랜섬웨어는 대상자가 자신의 자료에 액세스하거나, 시스템 운영을 할 수 없게 하여 이를 회복하기 위한 몸값을 요구하는 사이버 강탈에 사용되는 악성코드를 말한다. 범죄자들은 몸값을 지불하지 않으면 시스템을 망가뜨리거나, 데이터를 영구적으로 삭제하거나 공개하겠다고 위협한다. 그들은 자신의 신원을 숨기기 위해 온라인 결제 시스템과 암호화폐를 요구한다. 암호화폐가 사이버 범죄자들이 금전을 획득하는 수단으로 흔히 악용된다.

랜섬웨어 위협은 오늘날 전 세계적인 사이버 보안 문제다. 2021년에 수집된 사례만으로도 전 세계적으로 3억 건 이상의 공격이 발생했다. 세계적인 정보보안 회사 팔로알토(PaloAlto)의 〈유닛42 랜섬웨어 위협 보고서〉에 따르면 2022년 랜섬웨어 사건의 평균 몸값 요구액은 1년 사이에 144% 증가한 220만 달러(약 25억 원) 이상이었다. 복원하는데 드는 비용은 이보다 훨씬 많았다. 또한, 이 보고서는 기업의 IT 정보를 수집하여 제공하는 다크웹 덤프(창고)에 개인 정보가 표시된 피해자 수가 85%나 증가했다고 지적한다.

사이버 테러(Cyber Terror), 사이버 전쟁(Cyberwarfare)

사이버 테러는 사이버 공간에서 자행되는 공격적인 시스템 파괴 행위를 말한다. 바이러스, 웜, 피싱, 악성 소프트웨어, 하드웨어 또는 프로그래밍 스크립트를 통해 컴퓨터 네트워크와 컴퓨터를 파괴하는 모든 행위다.

사이버 공간이 전쟁 무대도 된다. 국가 간 간첩 활동이나 악성코드 이식, 선동 조장과 같이 장기간에 걸쳐 은밀하게 진행되거나 서비스거부 공격이 물리적인 군사 행동과 함께 하기도 한다. 2019년 6월 미국은 호르무즈 해협에서 이란이 미국 드론 비행체를 격추한 것에 대한 보복으로 이란의 무기 시스템에 대한 사이버 공격을 했다. 2007년 러시아 해커가 에스토니아의 기반 시설을 공격했고, 지금 전쟁 중인 러시아와 우크라이나는 쌍방이 사이버 공격을 한다고 비난하고 있다. 실은 전쟁 전에 러시아와 우크라이나가 세계적으로 규모가 큰 해킹 집단의 중심 지역이었다. 2020년에는 중국의 해킹 그룹이 일본의 방위 시스템을 해킹해서 수년간 군사 정보를 빼낸 것이 폭로되었다. 수년 전 북한의 해킹 그룹이 미국의 여러 곳을 해킹하려는 도중에 이에 피해를 입은 한 개인 해커가 2022년 2월 서비스거부 공격을 이용해서 북한의 거의 모든 네트워크를 차단시키고 마비시키기도 했다.

우리나라도 예외가 아니다. 2013년 3월 대한민국의 주요 은행인 신한은행, 우리은행, 농협은행과 KBS, YTN, MBC 등 많은 방송국이 해킹을 당해 3만 대 이상의 컴퓨터가 영향을 받았다. 이 사건에 누가 연루됐는지는 불확실하지만, 북한이 연관되어 있다는 관측이 즉각 제기됐다. 2022년부터 약 1년 여 동안 역시 북한이 연관된 해킹 그룹에 의해서 대한민국 법원의 많은 자료가 은밀하게 유출되었다. 역시 라자루스라고 북한의 지원을 받는 해킹 그룹이 거론되었다.

사이버 성매매(Cybersex Trafficking)

사이버 성매매 범죄자는 피해자를 납치한 후 웹캠을 통해 강제 성행위나 강간 장면을 스트리밍하기도 한다. 가해자는 소셜 미디어 네트워크, 화상 회의, 데이트 페이지, 온라인 채팅방, 앱, 다크웹 사이트 등 모든 종류의 플랫폼을 사용한다. 위키피디아는 사이버 성매매의 대표적인 사례로 2018~2020년 한국에서 발생한 N번방 사건을 소개한다.

불쾌하고 외설적이거나 공격적인 웹사이트나 통신으로 전달되는 콘텐츠도 많은 경우 불법이다. 인터넷 음란물 중에서도 아동 음란물은 전 세계 대부분 국가에서 불법이다.

온라인 괴롭힘(Online Harassing)

괴롭힘(harassment)라고 하는 것은 성별, 인종, 종교, 국적 또는 성적 지향 등에 초점을 맞춰 특정 개인을 대상으로 외설적이고 경멸적인 발언을 하는 것을 말한다. 표현의 자유는 대부분의 민주 사회에서 법으로 보호되지만 모든 표현이 그런 것은 아니다. 실제로, '진정으로 위협적인' 내용은 해를 끼치거나 위협하려는 의도를 가진 것이고 범죄 행위다. 이는 서면 텍스트나 음성을 통한 온라인 또는 네트워크 관련 위협에도 마찬가지다.

이렇게 인터넷 공간에서 고의적으로 논쟁이 되거나, 선동적이거나, 엉뚱하거나 주제에서 벗어난 내용, 또는 공격적이거나 불쾌한 내용을 공용 인터넷에 올려 사람들의 감정적인 반응을 유발하고 모임의 생산성을 저하시키는 사람 트롤(troll) 또는 인터넷 트롤이라고 한다.

마약 밀매와 다크웹(Dark Web)

한국도 이미 마약 안전 국가가 아니라고 한다. 일반적인 온라인 검색으로는 접근되지 않는 다크웹 시장이 오락성 약물(recreational drug)을 팔고 사는 온라인 시장이 되었다. 일부 마약 밀매범은 암호화된 통신 도구를 사용하여 마약 밀매자 또는 잠재 고객과 통신한다. 2011년부터 다크웹에서 거대한 온라인 마약 시장이었던 실크로드(Silk Road)는 2014년 FBI와 유로폴에 의해 영구적으로 폐쇄되었다. 그러나 그 후에 실크로드 2.0, 다시 실크로드 3 리로디드(Silk Road 3 Reloaded)가 등장했다. 2022년 독일 경찰은 러시아, 우크라이나, 벨라루스, 카자흐스탄 등의 사이버 범죄자들이 중심이 된 히드라 마켓(Hydra market)을 일망타진했다. 이들은 다크웹 공간에서 수년간 마약, 해킹 자료, 위조 문서, 비트코인 돈세탁과 같은 불법 행위를 해왔다.

조직의 사이버 보안 사고

사이버 보안 사건의 심각성에 따라 경미한 문제인 보안 이벤트(event)와 침해가 광범위하고 영향이 큰 보안 사고(incident)를 구별해야 한다. 이는 사건의 심각성이나 잠재적으로 영향을 미치는 위험의 정도를 기준으로 구별한다. 전자는 시스템의 하드웨어나 소프트웨어에 크든 작든 영향을 미치는 모든 상황을 말하고, 후자는 정상적인 운영을 방해하는 보다 심각한 상황을 의미한다. 즉, 보안 사고라는 표현은 개인이나 조직의 시스템이나 데이터가 침해되어 손상되거나, 이를 보호하기 위한 조치가 실패한 경우다

예를 들어, 한 명의 사용자가 요청한 정상적인 서비스 접근이 거부된 경우는 시스템이 어떤 문제가 생겼음을 의미하므로 보안 이벤트일 수 있다. 접근 거부의 원인은 여러 가지가 있지만, 일반적으로 이런 단 한 건의 이벤트는 조직 전체에 심각한 영향을 미치지 않는다. 그러나 다수의 사용자의 접속이 거부된다면, 이것은 서비스거부 공격과 같은 심각한 문제가 발생할 가능성이 높으므로 보안 사고로 분류해야 할 것이다.

이보다 더 심각한 위해는 보안 위반(breach)이라고 한다. 이는 민감하거나 기밀로 보호되는 데이터가 승인되지 않은 방식으로 액세스되거나 공개된 것이 확인된 경우다. 보안 사고는 정보가 손상될 수 있는 위협을 받았다는 의미이고, 보안 위반은 실제로 정보가 손상되거나 유출되었다는 뜻이다. 사이버 공격을 성공적으로 저지한 조직은 보안 사고를 겪었지만, 위반은 경험하지 않은 셈이다. 2024년 정부 부서에서 담당자의 실수로 수많은 사람의 개인 정보가 수 시간 동안 무방비로 노출되는 사고 있었다. 이것은 범죄적인 상황은 아니지만 적어도 보안 사고이고, 정보가 유출되었다면 보안 위반이다.

2 사회공학, 소셜엔지니어링(Social Engineering)이란?

"기업 정보 보안에서 가장 큰 위협은 컴퓨터 바이러스, 패치가 적용되지 않은 중요한 프로그램이나 잘못 설정된 방화벽이 아니다. 가장 큰 위협은 바로 당신이다."
("The biggest threat to the security of a company is not a computer virus, an unpatched hole in a key program or a badly installed firewall. In fact, the biggest threat could be you.")

이 말은 1990년대에 유명했던 해커 케빈 미트닉의 말이다. 그는 미국 국방성, 국가안보국를 해킹한 것으로 알려지기도 했다. 그는 해킹이 해킹은 IT 기술과 결합된 속임수이고 사기술이라고 말한다.

사이버 보안이나 정보 보안에서 '사회공학(Social Engineering)'이라고 하는 말은 '인간 상호작용의 신뢰를 바탕으로 속임수를 통해 정상 보안 절차를 깨뜨리고 정보를 얻는 행위'를 말한다. '사회공학'이라는 단어가 전자공학, 생명공학, 금융공학처럼 마치 어떤 학문 영역처럼 들리지만, 이 말은 소프트웨어나 하드웨어의 IT 기술적인 측면을 뜻하는 것이 아니다. 사이버 시스템을 사용하는 사람을 대상으로 속이고, 위장하고, 사기 행각을 하는 것을 말한다.

사기 행각은 인류 역사와 함께 해왔다. 발달하는 IT 기술, 통신 기술과 연결되어 복잡하고 새로운 속임수 사기 수법이 나타나고 있다. 전자통신기술은 일반인들이 잘 이해하기 어려운 데다가, 교묘한 사기술과 접목되어 새로운 수법으로 엄청난 피해를 만들고 있다. 인공지능, 딥페이크 기술을 해커가 마구 악용한다. 이를 방어하는 사이버 보안도 새로운 기술을 총동원해야 한다.

사회공학은 결국 신용 사기(confidence trick) 수법이다.[11] 대상자가 공격자를 믿게

11 사회공학이라는 말이 정치 영역에서도 사용된다. 정치적 맥락에서 사회공학은 목적하는 대상 집단의 특정한 태도와 행동에 대규모로 영향을 미치기 위해서, 주로 상부로부터 아래쪽으로 하향식으로 작동하는 정치 사회적 시도를 의미한다. '대중조작(大衆操作)'이라는 말과 비슷하다.

만들고 심리적인 조종으로 표적이 된 사람이나 조직이 공격자가 원하는 특정한 행동을 하도록 만드는 사기 수법이다. 사회 공학은 우리가 가진 익숙한 사물이나 사람에 대한 신뢰를 이용하여 다른 사람을 의도대로 조종하고 조작한다. 사람들이 가지기 쉬운 쉽게 믿는 성질, 순진함, 연민, 허영심, 무책임함, 욕심 등과 결부된 인지편향(cognitive bias)과 같은 심리적 속성을 이용한다.[12]

AI 시대의 사회공학

사이버 범죄자들은 보안 시스템을 돌파하는데 인간의 심리를 이용하는 사회공학적 수법과 컴퓨터 기술을 결합해서 대상을 기만하고 침투 경로를 찾아낸다.

사이버 범죄자는 실제 목표가 있는 IT 시스템에 접근하기 위해 심리적 조작을 사용한다. 각양각색의 상황에서 각양각색의 사기 수법이 있다. 전화 통화를 통해 중요한 고객임을 사칭하면서 상대방이 악성 웹사이트를 탐색하도록 유인하는 것은 매우 고전적이다. 피싱을 통해 은행 계좌에 접속하는 자격 증명을 훔치고 대상의 돈도 훔친다. 한 예를 들자면 슬쩍 목적하는 건물에 들어가서 IT 헬프데스크 전화번호가 변경되었다는 가짜 게시물을 회사 게시판에 자연스럽게 붙인다. 그러다가, 어떤 직원이 이 번호로 도움을 청할 때 ID와 비밀번호를 밝히도록 해서, 이런 식으로 회사 직원의 개인정보 빼앗은 뒤 내부 전산망으로 접근한다. 또는 해커가 소셜 네트워킹 사이트에서 대상과 우연히 접촉하듯이 대상과 대화를 시작한다. 점차적으로 해커는 대상의 신뢰를 얻은 다음 이 신뢰를 사용해서 민감한 정보에 접근한다.

사이버 범죄자들은 이렇게 대상을 조종하여 개인 정보 공유를 유도하고, 랜섬웨어나 멀웨어를 다운로드한다. 유해 사이트를 방문하도록 유인하고, 범죄자에게 송금하도록 속이거나, 개인이나 조직의 자산 또는 보안을 손상시키는 실수를 저지르게 하는 등의 심리 조작을 한다.

---

12 영어로 사기나 사기꾼을 '콘(con)', 또는 '콘아티스트(con artist)'라고 하는데, 여기서 con은 confidence(신뢰, 신용)에서 온 것이고, 결국 사람의 신뢰를 이용해서 이를 속인다는 의미다. 흥미롭게도, 사기꾼이라는 영어 표현에 예술가를 뜻하는 artist가 사용된다.

앞 장에서 소개한 2023년 MGM 호텔 사건도 결국 비싱(보이스 피싱) 수법에 속아 보안망이 뚫리기 시작한 것이다. 해커들은 사전 정찰 단계에서 널리 사용되는 인력 정보 사이트 링크드인에서 MGM 직원에 대한 상세한 정보를 얻어냈다. 그리고 MGM의 IT 지원 데스크에 전화해서 그 직원을 사칭하면서, 온라인 접속 자격 증명을 새로 얻어내는 것으로 공격을 시작했다. 그리고는 이를 이용해서 시스템에 액세스한 뒤 악성코드를 감염시켰다.

사회공학적 기술은 매우 교묘해서 아주 자연스럽고 일상적일 수 있다. 그러나 일상적이고 상식적인 대응이 해커가 노리는 허점이 되어 결국은 조직의 보안에 큰 문제를 가져온다. 흔히 누가 "혹시 OO에 아는 사람 있어요?"라고 물어오는 것도, 사회공학적 침투의 시작일 수도 있다는 말이다. 이런 접근을 통해 정보를 캐낼 수 있는 사람과 신뢰관계를 만들고, 결국 이를 이용해서 시스템에 침투할 수도 있기 때문이다. 실례로, 조직의 IT부서에서 패스워드 점검 차원 등을 이유로 개인 패스워드를 물으면 상당수의 직원이 자신의 패스워드를 바로 알려주기 쉽다. 협력업체 직원으로 교묘히 위장하고는 진짜 구성원의 협조를 받으면서 시스템 깊이까지 접근할 수도 있다. 영화에서는 주인공이 이런 멋진 연기로 보안 망을 손쉽게 뚫고 들어가지만, 그런 일이 바로 자신이나 옆 사람에게 일어날 수 있다는 말이다.

만약 업무용 패스워드와 개인용 이메일과 인터넷뱅킹 패스워드를 동일하게 사용하는 경우, 이런 정보가 사회공학자, 즉 사기꾼에게 노출되면 더욱 손쉽게 악용된다. 조직의 보안 수준을 높이기 위해서는 사회공학적 공격에 대한 조직 구성원의 경각심, 높은 보안 의식이 중요하다. 조직은 구성원을 교육하고, 훈련하고, 자극하면서 보안 문화를 만들어야 한다.

사회공학에 취약한 조직

사회공학, 즉 사기술에는 누구라도 자칫하면 속아 넘어갈 수 있다. 어느 조직도 사회공학 침투의 위험성에서 면역이 될 수 없지만, 다음과 같은 조직은 사회공학에 더욱 취약하다.

- 직원 수가 많고 조직이 분산되어 있으면 사회공학 공격에 취약하다. 직원 수가 많으면, 서로 잘 알지 못하고, 잘 모르는 직원과의 업무 교류도 많다 보니 낯선 사람에 대한 경계심이 높지 않다. 또 조직이 여러 곳에 분산되어 있으면, 다른 지점의 직원으로 가장해서 접근하기 쉽다.
- 공개된 인터넷 공간 등에서 개인 정보를 쉽게 얻을 수 있는 조직은 사회공학 공격에 대한 대응 수준이 낮다.
- 정보의 분류와 관리 체계가 없는 조직은 위험하다. 조직의 정보는 중요도에 따라 분류되고, 그에 맞게 관리되어야 한다. 기밀성이 높은 정보는 접근 요청에 대한 확인과 승인 절차가 강력해야 한다. 정보 보안에 대한 분류가 명확하지 않은 조직은 적절한 보안 관리를 하지 못하고 기밀이 쉽게 노출될 수 있다.

해커가 좋아하는 공격 대상도 있다.

- 정보의 가치를 모르는 사람: 리셉션에서 응대를 하는 사람이나, 청소 담당자 같이 조직의 본질적 기능과 직접 관련이 없는 사람이 쉽게 접근 단서나 정보를 유출할 수 있다.
- 시스템이나 정보 접근에 특별한 권한을 가진 사람: IT 헬프 데스크 직원처럼 직원의 패스워드를 변경하거나 정보 접근에 특별한 권한을 가진 사람에게 직원을 위장하면서 새로운 패스워드를 만드는 수법으로 해킹이 시작되는 사례가 많다.
- 제조사, 판매사와 같은 협력 업체 직원: 공격 대상 회사에 제품을 공급하거나 서비스를 제공하는 회사를 일차 대상으로 해서 표적이 된 회사에 접근하는 루트로 이용한다.
- 조직에 새로 입사한 사람: 새로 입사한 사람은 새로운 환경에 적응하기 위해서 낯선 사람에 대해서 쉽게 경계심을 풀 수 있다. 이런 사람에게 회사 내의 조력자로 위장해서 인증을 위한 신상 정보나 시스템 접근 정보를 빼낸다.

사회공학 수법의 특징

해커들이 사이버 침투에 흔히 동원하는 사기 수법의 특징이다.

- 긴급 상황을 연출: 사람들이 시간이 촉박한 경우에 기회를 놓치고 싶어하지 않는 심리를 악용한다. 다시 말해 막차를 놓치지 않으려는 심리를 이용한다. 빠른 조치가 필요한 것처럼 상황을 만들어 대상에게 잘못된 행동을 유도한다. 촉박한 시간제한을 정해 긴박감으로 인해 합리적이던 사람도 속아 넘어가 개인정보를 넘기도록 만든다.
- 신뢰성 위장: 공격자들은 거짓말로 대상이 헛된 신뢰를 하도록 유도한다. 대상이 거짓말을 간파하게 되면 사회공학적 공격은 통하지 않는다.
- 고조된 감정을 이용: 공격자는 대상의 감정을 이용해서 엉뚱한 행동을 하도록 만든다. 인간은 감정이 고조된 상태에서, 특히 두려움, 죄책감 또는 분노가 관련되어 있는 경우에, 뜻하지 않은 위험한 행동을 취하기 쉽다. 이런 정서적 조작이 공격이 통하게 만든다.

사회공학 수법은 어려운 기술을 구현하지 않고도 디지털 네트워크와 디바이스, 계정에 액세스할 수 있어 사이버 범죄자들에게 매력적인 공격 수단이다. 방어하는 입장에서 볼 때 인간은 기계보다 통제하고 예측하기가 더 어렵고, 종종 실수도 한다. 악성코드는 일단 식별되면 비교적 간단하게 수정이 가능하지만, 인간의 행동을 조작한 것은 파악하기 어렵고 풀기도 어렵다.

그래서 속임수에 피해를 당하기 전에 이런 냄새를 포착하고 의심하고 방어해야 한다. 그런데, 사기술은 수없이 많고, 환경에 따라 교묘하게 변형되고 매우 창의적이다. 사이버 영역에서는 사람의 심리를 이용하는 속임수가 일반인이 잘 이해하지 못하는 IT 기술과 결합해서 더욱 알아채기 어렵게 된다. 해커들은 치밀한 사전조사로 그럴듯한 상황, 시나리오를 만들어 공격을 해온다.

해커들은 갖은 방법으로 정보를 수집한다.

사회공학 수법의 가장 고전적인 형태는 표적에 직접 접근하는 것이다. 영화 〈미션 임파서블〉에서 사칭하는 사람과 전혀 구별할 수 없는 변장술이 통하듯이 직접 만나거나 흔히 조직의 고위자나 외부의 권한을 가진 존재로 상사로 가장하면서 전화, 또는 온라인 이메일로 접근한다.

전화를 도청하고, 책상 위의 메모지, 전자식 패스워드의 터치 음을 훔치는 것부터 레이저 마이크로폰으로 유리나 벽의 진동을 탐지하여 이를 음성으로 바꾸는 고도화된 방법도 사용한다. 작업 중인 사람의 뒤에서 어깨너머로 업무 관련 정보나 패스워드 등을 빼앗길 수도 있다. 요즈음은 많은 암호 입력이 (*)로 표시되는 식이어서 직접 보이지 않더라도, 손가락 움직임으로 쉽게 유추되는 패스워드는 위험하다. 2023년 대한민국 법원 사이버 침해 사건에 법원 접속에 필요한 패스워드가 컴퓨터 자판의 "qwe***"와 비슷하게 해커가 유추해내기 매우 쉬운 것으로 밝혀져 놀라움을 주었다. 심지어 전자 자물쇠나 전화기의 터치 음도 유출의 단서가 된다. 휴대전화의 그림 그리기 암호도 손가락이 움직인 자국이 보이면 몇 초 만에 열릴 수도 있다.

원시적인 방법으로 보이지만 해커들은 휴지통에서도 틈새와 필요한 정보를 찾는다. 시스템 접근에 활용될 수 있는 정보가 메모지 조각이나 제대로 파쇄되지 않은 서류를 통해서 유출된다. 버려진 하드 디스크, 훔친 노트북 컴퓨터에서도 포렌식 기법을 사용해서 정보를 빼낸다. 중요 기밀 업무를 수행한 노트북이나 PC, 또는 서버의 하드 디스크, 저장 장치들은 완벽하게 삭제하거나 파기해야 한다. 단순 삭제만으로는 완벽하지 않다. 삭제한 파일의 위치에 일괄적으로 다른 값이나 데이터로 덮어쓰기를 해야 한다. 하지만 여러 번 쓰고 지운 디스크의 데이터도 해독할 수 있는 특수한 장비도 있다. 이는 디스크에 자기체가 약간 남아 있기 때문인데, 이런 잔존 자기까지 완전히 삭제하려면 강력한 자기장을 발생시키는 자기 소거 장치를 이용해야 한다.

해커가 공격 코드를 대상자의 시스템에 심기도 한다. 서비스 제공 업체로 가장해서 바이러스나 백도어 또는 키보드 입력을 모두 가로챌 수 있는 '키로거(keylogger)' 등을 전송해서 공격 대상이 자신도 모르게 이를 설치하게 한 다음 작동시킨다. 인터넷을 통해 피싱 등의 수법으로 전송할 수도 있고, 디스크나 USB 메모리 스틱에 담아 표적의 시스템에서 작동하게 만든다.

사무실 근처의 커피숍이나 상점에서 회사의 무선통신망 와이파이에 쉽게 접속할 수 있는 경우는 매우 많다. 이 때 와이파이 통신 전화[카카오톡 전화] 같은 것도 해커가 도청한다.

구실과 상황 만들기: 프리텍스팅

사이버 공격자가 치밀한 사전 조사를 한 뒤, 공격을 용이하게 만드는 상황과 환경을 세팅하는 것을 사회공학적 용어로 프리텍스팅(pretexting; 구실, 명분 쌓기, 상황 만들기)이라고 한다. 사전 정찰과 정보 수집을 통해 그럴듯한 시나리오를 짜서 피해자가 정상적으로는 하지 않는 행동을 수행하도록 구실이나 상황을 만들어 속이는 것이다. 흔히 '셋업'이라는 표현과 같다. 예를 들어, 공격자가 자신을 대상자의 직장 동료, 회사의 일원, 공급업체나 시설 관리 직원, 경찰관과 같은 신뢰하는 사람으로 가장해서 믿게 만드는 것이다. 몇 가지 사례를 보자.

우리나라에서 2024년 새해 벽두에 고위 경영진들을 표적으로 하는 스피어피싱 메일이 살포되었다. 조직 경영에 관한 조찬 세미나를 개최한다고 알리면서 참여 신청 필요한 보안서약서를 사전에 작성해 달라는 식의 매우 그럴듯한 메일이었다. 이때 첨부 파일을 클릭하면 악성코드가 발동하면서 침투가 시작된다.

사기범은 거짓 상황을 만들어내고 이를 해결하는 적임자인 척 가장하기도 한다. 심지어 사기범이 자신을 보안 담당자로 위장하는 경우도 있다. 대상자가 지금 보안 침해의 영향을 받았다고 하면서, 문제 해결을 위해서 피해자가 계정 정보나 컴퓨터 또는 디바이스에 대한 제어 권한을 제공하도록 속인다.

이메일을 잘못 보낸 것처럼 가장해서 상황을 만들기도 한다. 거래처로 위장한 다음, 첨부 파일에 '인보이스' 등의 이름을 붙여 놓으면, 피해자는 모르는 사람이 보낸 이메일이기는 하지만 무심하게 또는 궁금해져서 첨부 파일을 열어본다. 이때 악성코드에 감염되고, 뒷문이 열린다.

또 해커는 개인의 신상 정보(예: 생년월일, 주민등록번호, 주소 등)를 활용해서 정교한 거짓말과 위장으로 대상자가 상대가 진짜 그 사람이라는 생각이 들도록 한다. 많은 경우 사칭에 악용될 수 있는 개인이나 조직의 정보가 사이버 세계에 이미 상당히 노출되고 도용되고 있어도 당사자는 알지 못하는 경우도 많다. 사이버 범죄자들은 공개된 것은 물론이고 공개되지 않은 정보를 피싱을 통해서 알아내기도 하고, 다크웹 등의 암시장에서도 구한다. 흔히 사이버 공격으로 수많은 사람의 개인 정보가 유출되었다는 사건 뒤에는 이 유출된 정보가 암시장에서 팔리고 있다는 뜻이기도 하다. 다크웹 뿐만 아니라 조직과 기관의 전산망 정보를 수집해서 돈을 받고 이런 정보를 공개적으로 제공하는 조직도 있다.

이러한 공격에 넘어가지 않으려면, 전화, 이메일, 심지어 대면하는 상대방을 식별하는데 경계심을 가져야 한다. 일선의 사용자 직원들이 실은 사이버 공격의 매우 취약한 시작점이 되는 경우가 매우 많다. 모든 직원이 이런 위험성을 알고 올바르게 대처하는 높은 보안 인식이 중요하다.

프리텍스팅 공격의 특수한 예로, 역사회공학(reverse social engineering)이라는 교묘한 수법도 있다. 이것은 피해자가 먼저 공격자에게 연락하도록 구실을 만드는 계략이다. 범죄자가 함정을 파놓고 표적이 걸려들기를 기다린다. 예를 들면, 공격자가 자신을 표적이 필요로 할 기술 지원 서비스로 광고한다. 공격 대상이 된 피해자가 언젠가 필요성에 따라 이 광고를 보고 공격자에게 연락하게 된다. 공격자가 먼저 피해자에게 접근하는 것이 아니다. 일단 공격자의 역사회공학적 공격이 성공되면, 공격자와 피해자 사이에 잘못된 신뢰가 형성되고 이로 인해, 이차적으로 광범위한 사회공학적 공격이 진행된다.

3 사이버 / 공격의 수법과 대비

사이버 범죄는 사회공학 수법과 IT 기술이 결합되어 교묘히 접근하기 때문에 일반인들은 공격과 침투 자체를 확인하고 느끼기조차 어려운 경우도 많다. 조직과 기업의 사이버 공격은 전면적인 시스템의 마비를 노리는 서비스거부 공격부터 은밀하게 침입해서 파괴적인 활동이나 정보 약탈을 장시간 계속하는 지능형지속위협(advanced persistent threat, APT)도 있다. 외부 공격뿐만 아니라 내부에서 시스템의 이곳 저곳을 침해하고 정보를 유출하는 내부자의 해킹도 있다. 정상적인 접속 권한을 사용하면서 잠행하는 내부의 움직임은 매우 탐지하기 어렵다.

사이버 공격을 효과적으로 방어하기 위해서는 공격자의 공격 수법과 패턴을 예측하고 이에 대비해야 한다. 20세기 말부터 해킹이라는 것이 시작되면서 불과 수십 년 사이에 엄청나 빠른 속도로 기술과 수법이 변화되고 있다. 앞장에서 설명한 사이버 생태계의 각 단계와 계층에 다양한 기술과 속임수가 새로이 접목된다.

이 다양하고 복잡한 공격 패턴과 수법을 이해하기 위해 공격의 여러 단계에서 사용되는 "전술, 기술, 절차(Tactics, Techniques, and Procedures, TTPs)"를 설명하는 사이버 공격 수법의 대표적인 모델도 제시되었다. 세계적인 항공-우주-방위 산업체인 록히드마틴(Lockheed Martin) 사에서 제시하는 〈사이버 킬 체인(Cyber Kill Chain)〉과, 미국의 비영리 단체 MITRE의 제공하는 마이터 어택(MITRE ATT&CK) 프레임워크에 대해서 부록에서 간략히 소개한다.

이 장에서는 기술적인 배경이 깊지 않은 CEO의 이해를 돕기 위해서 사이버 침투 과정의 단계와 수법을 용어와 개념 중심으로 설명하고자 한다.

사이버 범죄의 일반적 침해 패턴

해킹 공격은 다양한 조직에 다양한 수법으로 나타나지만, 침투의 일반적인 패턴을 다음과 같이 크게 몇 단계로 나누어 볼 수 있다.

1) **사전 조사**(Investigation) - **정보 수집과 정찰**: 해커는 먼저 다양한 검색 엔진이나 다른 공개된 자료를 이용해서 표적이 되는 대상의 개인 정보, 사회 활동 정보를 수집한다. 표적이 되는 조직의 사이버 보안 상태를 정찰하고 면밀히 염탐해서 침투할 경로와 취약점을 찾아내다.

대단히 많은 개인 정보가 인터넷상에 이미 유출되어 있다. 자신도 알지 못하는 사이에 자신의 신원 정보가 사이버 공간에 의외로 많이 퍼져 있는 것에 놀랄 것이다. 특히 사이버 활동이 활발한 사람들, 보안 의식이 분명하지 않은 사람들은 정보가 노출될 위험이 많다. '신상털기(doxing)'라고 하는 악의적인 행동도 있고, 심지어 이런 개인 정보, 조직에 대한 정보를 사고파는 마켓도 있다. 공격자는 대상의 배경 정보를 수집한 뒤, 보안 프로토콜 등을 우회할 수 있는 잠재적인 루트를 확인하고 침투 시나리오와 프리텍스팅을 준비한다.

2) **침투**(Invasion): 흔히 엔드포인트의 기기 장치나 사용자가 공격의 시작점이 된다고 누차 강조했다. 초기 침투 단계에 IT 기술과 결합한 교묘한 소셜엔지니어링 수법이 많이 동원된다. 공격자가 대상과 신뢰 구축을 시도하고, 이야기를 만들어 내고, 대상을 속인다. 교묘한 상호 작용을 통해 공격자가 원하는 방향으로 대상을 조종한다.

표적의 취약점을 이용해서 침투하고 일단 교두보(beachhead)를 확보한다. 교두보는, 예를 들면, 원격 조정이 가능한 사용자의 PC다. 따라서 이 단계의 방어는 피싱 등을 걸러내는 IT 방어 시스템뿐만 아니라 사용자의 보안 의식도 매우 중요하다. 아무리 높은 장벽을 쌓고 튼튼한 자물쇠를 달아도, 문단속을 제대로 하지 않는 사람이 있으면 허사다. 지속적인 교육으로 엔드포인트 기기와 구성원의 대비 능력을 높이는 것이 중요하다.

3) **내부확산**(Spreading): 교두보를 확보한 뒤, 공격자는 은밀하게 내부 전산망에서 수평과 수직 확산을 시도한다. 거점에서부터 횡적으로 다른 PC나 서버를 장악하고, 또 더 높은 단계로 침투하면서 시스템을 제어하는 권한을 탈취하고 필요한 정보를 얻어낸다. 사회공학적 수법과 악성코드 등을 이용해서 더 많은 승인 정보를 얻어내고, 더 많은 기밀 정보에 접근한다.

그런데, 일단 해커가 들어오더라도 악성코드를 확산하고 침투를 시도하는 중에 비정상적 활동이나 이상 현상이 보안 시스템에 감지될 수 있다. 이 때 나타나는 해커의 행동을 탐지하고 퇴치하는 방어 기술이 필요하다.

4) **공격과 철수**(Attack and Exfiltration): 공격자가 필요한 데이터를 탈취하거나 목적을 이루면, 시스템 전체를 장악하고 통제하면서 랜섬을 요구한다. 또는 대상이 전혀 의심을 느끼지 않게 하면서 정보만 빼내고, 이 과정을 대상이 알지 못하게 자연스럽게 끝내기도 한다.

공격 벡터(Attack Vectors) 방식 / 매개체

해커가 악성코드를 전달하기 위해 컴퓨터나 네트워크 서버에 접근하는 경로나 매개체를 공격 벡터(attack vector)라고 한다. 컴퓨터 바이러스, 이메일 첨부 파일, 웹 페이지, 팝업 창, 인스턴트 메시지, 채팅 방 등의 여러 속임수들이다. 소프트웨어 프로그래밍뿐만 아니라 휴대전화, 사물인터넷, USB 저장 장치와 같은 하드웨어도 포함된다. 해커는 이 공격 벡터를 이용해서 운영자나 사용자를 포함한 시스템 취약점에 접근한다.

인터넷 웹사이트나 애플리케이션, 이메일 시스템이 흔한 공격 루트다. 서비스거부 공격은 웹사이트가 반응하는 능력을 소진시킨다. 이메일 공격은 수신자가 메시지, 링크, 첨부 파일을 클릭하거나 열 때 악의적인 웹사이트로 연결되고 사용자 시스템으로 악성코드가 다운로드 되도록 유도한다. 이런 일이 전혀 모르는 사이에 발생할 수도 있다. 마우스 호버링(mouse hovering)이라는 수법은 파워포인트처럼 잘 알려진 소프트웨어의 기능을 악용한다. 사용자가 링크를 클릭하지 않고 링크 위에 마우스를 올려놓고 링크가 어디로 가는지 확인하기만 해도 탈취 코드가 자동으로 실행될 수 있다. 이렇게 사용자가 무심결에 하는 행동을 통해서 악성 프로그램이 작동하도록 한다. 소프트웨어의 편리한 기능이 해커에게는 유용한 취약점이 되는 것이다.

CD, USB 플래시 드라이브 또는 외장 하드와 같은 물리적 이동식 미디어와 시스템이 연결되는 순간 악성코드가 심어지고 공격이 실행될 수도 있다.

흔히 나타나는 사이버 공격의 수법		
유형		관련 수법과 용어
소셜엔지니어링 수법	피싱 수법들	피싱, 스미싱, 스피어피싱, 보이스피싱(비싱), 스푸핑, 파밍, 테일게이팅, 워터홀링, 앵글러피싱, 세션피싱, 미끼 공 격, 보상공격, 캣피싱, 스케어웨어, 리디렉션 등
패스워드 갈취	접속 인증을 도용	
악성코드 공격	백도어 등을 심음	바이러스, 웜
사이버 하이재킹	인터넷 트래픽을 중간에 갈취	브라우저 하이재킹, 도메인 하이재킹, 도메인네임 하이재킹, 세션 하이재킹, 클립보드 하이재킹, 페이지 하이재킹, IP 하이재킹, QRL 하이재킹, 이메일 하이재킹 등
서비스거부 공격	외부에서 대량의 접속 요청으로 시스템을 마비시킴	서비스거부 공격, 분산서비스거부 공격
랜섬웨어	여러 수단을 이용해서 시스템 장애와 데이터 갈취 후 랜섬을 요구	
지능형지속위협 공격		
내부자 위협	내부에서 암약하는 해커는 위의 모든 수법을 동원한다.	

사이버 공격 수법과 대책 원리

사이버 공격 수법은 매우 다양하다. 사용자에 대한 소셜엔지니어링 속임수와 IT 기술이 결합된 수법, 패스워드를 갈취하는 수법, 하이재킹과 같이 IT기술적으로 시스템을 조작하고 끼어드는 수법, 서비스거부 공격처럼 전면적으로 시스템의 셧다운을 노리는 공격, 내부자가 해킹 등으로 크게 나누고 사례를 살펴보자. 실제 상황에서는 이런 수법들이 서로 엉켜서 작동한다.

소셜엔지니어링과 IT 기술이 결합된 속임수 수법들

현대의 생활은 얼굴을 직접 보는 것 외에도 전화, 이메일, 텍스트 메시지 등을 통하는 의사 소통도 많다. 해커가 시스템 접근 권한을 얻어내기 위해서 신원 정보를 얻어내려 하거나, 대상자를 직접 공격할 때 흔히 사용되는 수법 중 대표적인 것이 피싱이다.

피싱(phishing) 수법들

피싱은 개인 정보를 의미하는 'private data'와 낚시를 뜻하는 'fishing'의 합성어로 사회공학과 전자통신 기술이 결합한 고전적인 소셜엔지니어링 해킹이다. 대상자를 유인해서 미끼를 물게 만들고 몰래 개인 정보를 얻어내는데 흔히 악용된다.

이메일을 통한 피싱이 대표적으로 흔히 금융 기관이나 정부기관, 회사의 상사나 동료, 친구 등 정상적이고, 평판이 좋고, 권위를 가진 곳에서 보낸 것처럼 보이는 가짜 이메일이나 메시지를 보내고, 사기성 웹사이트로 연결되는 링크를 사용자가 클릭하도록 유도한다. 첨부된 파일이나 링크를 열 때 악성코드를 감염시킨다. 회사의 상사가 급히 업무를 요청하는 식의 설득력 있는 이메일을 보내서 수신자가 회신하게 하거나 링크를 클릭하고, 웹사이트를 방문하게 해서 스스로 개인 정보를 업데이트하거나 확인을 하도록 한다. 발신 이메일 주소나 웹 주소를 정상적인 것과 모양이 흡사하게 만들어 속이는 경우가 많지만, 최근에는 사칭하는 발신자가 정상적으로 사용하는 이메일 주소에서 발송된 것과 동일하게 조작하는 사례도 있다. 과거에 전달된 적법한 이메일과 매우 비슷하거나 복제된 이메일을 이용하는 수법을 클론(clone) 피싱이라고도 부른다. 대상자의 시스템을 감염시킨 악성코드가 사용자의 자격 증명이나 계정 정보를 추출해서 공격자에게 보내고, 공격자는 원격에서 시스템 제어를 할 수 있게 된다.

뉴스 포털 비슷하게 만들어 피해자를 유혹한 뒤 뉴스 기사에 포함된 악성 링크를 클릭하도록 유도하기도 한다. 수없이 들어오는 스팸 뉴스 중에 이런 악성 뉴스가 있을 수 있다. 이런 링크를 클릭하는 순간 공격자가 실행하는 가짜 웹사이트로 연결된다. 이 링크를 클릭하면 정상적인 은행이나 신용카드 사이트와 거의 동일하게 보이는 가짜 웹사이트로 연결된다. 심지어 이 사이트에 비밀번호, 신용카드 번호, 은행 PIN 등을 입력하게 유도하는 경우도 있다.

첨부 파일을 클릭하는 순간 악성코드가 심어져 있는 파일이 다운로드 된다. 다운로드할 때 악성코드를 침투시키는 방식을 드라이브-바이 다운로드(drive-by download) 공격이라고 한다. 사용자가 웹사이트에 액세스하거나 탐색하는 것만으로도, 아무 것도 클릭하지 않아도 다운로드가 시작될 수 있다. 회사가 드라이브-바이 다운로드 공격을 방지하는 방법의 하나는 최신 버전의 소프트웨어와 운영 체제로 시스템을 정기적으로 업데이트하고 패치 하는 것이다. 또한, 엔드포인트 사용자가 안전하지 않은 웹사이트를 방문하지 않도록 교육해야 한다.

초대장 등을 캘린더에 자동으로 등록하는 시스템을 악용하는 캘린더 피싱(calendar phishing)이라는 수법도 나타났다. 가짜 회의나 이벤트 요청을 위장하는 악성 링크가 포함된 초대장을 보낸다. 이 초대장은 사용자의 달력에 쉽게 자동으로 추가된다. 그래서 메일 등으로 배달되는 초대장이 자동으로 캘린더에 추가되지 않도록 설정을 변경하는 것이 안전하다.

벌써 20여 년 전 2003년 11월 17일 미국의 온라인 경매 사이트인 이베이에서 일어난 대규모 해킹 사고는 "보안상의 위험으로 계정이 차단됐으니 재등록해야 한다"는 안내가 사용자 고객의 메일에 도착하는 것으로 시작했다. 첨부된 링크를 클릭해 이베이 웹페이지로 가서 바로 재등록 하라고 친절하게 설명되어 있어 사용자들은 의심 없이 이 링크를 클릭했고, 가짜 이베이 웹사이트로 연결되면서 개인정보와 금융정보를 해커에게 고스란히 넘겨주었다.

우리나라는 특히 피싱을 이용한 범죄의 발생 빈도가 높다. 2023년 우리나라에서 매우 널리 사용되는 온라인 구매 시스템인 쿠팡 앱을 위조하여 만든 후, 이 앱을 다운로드 받아 설치할 때 악성코드가 작동하도록 하는 사건도 있었다.

IT 기술적인 면에서 피싱 사기 수법 자체는 어려운 기술이 아니다. 가짜 웹사이트를 만들고 메일을 보내는 것 이외의 특별한 기술이 필요가 없다. 대기업 사이트와 비슷하게 만드는 것도 실제 웹사이트로부터 HTML 소스와 사진을 가져와 악용한다. 게다가 이런 피싱 수법은 백신 소프트웨어에 잘 검출되지 않는다. 별다른 특색 없는 단순한 메일 형태나, 첨부파일 등이 없는 HTML(HyperText Markup Language) 형태를 가진 메일로 URL(Uniform Resource Locator)을 숨길 수 있다.

사이버 범죄자들은 광고도 이용한다. 범죄자가 합법적인 온라인 광고 네트워크나 웹페이지에 악성코드를 삽입한다. 이 코드를 통해 사용자를 악성 웹사이트로 유도하거나 사용자의 컴퓨터이나 모바일 장치에 악성코드를 설치한다. 보안이 제대로 되지 않은 장치라면 광고를 보는 것만으로도 사용자의 컴퓨터가 감염될 수 있다. 신뢰할 수 있는 앱이지만 여기에 악성 광고가 삽입되어 이를 통해 유입되는 것이다. 일종의 '묻어들어가기'다. 스포티파이, 뉴욕타임즈, 런던증권거래소와 같은 유명 기관의 웹사이트도 악성 광고를 게재하는 바람에 많은 사용자가 위험에 빠졌다. 범죄자는 멀웨어를 가진 광고를 사용해서 사용자에게 암호 화폐 채굴 스크립트, 랜섬웨어, 뱅킹 트로이 목마 등 다양한 멀웨어를 배포했다.

웹사이트의 주인은 악성 광고를 막기 위해 정기적으로 시스템 패치를 확인하고 모니터링하면서 악의적인 활동을 탐지해야 한다. 또, 게시하는 광고의 진실성을 확인하고, 악성 콘텐츠를 가졌는지도 검사해야 한다.

이메일 필터가 시스템 진입구에서 피싱 이메일을 걸러내 다수의 사용자들이 받은편지함에서 피싱 이메일에 노출되는 것을 줄일 수 있지만, 가장 효과적인 방어책은 사용자들에게 피싱 메시지를 식별하는 요령을 교육하는 것이다. 기업은 사용자가 알지 못하는 발신자가 보낸 이메일의 첨부 파일을 다운로드하거나 링크를 클릭하지 않도록 교육하고, 신뢰할 수 없는 웹 사이트에서 무료 소프트웨어를 다운로드하는 것은 위험하다.

스미싱(smishing)

스미싱(smishing)은 SMS(문자 메시지)와 phishing의 합성어로, 악성 링크가 포함된 SMS를 이용한 피싱이다. 스미싱 사기범은 먼저 해킹된 데이터베이스를 통해 휴대폰 번호를 훔치거나 다크웹 등에서 하는 유출된 휴대폰 번호를 얻는다. 문자 메시지로 무료 쿠폰이나 다른 유인 거리를 제공하면서 링크 접속을 하게 만들어, 개인 정보를 빼내거나 금전 인출을 유도한다. 한 예로, 월 사용료를 제때 지불하면 선물을 제공한다는 통신사의 친절한 안내를 위장한 메시지 링크를 클릭하면, 사용하는 기기가 악성코드에 감염된다. 또 은행처럼 보이는 링크를 보내면서 계좌를 확인하라는 메시지를 보내는 경우도 있었다. 더 많은 데이터를 도용당할 수 있는 악성 웹사이트로 연결되거나, 링크를 통해 디바이스에 멀웨어가 다운로드 된다.

스피어피싱(Spear-phishing)

'스피어(spear)'는 '창(槍)'이라는 뜻이다. 이 수법을 고래 잡이를 뜻하는 '웨일링

(whaling)'이라고도 한다. 이것은 공격 성공 확률을 높이기 위해 구체적인 대상, 흔히 CEO와 같은 기관의 고위직, 또는 정치인 등 유명 인사나 특정 인물을 표적으로 하는 피싱 공격을 말한다. 이때에도 공격자는 대상 피해자가 이미 알거나 신뢰하는 다른 사람이나 기관을 사칭한다. 해커는 회사의 비즈니스 이메일을 도용하면서 회사 상급 임원이나 책임자를 사칭하는 식이다. 정상적으로 사용하는 실제 이메일 계정에서 발송하는 것처럼 만들 수도 있어 사기술을 탐지하기가 어렵다. 2024년 벽두 우리나라에서도 수백 명의 기업의 고위 경영진에게 가짜 조찬 세미나를 안내하는 속임수 스피어피싱 메일이 확산된 사건이 있었다.

이에 대한 대응도 마찬가지다. 자신과 조직을 보호하려면 항상 메일이나 메시지의 출처를 확인하고, 내용이 정상적인 요청인지 자문하고, 의심스러운 경우에는 답하지 말아야 한다. 방법 중 하나는 해커가 사칭하는 당사자와 다른 방법으로 직접 연락해서 확인하는 것이다. 스스로 수행하는 다단계 확인 방법이다. 발신 상대방에게 별도의 이메일을 보내거나 직접 전화 통화를 하는 것이다.

보이스피싱, 비싱(vishing)

범죄자가 전화를 사용해서 신뢰할 수 있는 기관이나 사람으로 가장한다. 해커는 사용자가 신뢰하는 상대의 전화번호나 이와 비슷한 번호를 사용하면서 신원을 숨긴다. 더 그럴듯한 공격을 위해 목소리 위장에 능란한 사기 콜센터의 직원을 고용하기도 한다. 2019년 독일에서 일어난 거액의 송금 사건이나, 2023년 라스베이거스 MGM호텔의 해킹 사건은 바로 이 비싱 수법으로 시작되었다.

비싱 해커는 대상자가 은행 계좌에서 의심스러운 활동이 발견되었다거나, 과납/미납 세금, 콘테스트 당첨금이 발생했다는 등 그럴듯한 프리텍스트를 사용한다. 가족이 납치되었다는 끔찍한 시나리오를 사용하기도 한다. 필자의 지인도 범죄자가 딸이 납치되었다고 전화 피싱을 해 왔으나, 바로 옆에 딸이 같이 있었던 경험을 전해주었다. 이것은 매우 운이 좋은 경우다. 직접 목소리로 설득하기 때문에 정교하게 상황을 만들고 위협적인 상황을 연출하면 감정이 흔들리고 심리 조작을 당하기 쉽다. 최근에는 외국에 있는 자녀와 관련된 위기 상황을 연출하는 보이스 피싱에 걸려든 피해자들이 많다. 극단적이고 감정적인 상황을 만들거나 그럴듯하고 큰 이익을 제안해서 사람들을 속인다.

스푸핑(spoofing)

'위장', '도용'이라는 뜻이다. 스푸핑은 이메일 주소, 보낸 사람 이름, 전화번호 또는 웹사이트 URL을 살짝 위장하는 것을 말한다. 범죄자들은 합법적이고, 잘 아는 조직에서 보낸 것처럼 보이지만 도메인 이름을 살짝 다르게 변형된 이메일을 사용하기도 한다. 예를 들어, 유인하는 웹사이트의 이름이 정상적인 www.****dom.com이 아니라 www.****dorn.com 처럼 모양을 살짝 바꾸어 다른 곳으로 접속되도록 하는 식이다. 여기에 회신하면 해커가 파 놓은 함정에 빠지게 된다. 송장, 주문 확인서, 이벤트 초대장 등 수신자가 관심을 가질 것 같은 유혹적인 첨부 파일에 바이러스나 멀웨어를 숨겨 넣는다. 의심스러운 이메일은 열어보거나 발신자에게 답장하지 말아야 한다.

큐싱(Qshing)은 이와 마찬가지로 살짝 변형된 QR 코드를 통해 악성 사이트로 이동하게 하거나 악성 앱을 다운로드하도록 유도하는 공격이다. URL의 스펠링을 변형하는 것보다 더 속기 쉽다.

파밍(farming)

합법적인 다른 사용자의 도메인을 탈취하거나 악성 코드를 감염시키는 것을 말한다. 검색을 하거나 접속을 할 때 사용되는 도메인 이름(domain name system, DNS)을 속인 다음 해킹 대상자가 이를 진짜 사이트로 오인해서 접속하게 하여 개인 정보를 훔친다.

편승하기, 테일게이팅 공격(tailgaiting attack)

묻어 들어가기, 또는 피기백(piggybacking)이라고도 하는 이런 수법은 공격자가 접근 권한이 없는 영역으로 누군가를 따라 물리적으로 잠입하거나, 다른 사람의 이메일 교신이나 시스템에 제공하는 업무 자료에 악성코드 같은 것을 얹어서 슬며시 침입하는 것이다. 현관 앞에서 큰 짐을 들고 있으면 현관문을 잡아 주는 것 같은 친절을 악용하거나, 공격자가 직원처럼 옷을 입고 직원의 뒤를 따라 슬쩍 들어가는 식이다.

이렇게 출입이 허락되지 않는 공간에 침투하는 수법을 통해 사이버 공격을 위한 초기 정보가 노출되는 경우도 많다. 그래서 회사의 비공개 영역에 대한 물리적 접근도 영역에 따라 통제가 필요하다. 직원은 항상 명패와 ID 배지를 착용해야 하고, 경비원 및 RFID 액세스 제어 기능이 있는 맨트랩과 같은 장치가 필요하다. 이런 절차와 장치는 잠재적 공격자를 저지할 뿐만 아니라 조직이 해커가 손쉬운 표적으로 오인하지 않도록 하는 효과도 있다.

물웅덩이 계략, 워터홀링(water holing, watering hole)

워터홀링은 사용자가 정기적으로 방문하고 있는 웹사이트에 대한 신뢰를 악용하는 수법으로 역사회공학(reverse social engineering) 수법의 하나다. 예를 들어, 조심스러운 사람은 처음 보는 이상한 이메일의 링크는 잘 클릭하지 않지만, 자신이 자주 방문하는 웹사이트의 링크는 주저 없이 클릭할 수도 있다. 마치 야생동물이 물을 찾아 웅덩이를 찾아올 때 포식자가 기다렸다가 공격하듯이, 공격자는 대상이 자주 방문하는 웹사이트에 함정을 준비한다. 자주 방문하는 사이트를 조작해서 해커가 만들어 놓은 가짜 사이트로 유도한다. 이런 계략은 10여 년 전 중국 스파이들이 미국 정부 기관의 매우 안전하게 보이는 일부 시스템에 대해서 접근 권한을 얻는 데에도 사용된 수법이다.

피싱 낚시, 앵글러 피싱(angler phishing)

앵글러는 낚시꾼이라는 뜻으로 이 공격은 일반적으로 소셜 미디어에서 발생한다. 한 예로, 공격자는 신뢰할 수 있는 회사의 고객 서비스팀인 것처럼 위장하는 가짜 소셜 미디어 계정을 만든다. 공격자는 이 가짜 소셜 미디어를 모니터링하면서 기다리다가 누군가가 회사에 대한 불만이나 질문을 해 오면, 공격자는 회사의 고객 지원팀으로 위장하여 불만을 제기했던 사용자에게 응답하면서 교류를 시작한다. 몇 번의 메시지 교환을 통해 공격자가 가짜 신뢰를 얻고 나면 많은 피해자가 문제 해결을 위해 기꺼이 개인의 비밀번호와 기타 기밀 정보를 의심하지 않고 넘겨준다.

세션 중 피싱(in-session phishing)

잘 되던 인터넷 탐색이 갑자기 방해를 받을 때 이런 피싱이 일어나는 것을 의심할 수 있다. 은행 계좌에 로그인 해서 진행하는 도중에, 돌연 다시 로그인하라는 팝업이 나타난다면, 이 두 번째 팝업이 귀하의 로그인 정보와 돈을 훔치려는 사회공학 공격일 가능성도 있다.

미끼 공격(baiting attacks)

이 수법은 대상이 유혹에 빠져 미끼를 물 것을 전제로 한다. 공격자는 피해자에게 거액의 제안이나 귀중한 물건 등의 무엇인가 바람직한 것을 제시하고 그것으로 피해자를 유혹한다. 흔히 이메일이나 소셜 미디어 게시물에 붙어온 다운로드 가능한 첨부 파일이나 무료로 제공되는 음악 소프트웨어처럼 보이도록 하기도 한다. 또 화장실이나 주차 공간과 같은 공공장소에 버려진 것처럼 보이는 USB 스틱이나 디스크를 주운 사람이 호기심으로 자신의 컴퓨터에 연결하면 장치에 있던 악성 코드나 바이러스가 대상 컴퓨터를 감염시킨다. 이런 물건에 호기심을 자극하는 "직원 급여", 또는 "기밀 서류, 컨피덴샬"과 같은 라벨을 붙여 놓기도 한다. 실제로 미국 일리노이 대학에서 2016년 시행한 실험에서는 USB 스틱을 우연히 습득한 사람 중 거의 절반이 자신이 알지 못하는 사이에 허위 사이트로 연결되는 결과를 보였다. USB 대신에 이러한 미끼 수법이 P2P 웹사이트에서도 사용된다.

이렇게 정체불명의 소스나 물건에 대해서 함부로 접촉하고, 대화하고, 교신하는 것은 위험하다. 외부와 내부 시스템을 분리하는 에어갭 같은 정책도 필요하고, 샌드박스를 사용해서 사전에 외부 자료의 무결성을 검증하는 방법도 써야 한다. 그러나 샌드박스도 무력화하고 에어갭을 우회하는 에어갭 멀웨어도 나타나고 있는 것이 지금 사이버 보안의 현실이다.

보상 공격(quid pro quo attack)

라틴어로 "Quid Pro Quo"는 "무엇에 대한 무엇"이라는 표현으로 정보를 제공하는데 대한 답례나 보상을 제공하는 수법이다. 피해자에게 중요한 정보를 제공하는 대가로 상품이나 서비스와 같은 보상품을 제공한다고 속인다. 가짜 콘테스트 우승을 제안하거나 겉으로 보기에는 무해한 사은품(예를 들어, '결제에 대한 감사로 선물을 드립니다')을 이용하여 피해자를 노린다.

심지어 사이버 범죄자가 IT 도움 전문가를 사칭한 예도 있다. 피해자는 흔히 자신이 사용하는 장치에 사소한 문제가 있거나 소프트웨어 업데이트가 필요할 때 이런 실무적인 도움을 주는 사람의 정체에 큰 의문을 제기하지 않는다. 사기꾼은 문제를 해결하려면 컴퓨터에 액세스해야 한다고 말하고 액세스 권한을 얻은 뒤에 악성 소프트웨어를 설치하거나 기타 민감한 정보를 훔친다.

대가를 이용한 공격은 받는 보상에 비해 제공하는 정보가 훨씬 크기 때문에, 주고 받기의 비대칭성이 있어 사전에 탐지할 수도 있지만, 어떤 경우에도 속아 넘어가지 않고, 상대방을 식별하고, 무시하는 능력이 필요하다.

캣피싱 공격(cat fishing)

캣피싱은 공격자가 가짜 온라인 인물을 만들어 소셜 네트워크에서 특정 피해자를 표적으로 삼는 교활한 사회공학 사기 기법이다. 경제적 갈취, 분노 유발, 또는 공격자 자신의 만족 등을 목적으로 유명 인사들이 표적으로 하는 경우가 많다. 사기꾼은 다른 사람으로 가장하여 피해자와 가짜 연인 관계를 맺거나, 피해자를 감시하고 가스라이팅 하면서 알게 된 비밀스러운 정보를 이용해서 협박하거나, 피해자를 심리적으로 조종한다. 2023년 한국 사회를 떠들썩하게 했던 남자인지 여자인지도 잘 구분이 되지 않는 사기범의 위장 결혼 사건이 이런 유형의 종합판으로 보인다. 게다가 범인의 아버지도 비슷한 사기 사건의 용의자로 체포되는 아연실색할 상황이 일어났다. 이들은 엄청난 사회공학 가족이다.

스케어웨어(scareware)

스케어웨어는 피해자에게 공포와 두려움 주어 기밀 정보를 공유하거나 멀웨어를 다운로드하도록 하는 수법이다. 경찰을 사칭하면서 피해자를 수사한다는 식의 허위 통지를 하거나 사용자의 휴대전화에 멀웨어가 있음을 경고하는 허위 협박을 한다. 공격자는 사용자가 자신의 컴퓨터에 바이러스가 있다고 생각하도록 속인 다음, 이 바이러스를 제거하기 위해 가짜 바이러스 백신 소프트웨어를 다운로드하고 비용을 지불하도록 권한다. 사용자가 그 소프트웨어를 다운로드하고 프로그램이 실행되도록 허용하면 시스템에 악성코드가 감염된다.

리디렉션 공격(redirection)

이는 사용자를 속여 민감한 정보를 사기꾼에게 우회 전송하도록 한다. 이것은 배달지를 다른 곳으로 변경하여 물건을 중간에서 가로채는 고전적인 절도 수법의 디지털 판이다.

패스워드를 갈취하는 공격

시스템에 접속하고자 할 때 사용자 아이디와 패스워드를 확인한다. 독자들도 적어도 몇 곳의 접속에 필요한 아이디, 패스워드를 가지고 있을 것이다. 모든 접속에 같은 것을 사용하는 사람도 있고, 다른 아이디와 패스워드를 쓰는 사람도 있다. 일정 기간마다 패스워드를 착실하게 변경하는 사람도 있다.

해커는 정상적인 사용자의 아이디와 패스워드를 갈취해서 정상적인 인증 과정을 통과하고, 정상적인 모습으로 시스템에 침투하려고 한다. IBM의 보고는 2023년부터 사이버 범죄의 침투 단계에서 해커들이 가장 많이 사용하는 방법의 하나라고 지적한다. [10페이지 자료2 참조]

범죄자들은 갖은 수단을 써서 패스워드를 알아낸다. 책상 위의 메모지에 써진 패스워드를 슬쩍 보거나, 사회공학적 침입, 보이스 피싱 등으로 패스워드를 빼앗는다. 관리 시스템이 가지고 있는 직원의 패스워드 목록 데이터베이스가 갈취 되면 모든 사람의 아이디와 패스워드가 한 번에 노출된다. 또 고도의 기술을 가진 해커는 전혀 사전 정보가 없이도 패스워드를 알아내기도 한다. 크래킹(cracking) 프로그램, 사전공격(dictionary attack), 패스워드 스니퍼(sniffer)등의 방법을 사용하거나, 또는 무차별 대입(brute-force) 수법을 이용해서 웬만한 패스워드를 몇 시간 만에 찾아낸다.

패스워드 크래커는 컴퓨터나 네트워크의 리소스에 대해 알 수 없거나 잊어버린 비밀번호를 찾아내는데 사용되는 응용 프로그램이다. 무차별 대입 방법은 패스워드를 자리 마다 하나씩 숫자와 문자 등을 대입해가면서 맞는 것을 찾아내는 방법이다. 이런 방법이 원시적으로 보여도, 최근에는 하드웨어의 연산 처리 속도가 매우 빨라지면서 숫자와 문자 등을 하나씩 대입하는 단순한 방법을 사용하면서도 해커가 웬만한 패스워드를 몇 시간 내에 알아낼 수 있다. 그래서 패스워드에 문자와 특수문자의 조합을 사용하고 문자열을 길게 하는 것이 안전하다. 패스워드가 8자리 이하인 경우는 불과 몇 시간 내에 패스워드를 알아낼 수 있다. 열두 자리가 넘으면 대입식의 암호 추출이 현재의 하드웨어 속도로는 1년 이상 소요되기 때문에 해커도 이렇게 긴 시간을 들여 무작위로 패스워드를 찾으려는 시도를 포기할 것이다. 그래서 사용자들이 대문자와 소문자, 숫자,

기호를 혼합하고 최소 12자리 이상인 강력한 패스워드를 사용하는 것이 바람직하다. 또 정기적으로 패스워드를 변경하고 계정마다 다른 비밀번호를 사용하는 것이 안전하다. 또한 조직은 적절한 소프트웨어나 하드웨어 기술을 사용해서 저장된 비밀번호와 네트워크에서 이동하는 모든 민감한 기업 데이터를 암호화해야 한다.

일정한 횟수 이상 패스워드 오류가 있으면 계정이 잠기는 방식도 대비책이 될 수 있지만 저장된 해쉬(hash)값을 통째로 탈취하는 수법 등으로 이를 우회할 수도 있다. 그래서 패스워드 만으로 인증 자격을 확인하는 것은 매우 불안한 보안 방법이다. 패스워드가 유출되는 위험을 최소화하기 위해서 다른 수단을 통한 추가 인증을 하는 다단계 인증(multi-factor authentication, MFA) 방법이 보다 안전하게 적용되고 있다. 또한, 지문, 홍채, 망막 지도, 음성 등 생체 신호를 이용한 생체계측(biometric) 신호도 접속자의 신원을 확인하는 데 사용할 수 있다.

사이버 하이재킹(Cyber Hijacking)

사이버 범죄 수법 중에 주로 엔드포인트(최종 사용자)를 공격해서 접속 통신의 통제권을 빼앗는 수법을 하이재킹(hijacking)이라고도 부른다. 사이버 하이재킹, 또는 컴퓨터 하이재킹은 공격자가 컴퓨터 시스템, 소프트웨어 프로그램, 또는 네트워크 통신 등 IT시스템을 제어하는 권한을 탈취해서 악의적으로 조작하는 모든 사이버 네트워크 공격이다. 비행기 납치나 현금 수송 차량 하이재킹과 마찬가지로 사이버 하이재킹은 중대한 범죄 행위다

하이재킹의 공격 대상은 개인용 컴퓨터나 모바일 기기, 라우터, 서버 등 거의 모든 종류의 장치가 해당된다. 표적이 된 사용자는 어떤 일이 일어나는지 알지 못하는 경우도 많다. 대표적인 하이재킹 수법을 살펴보자.

브라우저 하이재킹(browser hijacking)

브라우저 하이재킹은 공격자가 인터넷 브라우저의 설정을 변경하여 브라우저의 내용을 마음대로 제어하는 수법이다. 웹 애플리케이션에 존재하는 코드의 취약점을 악용하거나 인증 메커니즘을 방해해서 웹 애플리케이션을 공격 벡터로 사용한,

브라우저를 통하는 활동을 모두 감시하고, 접속해 들어오는 통신을 엉뚱한 사이트로 연결시키기도 한다. 브라우저 하이재킹 프로그램에는 스파이웨어라고 불리는 악성코드가 심어져 있을 확률도 높다. 이 스파이웨어를 통해서 사용자 개인 정보, 사업상의 기밀 정보 등이 그대로 해커에게 전송되고, 타인에게 유포된다. 어떤 소프트웨어와 함께 제공되는 추가 기능이나 도구 모음 옵션 같은 것을 무심히 다운로드하기도 하는데, 이때 브라우저 하이재킹 코드가 함께 들어온다. 매우 교묘하게 피해자가 브라우저 하이재커를 설치하도록 유도할 수도 있다.

도메인 하이재킹(domain hijacking), 도메인 네임 하이재킹(domain name system (DNS) hijacking)

사람들은 온라인상에서 google.com또는 windows.com같은 도메인 이름(domain name)을 통해 정보에 접속한다. 그런데 웹브라우저는 흔히 IP 주소라고 부르는 인터넷 프로토콜(internet protocol) 주소를 통해 상호작용한다. 브라우저가 인터넷 사용자가 요구하는 것을 연결할 수 있도록 도메인 이름을 IP 주소로 변환해 주는 것이 DNS (domain name system)다. DNS는 마치 인터넷의 전화번호부 같아서 웹사이트 이름을 컴퓨터가 웹사이트를 찾는 데 사용하는 IP 주소로 대응해 준다. 인터넷에 연결된 각 기기에는 다른 컴퓨터가 기기를 찾는 데 사용하는 고유한 IP 주소가 있다. DNS 서버를 사용하면 사람이 192.168.1.1과 같은 IP 주소 또는 2400:cb00:2048:1::c629:d7a2처럼 영문과 숫자로 된 복잡한 IP 주소를 기억할 필요가 없이 google.com 같은 도메인 이름으로 원하는 시스템과 연결할 수 있다. DNS 하이재킹은 DNS 리디렉션 공격이라고도 하는데, 피해자의 브라우저에서 전송된 DNS 요청을 조작해서 사용자를 악성 웹사이트로 보내는 것을 말한다.

도메인 하이재킹이란 등록된 도메인을 불법적으로 이전하는 것을 의미한다. 해커가 소셜 엔지니어링 또는 이메일 해킹 등을 이용하여 도메인 등록 시스템에 접속을 하고, 그리고 등록 기관에 도메인 이전 요청을 해서 등록된 정보를 해커의 것으로 바꾸어 버리는 것이다.

DNS 하이재킹과 도메인 하이재킹은 둘 다 웹 도메인의 제어권을 탈취하려는 시도라는 점에서 유사하다. 그러나 DNS 하이재킹은 IT 기술을 이용한 탈취라면, 도메인 하이재킹은 강압적 방법이나 사회공학, 즉 속임수를 통한 탈취다. 사이버 범죄자들은 브라우저 하이재킹과 유사하게 DNS 공격을 통해 피해자의 접속을 변경시켜 광고로 연결하면서 수익을 창출하고, 복제된 웹 사이트를 만들어 개인 데이터를 훔치고, 정보의 자유로운 흐름을 검열하거나 제어할 수 있기 때문에 DNS 하이재킹 수법을 자주 사용한다.

메시지 가로채기(man-in-the-middle, MitM), 세션 하이재킹(session hijacking)

메시지 가로채기(man-in-the-middle, MitM) 수법은 서로 직접 통신하고 있다고 믿는 두 당사자 사이의 메시지를 공격자가 비밀리에 가로채서 변경하는 공격 방식이다. 이 때 공격자는 교신하고 있는 양쪽을 조작하면서 데이터에 접근한다. MitM 공격의 예로는 세션 하이재킹, 이메일 하이재킹, Wi-Fi 도청 등이 있다.

세션은 사용자가 원하는 웹사이트와 연결되어 상호작용하는 상태를 말하는 용어다. 세션 하이재킹은 사용자가 정상적으로 체결한 접속 상태를 가로챈다. 로그인이 필요한 시스템에서 서버는 접속 요청에 대해서 아이디와 패스워드 또는 OTP(one time password) 등의 여러 인증 방법으로 사용자 확인을 한다. 이런 확인 과정을 통과하면 서버는 상대가 신뢰할 수 있는 접속자로 판단하고 네트워크 세션을 만들어내고 통신을 시작한다. 해커는 이 통신 네트워크 세션에 끼어들어서 마치 인증된 사용자인 척하면서 서버와 통신을 주고받는다. 해커가 사용자의 세션 토큰을 해독하는 데 성공하면 그 이후의 결과는 도청부터 악성 프로그램 삽입까지 무엇이든 할 수 있다.

2000년대 초반에는 세션 하이재킹이 해커들의 일반적인 공격 모드였다. 당시에는 HTTP (Hypertext Transfer Protocol)의 초기 버전이 쿠키[13]를 적절하게 보호하도록 설계되지 않았기 때문이다. 최근에는 보안 HTTPS(Hypertext Transfer Protocol Secure)와 같은 암호화 기술과 새로운 통신 표준 프로토콜이 쿠키 데이터를 더 효과적으로 보호한다. 쿠키 보호 기능이 향상되면 세션 하이재킹 가능성이 낮아지지만 불가능하지는 않다. 많은 해커가 이 방법으로 계정을 가로채고 있다.

13 쿠키(cookie)는 인터넷 사용자가 어떠한 웹사이트를 방문할 경우 웹 서버에 의해 사용자의 컴퓨터에 저장되는 작은 기록 정보 파일을 말한다.

클립보드 하이재킹(clipboard hijacking)

우리가 컴퓨터 장치를 사용해서 이미지나 텍스트, 또는 다른 정보를 복사하여 붙여 넣을 때 이 데이터가 복사 작업을 통해 램(RAM, Random Access Memory)에 일시적으로 저장된다. RAM에 있는 이 저장 공간을 클립보드라고 한다.

클립보드 하이재킹은 해커가 피해자의 클립보드에 저장된 내용을 멀웨어를 통해 자신의 콘텐츠(종종 악의적인 콘텐츠)로 교체하는 수법이다. 예를 들어, '가나다'라고 복사를 하였는데 해커가 클립보드 버퍼[클립보드에 저장된]의 내용을 '마바사'로 바꿔 버리는 식이다. 아주 단순한 공격이지만 해커들이 많이 사용한다. 비트코인 지갑 주소를 사용자도 모르게 바꿔서 엉뚱한 곳으로 송금하게 만들 수도 있다.

공격자의 기술적 능력에 따라 클립보드 하이재킹은 감지하기 쉽지 않다. 피해자가 웹 양식에 자신의 정보를 붙여 넣게 되면, 피해자는 모르는 사이에 확산될 수도 있다.

페이지 하이재킹(page hijacking, URL hijacking)

URL(Uniform Resource Locator) 하이재킹, 또는 302 리디렉션(redirection) 하이재킹이라고 불린다. 이 공격은 검색 엔진에서 사용하는 웹 크롤러(데이터 수집 시스템)를 속여서 해커 방향으로 접속을 유도한다. 검색 엔진을 통해 검색한 결과 페이지에서 자신이 찾았던 웹사이트가 삭제되고, 해커가 만든 다른 웹사이트로 대체되도록 하는 수법이다. 이는 302 리디렉션이라는 HTTP 프로토콜을 이용한 공격으로, 해커가 자신의 웹사이트로부터 대상자의 웹사이트로 302 리디렉션 설정을 해두면 검색 엔진은 해커의 웹사이트가 원본 사이트라고 착각을 한다. 그래서 웹 크롤러는 원본으로 착각한 해커의 웹사이트를 결과 페이지의 상위에 노출시킨다. 이는 정상적인 사용자의 접속 활동을 하이재킹 하는 방법이다.

IP 하이재킹(IP hijacking)

KT, SKT, 유플러스 같은 인터넷 서비스 공급업체는 BGP(Border Gateway Protocol)라는 분배 프로토콜을 사용한다. 이 공격은 BGP의 취약점을 이용한다. BGP 분배기를 거쳐가는 접속 요청을 다른 곳으로 유도한다. 해커가 본인이 소유하지 않은 IP를 본인 소유라고 주장하는 식이다. 그러면 BGP 분배기가 해커 소유의 네트워크로 접속 요청을 보내게 된다. 그러면 해커는 중간자가 되어 도청부터 은밀하게 위조된 패킷을 통신 흐름에 삽입하는 것까지 다양한 공격을 할 수 있다. BGP를 조작하는 IP 하이재킹은 잘 알려져 있는 수법이지만, ISP들의 내부 활동을 알기 어려워 이 위협의 실제로 얼마나 영향을 주고 있는지 알기 어렵다.

QRL 재킹(QRL jacking)

QRL 재킹은 전 세계인이 사용하는 메신저 서비스인 왓츠앱(Whatsapp) 해킹으로도 잘 알려졌다. QR코드란 Quick Response Code의 줄임말로, 정사각형 모양의 바코드를 말한다. 요즘은 ID, 패스워드 입력 없이 QR코드를 스캔하는 것만으로도 웹사이트에 로그인 할 수 있다. 이를 악용해서 해커가 가짜 QR 코드를 만들고, 사용자 트래픽을 유인하여 그 QR 코드를 스캔하게 한다. 그러면 해커의 서버로 사용자 인증 정보가 전송되고, 그때부터는 해커가 세션을 하이재킹 할 수 있게 된다.

이메일 하이재킹(E-mail hijacking)

이메일 하이재킹은 원본 이메일을 가로채서, 그에 대해 '회신' 또는 '전달'하는 형식으로 악의적인 이메일을 수신자에게 전송하는 것이다. 해킹 프로그램이 만들어 낸 이메일은 악성 PDF 파일을 첨부하면서 마치 정상적인 파일인 것처럼 속여서 열어보도록 유도한다. 대표적으로 악성코드 '칵봇(Qakbot)'과 '범블비(Bumblebee)'가 있다.

쏠라윈즈의 사이버 하이재킹 사건 The cyber hijacking of SolarWinds

2020년 발생한 소위 '선버스트(Sunburst) 해킹'은 공급받은 소프트웨어 업데이트에 악성코드가 숨겨져, 이를 사용하는 수많은 조직과 기업이 침해를 받은 사건이다. 해커들은 소프트웨어 회사인 쏠라윈즈(SolarWinds)의 오리온(Orion)이라는 IT 시스템 관리 소프트웨어에 그들의 악성코드를 감염시켰다. 해커가 오리온의 소프트웨어 컴파일 프로세스를 하이재킹해서 정상적으로 소프트웨어 업데이트에 사용하는 디지털 서명 프로세스 내부에 백도어를 설치한 것이다. 그것을 모른 채 쏠라윈즈는 이 업데이트를 고객 기업과 기관에 전송했다.

이 악성코드는 몇 주 동안 숨어 있다가 발동하면서 악성코드 제작자가 시스템으로 침투해 들어오도록 문을 열어 주었다. 이 소프트웨어는 전 세계 수천 곳의 정부 기관과 기업에서 사용되는 것이었다. 국가 수준의 해커 집단으로 생각되는 이 공격자들은 오리온에 숨겨진 악성코드를 이용해서 쏠라윈즈를 사용하는 기관은 물론, 해당 조직이 연결된 다른 고객, 파트너들까지도 접근할 수 있게 되었다.

이 사건의 공격 규모와 범위는 해킹 사건 역사상 전례가 없는 것이었다. 고객 중에는 마이크로소프트(MS)와 미국의 국토안보부, 주 정부, 재무부와 같은 많은 정부 기관이 있었다. 심지어 유명한 사이버 보안 회사인 파이어아이(FireEye)[현재는 트렐릭스 Trellix]도 포함되었다.

이것은 소프트웨어 공급 업체를 먼저 공격해서 악성코드를 심고, 이 업체가 서비스하는 더 큰 조직을 침투한 하이재킹의 전형적 사례다. 실제 침해는 솔라윈즈뿐만 아니라 솔라윈즈의 서비스를 사용하는 수많은 고객이 크게 입는다. 솔라윈즈는 해커를 진입시켜 주는 연결자 역할을 하고 만 것이다.

악성코드 공격: 바이러스, 웜(Malware Attack: Computer Virus and Worms)

멀웨어(malware)라고도 불리는 컴퓨터 바이러스나 웜(worm)은 조직의 전산 시스템과 데이터를 파괴하는 악성 소프트웨어 프로그램을 말한다. 컴퓨터 바이러스는 다른 프로그램, 시스템 또는 사용자의 파일에 자신을 복사하여 복제한다. 인체를 감염시키는 바이러스와 마찬가지로 시스템에 들어가 시스템을 숙주로 이용한다. 휴면 상태로 있다가 누군가의 고의 또는 실수로 활성화되면 사용자나 시스템 관리자 모르게 감염을 확산시킨다.

컴퓨터 웜은 사용자의 프로그램에 자신을 복사할 필요가 없이 스스로 확산할 수 있는 자가 복제 프로그램이다. 이것은 감염된 시스템에서 계속 활성 상태를 유지하면서 다른 컴퓨터를 감염시킨다. 웜이 시스템에 들어오면 즉시 복제를 시작하면서 제대로 보호되지 않는 컴퓨터와 네트워크를 감염시킨다.

인터넷을 통해 파일 공유 서비스를 사용할 때 바이러스나 웜의 전파가 흔하다. 갑자기 시스템 반응이 느려지고, 디스크 공간이 줄어드는 시스템의 비정상적인 활동이 멀웨어가 침입한 징후일 수 있다. 반복되는 충돌 또는 정지, 원하지 않는 인터넷 활동의 증가, 팝업 광고가 튀어나오는 현상 등도 의심스럽다. 흔히 사용하는 안랩의 V3, 이스트소프트의 알약, 하우리의 바이로봇(ViRobot) 프로그램 등과 같은 바이러스 백신 도구를 설치하면 많은 악성코드를 탐지하고 제거할 수 있다. 이러한 툴들은 실시간으로 시스템 보호를 제공하기도 하고, 일상적인 시스템 스캔 검사를 실행해서 악성코드를 탐지하고 제거한다. 멀웨어는 끝없이 새로운 것이 생산되고 유입되기 때문에 모든 시스템과 네트워크 장치에 바이러스 백신, 멀웨어 방지 소프트웨어를 최신 상태로 유지하는 것이 중요하다.

취약점 공격 도구(Exploit Kit) 이용 침투

익스플로잇킷(exploit kit)[14] 또는 익스플로잇 팩(exploit pack)은 사이버 시스템의 취약점을 공격하는 데 사용하는 툴의 한 종류로 이것은 소프트웨어 코드 작성에 경험이 많지 않은 사람도 악성코드를 만들고, 변형하고, 배포할 수 있도록 해주는 프로그래밍 도구다. 익스플로잇킷은 어도비플래시(Adobe Flash®), 자바(Java®), MS 실버라이트(Microsoft Silverlight®)와 같이 흔히 설치되는 소프트웨어를 표적으로 하는 공격 도구와 함께 결합한다.

사이버 공간에서 독버섯과 같은 익스플로잇킷은 인터넷 암시장에서 독립형 킷이나 서비스 형태로 판매되고 있는 것이 현실이다. 사이버 범죄자는 이러한 툴킷을 사용하여 시스템 취약성을 공격하여 멀웨어를 배포하거나 기업의 데이터를 도용하고, 서비스거부 공격을 시작하거나 봇넷 시스템을 구축하는 등 악의적 행동을 한다.

이 공격이 피싱으로 시작하기도 한다. 공격자는 스팸 이메일이나 소셜엔지니어링 미끼를 사용해서 사람들이 익스플로잇킷 서버의 링크를 클릭하게 한다. 또는, 사용자가 합법적인 웹사이트에 심어진 악성 광고를 클릭하도록 유도해서 표적과 접촉을 한다. 피해자와 공격자가 연결되면, 익스플로잇킷 생성기는 조건에 맞는 공격 대상을 필터링해서 선별한다. 예를 들어, 공격자는 지역별로 클라이언트 IP 주소를 필터링해서 특정 국가를 표적으로 삼을 수 있다. 그런 다음 피해자의 웹 페이지가 은밀하게 익스플로잇 킷의 다른 웹사이트[랜딩 페이지landing page]로 연결된다. 이 랜딩 페이지 안에서 피해자의 브라우저 애플리케이션에 어떤 취약점이 있는지 찾아내 이를 통해 공격자는 피해자의 환경 속에서 멀웨어를 실행한다.

이런 공격을 막기 위해서 공격으로부터 보호하는 보안 프로그램은 물론 방화벽, 안티-멀웨어 소프트웨어도 설치해야 한다. 많은 익스플로잇 킷이 피싱이나 손상된 웹사이트를 사용하여 네트워크에 침투하므로 기업에서는 피싱 방지 도구도 설치해야 한다. 또한, 보안 제어가 효과적인지 지속적으로 평가하고 점검하는 것이 중요하다.

---

14 익스플로잇 키트는 감염 키트, 크라임웨어 키트, 손수(do-it-yourself, DIY) 공격 키트, 멀웨어 툴킷 등으로도 불린다.

서비스거부(Denial-of-Service, DoS) 공격, DoS 공격, DDoS 공격

서비스거부(denial-of-service, DoS) 공격은 대상자를 속이는 피싱과는 매우 다른 방식이다. 시스템의 전부 또는 일부를 표적으로 외부에서 집중적으로 접속을 시도한다. 공격 대상이 된 전산 시스템의 수용 능력을 포화시키고 고갈시켜 시스템이 다른 서비스 요청에 반응할 수 없게 만든다. 구글, 위키피디아와 같은 글로벌 조직도 이런 공격을 받았다. 수많은 기업과 조직에 대한 서비스거부 공격이 매우 빈번하다.

해커는 표적 시스템이나 네트워크가 감당할 수 없는 수준으로 임의의 서비스 요청 접속을 엄청나게 퍼붓거나 충돌을 유발시키는 허위 정보를 보낸다. 그러면 웹사이트나 서버가 정상적인 새로운 요청을 감당하지 못해 시스템이 반응하지 못하게 된다. 이것은 민원이나 전화 문의가 동시에 폭주해서 처리나 응대 서비스가 진행되지 못하는 상황을 악의적으로 만드는 것이다.

분산서비스거부(distributed DoS, DDoS) 공격은 하나의 해커가 공격하는 것이 아니라 수많은 사람의 컴퓨터를 피싱 등의 수법으로 장악해서 좀비 컴퓨터를 만든 뒤, 이 좀비 컴퓨터로부터 표적 시스템에 쓸데없는 접속 시도를 무차별로 퍼붓는다. 악의적인 연결 요청, 메시지 또는 잘못된 패킷이 밀려 들어와 시스템이 느려지거나 충돌되고 중지되어 정상적인 사용자나 시스템에 대한 반응이 마비된다.

흔히 도스 공격에 봇넷(botnet)이라는 것이 등장한다. 봇넷은 악성코드 감염으로 해커에게 장악되어 원격으로 제어되는 인터넷에 연결된 모든 기기, PC, 모바일 장치, 서버, 사물인터넷 장치들의 집합이다. 사이버 범죄자는 가능한 한 많은 연결된 장치를 감염시키고, 소유자 모르게 이를 이용해서 원하는 자동화된 작업을 수행시킨다. 스팸 이메일, 피싱 이메일을 대량으로 보내거나 분산서비스거부 공격과 같은 악성 트래픽을 생성한다.

대부분 방화벽이나 바이러스 백신 소프트웨어는 봇넷 악성코드를 탐지하고 이를 예방하는 기본 도구가 포함되어 있지만, 자신의 PC가 봇넷 코드에 감염되는 것을 방지하기 위해서는 상시로 네트워크 성능과 활동을 모니터링하고, 불규칙한 네트워크 동작을 감지하는 것이 필요하다. 운영 체제를 최신 상태로, 소프트웨어도 최신 버전을 사용하고, 필요한 보안 패치를 설치한다.

역사적인 분산서비스 공격 사건

분산서비스 공격은 해커가 외부에서 표적을 향해 무차별적인 접속 요청 신호를 보내는 것이어서 공격을 선제적으로 일어나지 못하도록 하기는 매우 어렵다. 구글이나 위키피디아와 같은 거대 IT 조직도 분산서비스거부 공격을 여러 차례 받았다. 2017년 9월 구글 클라우드가 최고 볼륨 2.54 Tb/s[15]의 엄청난 공격을 경험했다. 이는 당시까지 사상 최대의 공격 속도였다. 2019년 9월 위키피디아도 공격 속도가 수백 Gb/s에 달하는 심각한 공격을 3일간이나 받았다. 시스템 이상이 유럽에서 시작하여, 아프리카, 중동으로 퍼지고 이어서 미국과 아시아를 포함한 전 세계가 마비됐다. 그러나 유입되는 신호가 위키피디아의 서버까지 도달하지는 못했고, 분산서비스 공격이 분명한 것으로 보이자 인터넷서비스 공급자가 라우트 정책을 변경해서 이를 극복했다. 2023년 구글 클라우드를 사용하는 한 기업에 가해진 공격 속도는 접속 요청이 초당 4천6백만 회까지 이르는 컴퓨터 통신 계층의 최종 순위인 Layer 7 (응용프로그램 계층)에 대한 사상 최대의 공격이었다. 이 접속 요청 횟수는 전 세계에서 가장 접속 횟수가 많은 사이트 중의 하나인 위키피디아에 하루 종일 들어오는 접속 요청이 단지 10초 사이에 들어오는 것에 맞먹는 속도다. 이 회사의 방어 시스템이 공격이 시작되자마자 트래픽의 변화를 감지하고 공격이 확대되기 전에 사용자들에게 대비하는 경고를 알리고, 공격을 시스템 외부에서 차단했다. 정상적인 고객의 서비스는 온라인 상태를 유지했다. 2023년 11월 오픈AI의 챗GPT도 분산서비스 공격으로 생각되는 대규모 접속 장애가 발생했다.

서비스거부 공격의 방어

서비스거부 공격을 방어에는 크게 세 가지 방법이 있다. 인터넷의 대역폭을 확보하는 방법, 주요 콘텐츠나 데이터베이스를 분산해서 배치하고 백업을 활용하는 방법, 인터넷 트래픽을 실시간 모니터링해 디도스 공격이 발생하면 즉각 불법 트래픽을 차단하고, 합법적인 트래픽은 허용하는 것이다. 그래서 공격이 발생했을 때 취해야 하는 행동 프로토콜을 정하고 대비해야 한다.

---

15 Tb/s는 초당 천 기가바이트 즉 초당 1조 바이트의 공격 속도다. 1 TB는 엔사이클로피디아 브리태니카 백과사전 약 1,000권 정도의 정보 양이다.

외부로부터 오는 접속 요청의 상태를 모니터링하면서 가짜 트래픽을 식별하고 차단해야 한다. 네트워크 시스템에 신호가 유입될 때 이를 분석하고 선별한다. 시스템의 평균적인 통신 접속 양을 파악하는 도구를 이용해서 갑자기 대량의 접속이 들어올 때 이를 시각적으로도 판단할 수 있다. 네트워크의 정상적인 동작을 알고 있는 관리자는 이런 공격을 잘 포착한다.

서비스거부 공격에 대비해서 방어 서비스를 제공하는 전문 기관의 도움을 받을 수도 있다. 우리나라 한국인터넷진흥원은 2010년부터 중소기업을 대상으로 DDoS공격을 방어해 주는 사이버대피소를 운영하고 있다. 이 서비스는 사전 심사를 거쳐 등록 가입해서 지원을 받을 수 있다.

사이버대피소는 위에서 설명한 첫 번째와 세 번째 방법을 함께 사용한다. 디도스 사이버대피소는 기업 DNS의 웹서버 IP 정보를 대피소 IP로 교체함으로써 외부 공격을 받아 차단하는 방식으로 디도스 공격을 방어한다. 즉, 기업에 쏟아지는 디도스 공격을 사이버대피소가 대신 받는 것이다. 이 때문에 높은 트래픽의 공격을 막기 위한 많은 대역폭을 확보하고 24시간 트래픽 상시 분석을 진행하고 있다.

공격을 받으면 우선으로 해야 할 일은 표적이 되는 공격 대상을 최소화하는 것이다. 모든 사이버 공격에 대비해서 데이터를 물리적으로 다른 곳에 백업하는 것은 매우 중요하다. 서버 장애에 대비해서 중요 서버들은 서로 다른 회선에 이중화 구성을 해서 주 서버의 회선이 장애가 발생해도, 다른 회선에 있는 서버가 동작하도록 한다. 또 외부에 노출된 웹 서비스와 기업의 내부 시스템을 분리한다. 내부 서버는 사이버 공격을 예방하기 위해 기업의 내부 서버 IP가 외부에 연결되어 있는지 주기적 점검을 하고, 다크웹 등에 기업의 IT 정보가 악의적으로 노출되어 있는지 확인한다. 외부에서 부득이하게 내부망으로 접속이 필요할 때는 서비스거부 공격에 대한 대응과 방어가 가능한 가상사설망(VPN)[16]과 같은 별도 서비스를 통하는 것이 더 안전하다.

방화벽, 분배기 및 서버의 구성을 점검하고, 네트워크 보안 프로그램을 최신 상태로

---

16 가상사설망(Virtual Private Network, VPN)의 한 예는 사용자가 접속하고자 하는 사이트에 사용자 IP주소가 아닌 VPN 업체에서 제공하는 IP주소를 이용해 접속한 후 VPN 업체가 다운로드 받은 자료를 사용자에게 전달하는 방식이다

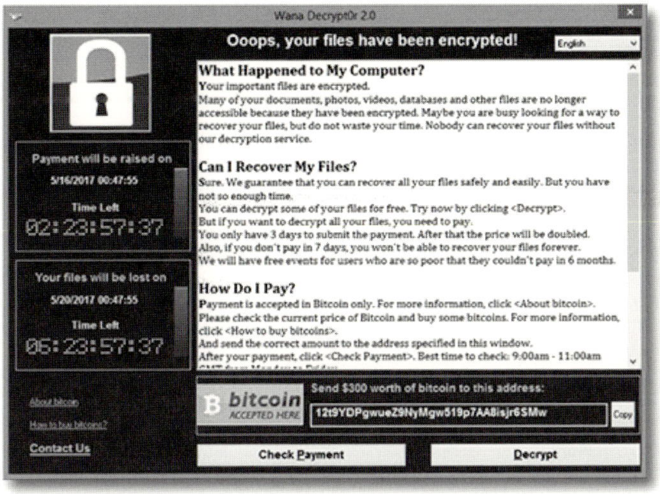

해커가 랜섬웨어로 컴퓨터를 장악한 후 보내온 메시지 예. 파일이 암호화되어 있고, 랜섬을 언제까지 보내지 않으면 몸값이 올라가고, 데이터 파일이 없어질 것이라는 메시지다. 몸값을 지불하는 방법도 제안한다.

업데이트하고 패치하는 것은 모든 사이버 공격에 대비하는 기본이다. 과도한 트래픽 급증을 처리할 수 있는 대피 여유 용량을 서버에 확보하고, 또 이 데이터를 보호할 수 있는 수단을 확보해야 한다. 일단 백업을 이용해서 시스템을 재부팅 하면서 대처할 수도 있다.

랜섬웨어(Ransomware)

랜섬웨어 공격은 시스템을 감염시킨 후 데이터와 시스템을 암호화하는 악성코드를 이용해서 시스템 파일, 문서, 이미지, 동영상 등을 감염시키고 봉쇄한다. 해커는 사용자가 시스템에 저장된 데이터나 장치를 사용할 수 없게 만든 후, 사용자에게 이를 복구하기 위한 몸값(랜섬)을 요구한다. 기간 내에 금전 지불 등 해커가 요구하는 사항을 처리하지 않으면 몸값이 증가하거나 감염되어 암호화된 시스템과 데이터를 파괴한다고 위협한다. 최근 해커들은 비트코인과 같은 가상 화폐로 랜섬을 요구한다.

랜섬웨어는 앞서 설명한 모든 침투 수단과 결합해서 전산망의 전 영역을 노린다. 보안 설정이 취약한 유무선 네트워크, 사회공학적 기법(이메일, SNS, 첨부 파일, 파일 공유 사이트 등)을 활용하고, USB 이동식 드라이브, 또는 물리적인 해킹을 통해 침투하고, 시스템 안에서 공유 폴더나 클라우드 서버, USB, 외장하드 등 기타 접근 가능한 시스템으로 확산되어 장악 영역을 넓힌다.

감염되면 파일이 암호화되어 문서, 이미지, 서버 파일, 데이터베이스 등에 접근할 수 없게 되고, PC 또는 스마트폰을 열지 못하는 화면 잠금 현상이 나타난다. 평소 사용하던 파일의 이름과 확장자가 바뀌거나 파일 확장자 뒤에 특정 확장자가 추가되기도 한다. 컴퓨터의 부팅 영역이 암호화되면 PC가 재부팅도 되지 않고, 사용자의 주요 파일을 사용 불능 상태로 만든다. 고도의 암호화를 악용한 경우에는 특정한 복구 코드가 없으면 사실상 복구가 불가능하다.

지능형지속위협(Advanced Persistent Threat, APT)

지능형지속위협(Advanced persistent threat, APT)은 침입자가 표적이 된 네트워크에 침투하여 장기간 동안 탐지되지 않은 채 데이터를 갈취하는 악의적 사이버 공격을 말한다. APT 공격은 대기업, 국가, 정부 기관 등이 표적인 경우가 많고, 흔히 사이버 전쟁 무기 수법이 된다.

APT 공격은 급작스럽게 시스템을 셧다운 시키는 식의 공격이 아니고 매우 은밀하다. APT 공격은 결국 시스템과 네트워크를 파괴하기도 하지만, 전형적인 형태는 즉각적이고 직접적인 공격보다 은밀하게 네트워크 내에 잠입해서, 익스플로잇킷이나 악성코드로 상위 계층으로 접근 권한을 얻어내고, 잠행하고 모니터링하면서 고급 정보에 접근하는 식이다.

대한민국 법원 시스템이 북한 해킹 그룹 라자루스의 공격을 받은 놀라운 일이 일어났다. 2022년부터 2023년 초반까지 거의 1년 동안 일어난 일이다. 라자루스는 사법부 전산망에 침투해 최소 수십 기가바이트(GB)에서 최대 수백 GB 이상의 내부 전자정보를 빼내 간 것으로 파악됐다. 그뿐만 아니라, 2023년 4월 역시 라자루스 그룹이 언론사 8곳을 포함한 국내 61개 기관의 컴퓨터 207대를 해킹했다. 해킹 조직은 금융보안 인증 업체를 먼저 해킹한 뒤 해당 업체의 금융보안인증 소프트웨어가 설치된 컴퓨터가 특정 언론사나 공공기관 사이트에 접속할 경우 자동으로 악성코드를 설치하도록 했다. 이들은 2021년 4월 해당 업체를 해킹한 뒤 소프트웨어 취약점을 찾아낸 뒤, 공격에 활용할 인프라를 마련하는 데에만 1년 이상을 쓰며 치밀하게 범행을 준비했다고 경찰은 밝혔다.

APT 공격을 실행하려면 많은 장비와 기술이 필요하다. APT 공격자들은 상당한 재정적 지원을 받는 숙련된 사이버 범죄자들인 경우가 많다. APT 공격은 시스템 전체를 노리기도 하지만 시스템 안의 특정 영역을 목표로 하기도 한다. 외부로 유출되는 데이터 흐름에 나타나는 이상 징후가 관리자에게 포착되고 나서야 침해 가능성이 의심되기 시작하는 경우도 있다. 발견되지 않은 채 오랫동안 암약할 수도 있다는 뜻이다. 그래서 내부 사이버 활동에 대한 면밀한 모니터링이 필요하다.

APT 공격을 의심하게 하는 현상들

APT 공격을 받은 시스템은 여러 가지 비정상적인 활동 행태를 보인다. 시스템 내부로 접근을 허용하는 백도어나 트로이 목마와 같은 악성코드가 광범위하게 침투되어 있다면, APT 공격 가능성을 확인해야 한다. 갑자기 엄청난 양의 데이터 작업이 증가하는 데이터베이스의 이상 활동도 나타난다. 비정상적인 확장자를 가지거나 다른 형식의 파일이 발견된다면 APT 공격 가능성이 있다. 이는 데이터의 대량 유출을 위해 데이터가 비정상적인 파일의 묶음으로 된 경우가 있기 때문이다.

APT 공격 대비

APT 공격을 조기에 발견하고 이로부터 시스템을 보호하기 위해서는 보안 시스템 설치뿐만 아니라 네트워크 관리자, 보안 담당자, 개인 사용자의 다각적인 접근이 필요하다. 조직은 웹 애플리케이션 방화벽을 사용하여 HTTP 트래픽을 검사하면서 웹 애플리케이션에서 들어오는 공격을 탐지하고 방어하지만, 들어오고 나가는 네트워크 트래픽도 모니터링해야 한다. 모든 접속을 기록하고 관리해야 한다.

① 트래픽 모니터링

수신과 송신 트래픽을 면밀히 모니터링하는 것이 백도어 설치나 데이터 도난을 차단하는 데 중요하다. 모니터링을 통해 원격 공격을 식별하고, 데이터 유출도 것을 조기에 감지할 수 있다. 네트워크 웹 애플리케이션 방화벽(WAF, web application firewall)과 같은 툴로 웹 애플리케이션 서버로 들어오는 트래픽을 필터링한다.

내부 트래픽도 모니터링해야 한다. 사용자들의 네트워크 내 활동 패턴을 보고, 불규칙하고 비정상적인 로그인을 식별한다. 비정상이거나 이유가 없는 큰 데이터 전송은

APT 공격이 일어나고 있다는 신호일 수 있다. 파일 공유 또는 시스템에 의도적으로 형성시켜 놓은 허니팟[17]을 이용해서 불법적인 액세스를 모니터링할 수도 있다.

② 액세스(접속) 제어

안전한 애플리케이션과 도메인의 목록, 즉 우량 사이트의 화이트리스트(whitelist)를 구성하는 것도 도움이 된다. 이를 통해 네트워크로부터 액세스할 수 있는 도메인과 사용자가 설치할 수 있는 애플리케이션을 통제한다. 이는 ATP가 공격해 오는 표면을 최소화할 수 있다. 이와 반대로 업무와 직접 관련이 없는 트래픽을 발생시킬 수 있는 사이트를 지정해서 차단할 수도 있다. 기관의 이메일 시스템이 아닌 공개된 이메일 서비스나 카카오톡과 같은 범용의 통신 방법을 조직 안의 네트워크에서는 사용할 수 없도록 차단하는 기관도 있다.

그러나 신뢰할 수 있다고 선정된 도메인도 손상될 수 있기 때문에, 이 조치가 완벽하다고 말할 수 없다. 악성 파일은 흔히 합법적인 소프트웨어로 가장하여 도착한다. 오래된 버전의 소프트웨어 제품은 그 사이에 취약점이 침해를 받아 악용될 위험이 있다. 효과적인 화이트리스트 작성은 사용자가 항상 목록에 나타나는 모든 애플리케이션의 최신 버전을 사용해야 하는 엄격한 업데이트 정책과 함께 시행해야 한다.

반복해서 강조하지만, 사용자 직원이 가장 취약한 표적이 되고, 침투 통로가 되기 쉽다. 네트워크 보안 정책을 무시하거나 부주의나 자격 증명 남용으로 잠재적 침입자에게 액세스 권한을 부여하는 등, 악의적이지는 않았어도, 결국 조직에 위해를 주는 내부 사용자도 많다.

효과적인 제어를 위해서는 조직의 모든 사람이 접속할 수 있는 대상과 패턴에 대한 전반적인 모니터링을 하고 보호해야 할 위계를 정하는 것이 필요하다. 예를 들어, 구성원이 업무를 위해서 알아야 할 필요성과 수준에 따라 데이터를 분류해서 접근 통제 시스템을 구성하면, 침입자가 하급 직원의 로그인 자격 증명을 훔치더라도, 그것으로 민감한 자료에 쉽게 액세스할 수 없도록 할 수 있다. 중요한 네트워크 영역에 대한

17 허니팟(honeypot)은 비정상적인 접근을 탐지하기 위해 의도적으로 설치해 둔 위장 시스템이다. 예를 들어, 네트워크상에 어떤 특정 컴퓨터에 중요 정보가 있는 것처럼 꾸며 두거나, 다른 위장된 구조를 미끼로 만들어 공격자가 해당 컴퓨터를 해킹하기 위해 시도하는 것을 탐지한다.

액세스는 최소권한원칙을 적용하고, 다단계인증으로 보호해야 한다. 민감한 영역에 접근할 때 사용자는 이중, 삼중의 인증 시스템이 필요하다.

네트워크 소프트웨어와 시스템의 취약점은 알려지는 대로 최대한 빨리 패치해야 한다. 많은 PC가 전원을 켜고 끌 때 OS와 관련된 소프트웨어의 취약점을 수정한 패치를 진행한다. 자신의 기기를 켜있는 상태로 계속 유지하는 것은 해커의 침입을 허용하고 유도하기 쉬운 행동이다. 업무를 마치면 컴퓨터의 전원을 끄는 것이 보다 안전하다.

침입자가 다른 사용자의 등을 업고 사이트에 침입하는 것을 막기 위해 원격 연결도 암호화해야 한다. 스팸 및 피싱 공격을 방지하기 위해 수신 이메일을 필터링한다. 화이트리스트를 만들고, 기타 보안 정책을 개선하는 데 도움이 되는 보안 이벤트를 즉시 기록하고 공유한다. 이런 모든 조치가 APT 공격의 위험을 최소화할 수 있다.

내부자 위협(Insider Threat)

네트워크에 대한 접근 권한을 가진 조직 내부 구성원이 간첩이 되는 경우다. 자신에게 허용되어 있는 접근 권한을 통해 조직의 중요한 데이터 또는 시스템에 영향을 미친다. 의도적이지 않은 실수나 부주의로 침해를 일으키는 때도 있지만, 현실에는 악의적인 내부자 간첩도 있다. 이것은 사이버 보안 차원을 넘어서는 조직 전체에 위협을 주는 중대한 요소다. 위협자는 현재 구성원뿐만 아니라 전직 직원, 임시 직원, 또는 고객이나 조직과 가까운 어떠한 개인도 포함된다.

악의적 내부자는 자신의 권한 내에서 자연스럽게 시스템 접근을 하기 때문에 일상적인 승인 시스템으로 확인하기 매우 어렵다. 그렇지만, 비정상적인 접속이나 데이터 갈취 행동을 조기에 발견하고 추적해야 한다. 면밀한 모니터링, 사이버 포렌식을 통해서 이런 행동을 찾아낼 수 있다. 레드티밍과 같은 사이버 보안 점검 과정에서 이런 숨어 있던 내부 해커의 존재를 발견하는 경우도 있다.

일부 사용자는 불편을 피하려고 하거나 업무 효율을 높이려는 의도로 보안 조치를 함부로 우회하기도 한다. 업무 편의를 위해 인증, 암호화 과정 등의 절차를 건너 뛰는 것이다. 악의를 가진 것은 아니지만, 부주의나 조직의 규칙과 정책을 준수하지 않는 행위가 내부 사이버 위협의 큰 원인이다. 섀도우 IT도 매우 취약한 진입의 창구가 된다. 계약 업체, 비즈니스 파트너, 제3자 공급 업체 직원들의 사소한 부주의나 위반이 위험한 결과를 초래할 수 있다. 2024년 문화체육관광부 직원이 실수로 다량의 개인 정보를 공개적으로 업로드해서 외부로 노출시킨 사례도 있다.

클라우드 보관

클라우드 스토리지 솔루션을 잘 사용하면 직원들이 언제 어디서나 파일에 액세스할 수 있을 뿐만 아니라, 파일을 동기화하기 쉽고, 이동 중에도 작업이 가능하고, 문서를 공유하거나 공동 작업도 간편하다. 그러나 아직 많은 조직이 클라우드 스토리지를 위험하다고 생각한다. 보안에 대한 우려 때문이다. 많은 자료가 클라우드가 데이터를 사내(on premise)에 저장하는 것과 동일하거나 그보다 더 안전하다는 것을 보여줌에도 보안에 대한 우려가 여전히 클라우드 시스템 채택의 큰 장벽으로 남아 있다.

그래서 클라우드 서비스 제공자는 이런 위협에 대해서 상당히 높은 보안 체제를 준비한다. 보안은 클라우드 서비스 공급자의 가장 큰 관심사 중 하나이고, 클라우드의 보안을 유지하기 위해 많은 투자를 하고 있다.

물론 클라우드도 심각한 공격을 받을 수 있고, 모든 클라우드 제공 업체가 완벽한 보안 체계를 가지고 있는 것이 아니다. 클라우드 서비스는 좋은 가격보다 데이터 보안을 보장하는 것이 중요하다.

제5부

사이버 침투를 어떻게 대비하나?

1 사이버 보안의 원칙

사이버 테러, 사이버 공격, 사이버 범죄가 일반 사용자에게는 고도의 IT 테크닉을 가진 악당이 전산망을 둘러싸고 있는 방화벽과 여러 체크 포인트를 기술적으로 몰래 뚫고 들어오는 것으로 생각할지 모른다. 그러나 많은 사이버 침해 사건이 IT 기술적인 침투보다, 전산망의 엔드포인트, 즉 일선 사용자들이 소셜엔지니어링 속임수에 현혹당함으로 초기 진입이 시작된 경우가 많다. 비유하자면 도둑이 벽을 부수거나 뚫고 들어오는 것이 아니라, 열려 있는 문이나, 제대로 닫히지 않은 창문을 통해 들어오는 것과 같다.

이제 독자들은 사이버 보안이 현대 조직 경영에서 기본 필수 기능이고 투자해야 되는 영역이라고 공감할 것이다. 강력한 사이버 보안을 위해서 조직 환경에 적합하고 충분한 보안 정책을 수립하고, 이를 실천 구현해야 한다. 이 장에서는 현대 사이버 환경에서 적용되어야 할 중요한 보안 원칙을 살핀다.

사이버 보안의 네가지 핵심 기둥

강력한 사이버 보안은 다음의 4가지 핵심 기둥을 기반으로 구축된다.

1) 올바른 보안 정책

올바른 보안 정책이 없으면, 올바르게 예산과 자원을 투입할 수 없다. 정책은 사이버 보안의 모든 측면을 고려해서 다양한 기술 솔루션을 효과적으로 적용하는 방법과 절차를 명확하게 정의해야 한다. 명확한 사이버 보안 정책을 가지는 것이 조직이 예산 부족이나 비효율적인 예산 투입으로 사이버 위협의 희생자가 되는 것을 막는 첫걸음이다.

21세기의 사이버 보안은 모든 소통의 단계와 접점이 취약하고 위험할 수 있다고 가정하는 제로트러스트(zero-trust) 원칙, 최소권한(least privilege) 원칙이 근거하고 위험과 비용 효과를 대비해서 정해져야 한다. 보안 기술은 시간에 따라 계속 변화하고 정교해지기 때문에, 장기적으로 미래에 사용할 기술까지 정의하기 어렵다. 또, 보안을 지나치게 강화하면, 업무의 속도, 정보 공유, 의사소통과 충돌한다. 어떤 시스템, 어떤 데이터를 보호할 것인지, 어떤 사람, 어떤 부서를 모니터링 할 것인지, 어떤 수준의 신원 확인과 인증 절차를 도입할 것인지 구조와 기능에 따른 합리적인 정책이 필요하다. 일부 조직에서는 내부 각 영역의 위험 요소에 따라 부서별로 별도의 보안 정책을 채택하기도 한다.

2) 적합한 보안 기술

보안 정책의 요구 사항에 적합한 보안 기술을 확보해야 한다. 사용자 식별 프로세스, 시스템, 하드웨어, 액세스 제어, 데이터 암호화, 방화벽, 바이러스 보호 프로그램 등과 같은 적절한 도구를 결정한다.

고도의 기술에 기반한 사이버 보안 도구들은 프로세스를 지속적으로 모니터링하면서 비정상인 변화를 감지하고 공격을 사전에 대응할 수 있도록 해 줄 수 있다. 그러나 이것이 만능이 아니다. 이 시스템 자체도 해커가 공격할 수 있다. 보안 시스템에 일어난 작은 침입이나 손상으로 값비싼 보안 도구가 제대로 기능하지 못하게 된 경우도 있다. 효율적인 기술 도구도 필요하고, 높은 경계심을 가지고 지속적으로 모니터링하는 사내 또는 사외 보안 전문가의 역할도 중요하다. 기업들이 수십 가지 이상의 보안 솔루션을 사용하지만, 이들이 조화롭고 효율적으로 빈틈없이 작동하도록 하지 못하는 경우가 매우 많다.

3) 보안 교육과 보안 의식

세 번째 기둥은 직원의 교육과 보안 의식의 확산이다. 조직 구성원들이 높은 보안 의식을 가지는 것이 건강한 보안 시스템을 이루는 밑거름이다. 보안 지식과 정보가 풍부한 직원은 조직이 수립한 보안 정책과 기술의 잠재력을 최대한 활용할 수 있다. 기업이 좋은 보안 정책을 마련하고 올바른 기술을 투입하더라도 구성원이 제대로 이를 인식하지 못하고 동기 부여가 되지 않으면, 모든 것이 소용없다. 사이버 침해의 가장 흔하고 중요한 침투 경로인 엔드포인트, 즉 사용자들의 보안 의식을 높이는 것이 중요한 축이다.

해커의 침투를 허용하는 주요 이유는 사기성 이메일이나 피싱, 원치 않는 이메일 첨부 파일을 여는 행위와 같이 일상적이고 사소한 행동이다. 최근 유포된 악명 높은 암호화폐 악성코드나, 우리나라에서도 널리 유포되었던 랜섬웨어인 워너크라이(Wannacry)는 악성 이메일 첨부 파일을 열도록 유도한 전형적 사례다. 실시간으로 정보를 공유하면서 직원들이 상황을 인식하도록 교육하는 것이 항상 가동되어야 한다. 직원들의 인식과 행동이 더 나은 보안을 유지할 수 있도록 하는 바탕이다.

4) 백업과 복구 시스템

또 다른 중요한 축은 데이터와 시스템의 백업이다. 모든 공격과 시스템 중단에 대비할 수 있도록 백업을 구성하고 재해 복구 시스템을 준비하는 것이다. 사이버 공격은 급증하고 있고, 누구도 안전하지 않다. 조직은 업무를 연속적으로 유지하기 위해 데이터 공격에 대한 최후의 방어선으로서 재해 복구 솔루션을 갖추고 있어야 한다. 오프사이트의 여러 위치에 데이터 사본을 저장하고 매일 매시간 백업하는 것이 권장된다.

이때 자신의 데이터뿐만 아니라, 조직에 용역 서비스를 제공하는 업체도 침해 가능성에 대해 적절하고 정기적인 백업을 하는지 확인해야 한다. 최악의 시나리오에 대비해서 서버를 끄고 데이터 백업을 시도하는 훈련을 통해 데이터 침해에 대한 실제적인 대비 상태도 확인한다. 적절한 모의 자극을 통해 모든 직원이 사이버 공격 중에 당황하지 않고 자신의 역할을 파악해서, 가동 중지 시간을 최소화하고 중요한 데이터 및 서비스에 미치는 영향을 최소화하도록 한다.

변화하는 사이버 위협에 대한 대응의 원칙

지금은 원할 때 데이터에 언제나 접근할 수 있는 유비쿼터스(ubiquitous) 사이버 환경이다. 이런 즉각적인 주문에 따른 사이버 보안 위험에 대비하기 위해 제로신뢰 원칙, 최소권한원칙, 사용자의 행동 분석과 로그 모니터링, 암호화 등의 보안 기능이 중요하다.

제로신뢰구조(Zero-Trust Architecture, ZTA)

기업의 네트워크는 많은 영역으로 나눠고 이 영역들이 상호 연결되고, 원격 접속과 원격 근무가 일상화되었다. 사내의 중앙 업무 네트워크뿐만 아니라, 클라우드 서비스, 원격 모바일 시스템, IoT 장치 같은 비전통적 IT 장치와 시스템도 연결된다. 이 모든 접점과 연결점이 정보 보안에서 매우 큰 잠재적 취약점이다. 또한, 조직이 복잡해지고 방대해 지면서 연결점도 급증하고, 이런 곳이 모두 사이버 위협의 표적이 된다.

전통적인 사이버 보안의 개념이 조직의 전산망 경계 내에서 보안에 집중하는 '경계기반보안모델(perimeter-based security model)'이었다면, 현대적 개념은 이에 대비된 '무경계보안(perimeterless security)이다. 이는 사이버 방어의 대상이 물리적인 네트웍을 둘러싼 정적이고 고정적 요소를 넘어서 사용자, 자산, 자원, 데이터로 확대되는 개념이다.

'제로신뢰'라는 이상한 표현은 조직의 울타리 안에 존재하는 사용자와 장치, 또는 가상사설망을 통해 연결된 사용자와 장치를 기본적으로 신뢰할 수 있는 것으로 간주해온 전통적인 접근 방식이 오늘날 기업이 가지는 복잡한 사이버 환경에서는 더는 적용되지 않는다는 뜻이다. 사이버 방어가 네트워크 주변에 물리적으로 고정된 경계 내부뿐만 아니라 개별 사용자, 자산, 리소스로 널리 분산된 환경에서 발생하는 모든 침해 위험을 줄여 주어야 한다는 개념이다.

그래서 제로신뢰구조는 조직의 보안 시스템에서 기업의 컴퓨터 네트워크 안팎에 있는 모든 구성 요소가 기본적으로 신뢰할 수 없다고 본다. 그래서 네트워크에 연결되어 있는 모든 장치나 사용자를 확인해야 하고, 이전에 확인되었더라도 다시 확인해야 한다는 것이다. 이 개념은 모든 요소를 '절대 믿지 말고 항상 확인하라(Never trust, always verify)'는 말이다.

제로신뢰원칙은 컴퓨터 네트워크의 모든 구성 요소가 모든 전산 접속 시에 신뢰성을 지속적으로 증명하도록 요구한다. 강력한 신원 확인 절차를 수립하고, 접속 권한을 부여하기 전에 장치의 적절성 여부를 검증하고, 명시적으로 승인된 리소스에만 연결하고, 접근 권한도 최소로 허락한다.

제로신뢰구조는 상호인증 방식을 기본으로 한다. 이는 사용자의 위치에 상관없이 사용자와 장치의 신원과 무결성을 확인하고, 사용자의 인증을 통해 사용자와 장치에 대한 확실한 신뢰를 가지기 위한 것이다. 이런 신뢰성이 확인된 후에 애플리케이션과 서비스에 대한 접근을 제공한다.

최소권한원칙(Principle of Least (Minimal) Privilege)

이것은 모든 사용자가 최소한의 접근 권한만을 가진다는 것이다. 최소권한사용자 계정(least-privileged account)이라는 용어도 사용한다. 사용자가 데이터로 접근할 수 있더라도 중요한 데이터에는 쉽게 액세스하지 못하게 하는 것이다.

최소권한원칙은 컴퓨팅 환경에서 모든 단위(프로세스, 사용자 또는 프로그램 등)가 정당하게 허가된 목적에 따라 최소한의 필요한 정보와 리소스에만 액세스할 수 있도록 한다. 계정 접근 권한을 명확하게 정의하고, 허용 범위를 좁게 정하고, 사용 패턴에 대해서도 정기적으로 감사해야 한다는 말이다.

모든 사용자 계정이나 프로세스에 주어진 업무를 수행하는 데 본질적이고 필수적인 권한만 부여되고, 업무와 무관한 영역에 접근하는 것은 허용하지 않는다. 예를 들어, 백업 생성만을 목적으로 하는 사용자는 회계 소프트웨어를 사용할 필요가 없다. 이 사용자는 백업 및 백업 관련 응용 프로그램을 실행하는 권한만 가진다. 새로운 소프트웨어를 설치할 수 있는 권한도 누구나 가지는 것이 아니다. 평상시에는 일반 사용자 계정으로 작업하고, 필요시에 암호로 보호된 계정을 임시적인 권한을 얻어 열도록 할 수도 있다. 사용자뿐만 아니라 애플리케이션이나 소프트웨어에도 최소한의 권한을 부여한다.

이런 원칙이 기업이 필요로 하는 IT 네트워크 구조나 소프트웨어를 개발하는 초기부터 적용되어 구성되는 것이 바람직하다.

행동 분석(Behavioral Analytics)과 로그 모니터링(Log Monitoring)

엔드포인트, 즉 개별 사용자가 취약점이 되고 침해의 시작인 경우가 많다. 사이버 보안 분석 솔루션을 이용해서 액세스 요청이나 장치의 문제점 등과 속성을 모니터링하고, 의도적이거나, 또는 의도하지 않았더라도 비정상적인 사용자 행동과 장치의 장치 활동성을 식별한다. 침해탐지시스템(intrusion detection system, IDS)과 같은 보안 기술이 유용할 것이다. 인공지능 기술이 결합된 새로운 분석 솔루션도 등장하고 있다. 이러한 도구의 기준 설정을 적절히 조절하면 조직과 데이터의 위험도에 기반해서 인증을 하고, 예방 및 사고 대응 조치 수준을 조율할 수 있다.

최근 사이버 보안의 큰 도전은 공격 수법만 변화하는 것이 아니라, 조직의 환경도 위협에 더 노출되고 있다는 점이다. 빅데이터, 사물인터넷 등으로 인해 엄청난 양의 대규모 데이터 세트가 다양하게 발생하면서 공격 표면(attack surface)이 넓어지고 있다. 또 시스템의 분산된 접속으로 업무 활동의 모니터링이 더욱 복잡해지고 어려워지고 있다. 로그 모니터링은 조직 내 어디에서나 로그 데이터를 실시간으로 검색, 분석, 시각화할 수 있도록 해준다. 핵심 도구에 대한 기본적이고 탄력적 로그 샘플링은 조직의 로그 관리 부담을 완화하고 잠재적인 손상 위험도 명확히 할 수 있다.

1) 암호화(encryption)

데이터를 암호화해서 저장하는 것은 매우 중요하다. 최근 계산 용량과 성능의 획기적인 발전으로 이제 동형암호화(homomorphic encryption) 기술이 더 넓은 범위의 응용 프로그램에 실용적으로 쓰이게 되었다. 동형암호화 기술로 사용자는 암호화된 데이터로도 직접 작업할 수도 있으므로, 제3자 및 내부 공동 작업자와 함께 대규모 데이터

세트에 더 안전하게 접근할 수 있다. 또한, 암호화 적용은 기업이 더욱 엄격한 데이터의 개인 정보 보호 요구 사항을 충족하는 데에도 도움이 된다.

2) 자동화(automation)

정교해지는 사이버 공격에 대응하려면, 조직도 이에 대응하는 적극적이고 효율적인 접근 방식을 취해야 한다. 보안 시스템 운영은 신원승인확인, 보고와 같은 노동집약적 부문을 자동화하는 데 중점을 두어야 한다. 변화하는 공격 패턴을 따라잡기 위해서 인공지능과 머신러닝을 사용하는 방법, 랜섬웨어에 대한 자동화된 기술 대응 방법도 필요하다.

- **위험-기반 접근 방식을 통한 자동화 구현**: 조직의 디지털화 수준이 가속화되는 것에 따라 위험 요소가 낮은 단순 반복적인 프로세스를 자동화를 통해 처리하고, 대신 더 높은 가치의 활동에 귀중한 인적 물적 자원을 투입해야 한다. 자동화 과정에서 실수로 인한 새로운 취약점이 생기지 않도록, 면밀한 위험도 평가와 세분화가 필요하다. 예를 들어 위험도가 낮은 자산에 대해서는 자동화된 패치, 시스템 구성, 소프트웨어 업그레이드를 적용하고 위험도가 높은 자산에는 보다 직접적인 감독을 적용하는 것이다.
- **사이버 방어에 인공지능을 사용한다**: 공격자는 인공지능 기술을 적극 악용한다. 사이버 보안 팀도 인공지능 기술을 더욱 활용해야 한다. 인공지능 기술을 이용해서 이상 활동을 감지하고 자동으로 시스템을 교정할 수 있다. 또한 업무 흐름과 기술 적용을 최적화하여 시간에 따라 리소스가 가장 효과적인 방식으로 사용될 수 있도록 한다.
- **랜섬웨어에 대한 기술적, 조직적 대응**: 랜섬웨어 공격이 정교해지고, 빈도와 범위가 증대한다. 이에 따라 조직도 기술과 운영의 변화를 해야 한다. 탄력적인 데이터 저장소와 인프라 사용, 악성 암호화에 대한 자동화된 대응, 잠재적 공격의 가능성을 줄이기 위한 고급 다단계 인증, 지속적인 사이버 위생(cyber hygiene) 실천 등이 필요하다. 조직 변화에는 모의훈련(tabletop exercise) 실시, 상세하고 다차원적인 훈련 시나리오개발, 경영진의 대응 결정을 포함한 모든 옵션과 우발 상황에 대한 대비 등이 포함되어야 한다.

기업의 기술 역량에 '보안'을 심어야 한다

IT 기술이 빠르게 변화하면서 사이버 공격과 방어 사이에 지식과 전문성, 인력의 격차가 좁혀지지 못하고, 자칫 점점 더 벌어지기 쉽다. 감독 당국과 정부의 규제도 강화된다. 따라서 기업이 보유한 IT 기술 역량에 개발과 운영뿐만 아니라, 강력한 보안 기술도 포함되어야 한다. 체계적인 접근이 조직으로 하여금 충분한 보안 기능을 확산하면서 규제 기관의 요구도 충족하고 이보다 앞서 나갈 수 있도록 해 줄 수 있다.

- **안전한 소프트웨어 개발**: 기업은 사이버 보안을 나중에 고려하기보다 운영 소프트웨어 개발 단계의 처음부터 사이버 보안 개념을 포함시켜야 한다. 안전한 소프트웨어를 만드는 중요한 방법의 하나는 정보 보안 팀이 각 개발 단계에서 개발자와 협력하도록 하는 것이다. 개발자들이 흔히 사용되는 보안 기능(예: 위협 모델링, 코드 및 인프라 스캐닝, 정적 및 동적 테스트)을 익히고 소프트웨어 개발에 적용하도록 해야 한다. 인프라와 제어 프로세스를 표준화하고 코드화하는 것이 다중적인 클라우드나 복합된 환경 관리를 단순화하고 시스템의 탄력성을 높일 수 있다.
- **소프트웨어 구성요소 명세서(Software Bill of Materials, SBOM) 활용**: SBOM은 사용하는 모든 소프트웨어의 구성 요소, 상호의존성, 설치 활용과 관련된 제반 특성을 망라한 포괄적인 자료 목록이다. 규정에 따른 요구 사항이 증가하면서 조직은 사용하는 소프트웨어에 사용되는 모든 구성 요소와 공급망 관계를 명확하고 상세히 파악함으로써 관리 부담을 줄일 수 있다. 소프트웨어에 대한 상세한 목록을 확보하는 것은 공급망 위험을 완화하는 것뿐만 아니라 보안 팀이 규제 문의에 쉽게 대비할 수 있도록 해준다. 구성원들이 조직의 승인이나 감독 없이 임의로 사용하는 IT 장치나 소프트웨어를 섀도우(shadow) IT라고 한다. 이는 상당한 보안 위협 요소다. 씨스코의 보고서는 회사 직원의 80%가 섀도우 IT를 사용하고, 거의 70%에 달하는 사이버 침해가 이로부터 시작되었다고 지적한다.
- **클라우드 서비스**: 작업 내용과 인프라를 클라우드 환경으로 이동하면 조직의 자원을 더욱 안전하게 보호하고 보안 관리를 단순화할 수 있는 장점이 있다.

집의 금고보다 은행의 금고를 이용하는 것이다. 그러나 클라우드 서비스 자체도 사이버 공격의 대상이고 이를 사용하는 다른 조직을 통한 침해의 위험도 있다. 클라우드 제공업체도 일상적인 보안, 패치 적용, 유지 관리 활동을 처리할 뿐만 아니라 자동화 기능과 확장 가능한 서비스도 제공하면서 고도의 보안 시스템을 유지하기 위해서 노력한다.

사이버 위협은 급속한 기술의 변화로 더욱 증가할 것이다. 조직 혁신과 필요에 따라 기술 부분에 대규모 투자를 할 때, 반드시 사이버 위험도 인식하고 대비해야 한다. 공격자들은 신기술이 가져오는 새로운 취약점을 악용하고 있고, 가속화되는 디지털 세계에서는 최고의 사이버 통제 수단도 빠르게 쓸모없어지기 쉽다. CEO는 향후 5년 동안 사이버 보안에서 효과적으로 자리매김하기 위해 적극적인 접근 방식을 취해야 한다.

교육과 훈련을 통한 보안 문화 형성

가장 확실하고 효과 있는 사이버 방어의 무기는 구성원의 높은 보안 의식이다. 흔히 사이버 공격의 시작이 되는 엔드포인트에서 소셜엔지니어링 수법에 넘어가지 않으려면, 각 구성원이 사이버 공격에 대한 높은 경각심을 가져야 한다. 직원들에게 이런 사이버 범죄의 존재와 위험성에 대한 실질적인 보안 정책 설명과 교육이 필요하다. 전화나 이메일로 대화하거나 대면하는 상대방을 식별하고 인증하는 적절하고 충분한 프로세스가 수립되어야 한다.

실제로 많은 사용자가 소셜엔지니어링 공격에 대해 알지 못한다. 개인과 조직에 대한 많은 정보가 이미 공개되어 있고, 자신이 모르는 사이에 노출되어 있다. 상품과 서비스의 온라인 구매가 일상화되면서 개인의 전화번호나 생년월일과 같은 평범해 보이는 정보를 자주 제공하기 때문에, 경각심 또한 낮아지고 있다. 사용자들이 함부로 웹 사이트 방문하거나 링크를 클릭하지 않도록 하고, 의심스러운 첨부 파일 열기의 위험에 대해 경각심을 가지도록 해야 한다. 피싱, 해킹에 대한 실제 훈련도 필요하다. 많은 사람을 대상으로 하는 피싱, 구체적인 특정 대상을 노리는 스피어피싱 메일, 문자 메시지, 전화 등에 대해도 정보를 공유해야 한다.

다양한 보안 침해 사례를 공유함으로써 비슷한 상황에 대처하는 요령과 방법을 알 수 있다. 조직 내부 사례뿐만 아니라, 조직 외부, 해외의 사이버 침해에 대해서 알리고 공유하는 것이 필요하다. 데이터 보안 정책을 공유하고 보안 인식을 높이는 구성원 교육은 직원이나 개인이 중요한 데이터를 보호하는 가장 효과적인 투자일 것이다. 높은 보안 의식과 적절한 대응을 보인 사례에 대해서 모범 사례로 포상하고 격려하는 식으로 보안 문화를 긍정적인 조직의 자산으로 만드는 경영진이 해야 할 일이다.

교육에서 더욱 강조되어야 할 것은 구성원의 자격 증명이 함부로 노출되지 않도록 하는 것이다. 개인 사용자들이 외부 웹사이트에서 사용하는 계정과 인증 자격 증명을 이용해서 사이버 범죄자가 자신의 네트워크에 침입할 수 있다. 여러 사이트 접속에 동일한 아이디와 패스워드를 사용하지 않는 것뿐만 아니라, 개인 정보들이 함부로 노출되지 않도록 해야 한다. 시스템도 자격 증명을 보호하는데 역점을 두어야 한다. 계정과 자격 증명을 사용할 수 있는 사람의 지위와 위치를 제한하고, 로컬 장치에서도 자격 증명 보호 기능을 사용한다. 범죄자가 측면 이동이나 권한 상승을 위해 자격 증명을 수집할 기회가 줄일 수 있다.

사이버 범죄에 대한 대비

기업이 사이버 침해를 받으면 피해 규모나, 연관된 다른 조직, 기관, 사회에 미치는 영향도 크다. 큰 사이버 침해를 받은 후 결국 기업이 유지되지 못하거나 경영진이 책임을 지고 교체된 사례도 많다. 미국의 경영 잡지 〈기업 Inc〉는 2018년 랜섬웨어 공격을 당한 기업의 60%가 결국 6개월을 버티지 못했다는 놀라운 조사 결과를 보도했다. 조직의 경영 책임진은 회사 건물에 방범 시스템을 설치하는 것처럼 사이버 방어책을 조직을 보호하기 위한 기본적 투자로 인식해야 한다.

우리나라에서 널리 사용되는 안랩의 V3와 같은 컴퓨터 바이러스 백신은 개인이나 기업, 조직의 전산망에 거의 기본적으로 설치되는 대책 중 하나다. 방화벽(firewall)이라고 불리는 것은 시스템 외부와 연결되는 접속 지점에서, 이미 알려졌거나 잠재적으로 악성일 가능성이 있는 모든 요소에 대해서 모든 컴퓨터 자료(이메일 텍스트, 첨부파일의 내용 등)을 일차적으로 검열해서 걸러낸다. 이것은 회사 정문에 있는 경비실이나 검문소와 비슷하다. 매우 효과적이고 중요한 과정이지만, 경비실이나 검문소와 마찬가지로 악의적이고 고도의 기술을 가진 침투 공격을 모두 막지 못한다.

많은 기업이나 조직이 방화벽과 이보다 높은 단계의 대비책을 거금을 투자해서 구성하고 설치하고 있다. 그렇지만, 이런 시스템이 제대로 작동해서 과연 효과적으로 침입을 탐지하고 방어하고 있는지 제대로 확인하지 않는 경우도 많다. 마이크로소프트사의 365팀은 2023년 미국의 많은 기업이 평균 80여 개의 사이버 보안 툴을 설치하지만, 이들이 조화롭게 제대로 기능을 하도록 하는 것은 또 다른 문제라고 지적한다.

보안은 쫓고 쫓는 추격전이다. 보안 시스템이 제대로 운영되도록 올바르게 설치되지 않았다면 이 점이 바로 해커들이 노리는 시스템의 취약점이 된다. 또 이런 백신과 방화벽은 기본적으로 알려진 웜이나 바이러스, 악성코드를 식별하지만 새로운 변형 수법을 능동적으로 검열하지 못한다. 방화벽을 설치하더라도 고도의 기술을 가진 악의적인 사이버 범죄자들은 이런 방화벽을 우회하는 방법을 찾아낸다. 철조망을 넘어 들어오고, 땅굴을 파기도 하고, 방화벽 자체의 작은 틈을 이용해서 뚫고 들어온다.

2023년 사이버 보안의 키워드는 랜섬웨어 공격이었다. 전 세계적으로 2016년에 비해서 2021년 조직을 표적으로 하는 랜섬웨어 공격이 거의 두배 증가했다고 한다. 휴렛패커드사가 설립한 보안 회사 제르토(Zerto)는 2022년 놀랍게도 미국에서 개인 의료기관의 90%가 랜섬웨어 공격을 받았고, 즉각적인 피해액도 기관별로 수백만 달러에 이르고, 약 44% 이상의 의료기관이 시스템을 회복하는데 일주일 이상 소요되었다고 보고했다. 우리나라도 2023년 초반에 한 대형 종합병원이 분산거부공격으로 거액의 랜섬 요구를 받은 사건이 있었다. 이 의료기관은 다행히 의료 데이터를 별도의 공간에 백업을 해 놓아 부분적으로 방어할 수 있었지만 많은 행정 자료를 다시 회복하는데 큰 노력이 들었다.

2 다단계 인증(Multi-Factor Authentication)

도난당하거나 조합이 허술한 패스워드를 사용하는 엔드포인트나 사용자가 사이버 침해의 시작이 되는 경우가 많다고 여러 차례 강조하였다. 강력한 패스워드가 도움이 되지만, 만능은 아니다. 나쁜 의도를 가진 누군가가 패스워드를 추측하거나 찾아내서 접근한다면 소용이 없다. 최근 하드웨어의 발달은 웬만한 패스워드를 몇 분 내에 찾아낸다. 더욱 안전하게 신원을 확인하기 위해 다단계 인증(Multi-factor authentication, MFA) 절차를 적용한다.

큰 조직도 인증 절차가 허술하여 피할 수 있는 위험에 노출된다. 2024년 1월 미국 증권거래위원회(SEC)에서 비트코인 ETF 상장을 승인한다는 소식이 공식적으로 발표되기 하루 전 SEC의 X(트위터의 후신) 계정을 통해서 먼저 발표되었다. SEC의 계정이 해킹당했고 공식 발표 하루 전에 결정적인 기밀 사항이 새나간 것이다. 이 소식은 미국 증권시장에 엄청난 여파를 주었다. 이어진 SEC 감찰과 FBI의 수사는 SEC가 다단계인증 절차 없이 전화번호만을 이용하는 쉬운 접속 상태여서 기밀을 탐지하려는 자에게 쉽게 접근을 허용했다고 지적했다.

다단계인증은 접속 보안을 크게 강화한다. 직원에게 재택근무를 위해 원격 접속을 제공하려 한다고 하자. 직원이 집으로 가져가는 회사에서 지급한 노트북 컴퓨터에 로그인, 하드웨어 키, 지문 스캔 등을 할 수 있는 시스템을 설정해 놓는다. 직원 집의 IP 주소도 등록이 되어 직원이 재택근무를 할 때, 기기의 시리얼 번호, 접속하는 위치와 IP 주소 등으로 다단계 인증을 사용해서 접속을 허용한다. 집이 아닌 다른 와이파이 네트워크에서 작업 요청을 하면 회사가 여러 단계의 인증을 요구할 수도 있다.

또 다른 예를 보면, 어떤 병원이 모든 직원이 병원에서 근무하는 동안은 시스템과 환자 데이터에 접근하는 것을 허용하고자 한다면, 병원은 근무 중인 직원이 액세스할 수 있도록 해주는 근접식 명찰 배지를 제공한다. 교대 근무를 시작할 때 직원은 중앙 시스템에 로그인하고 배지를 이용해서 시스템에 접속할 수 있다. 근무하는 동안에는 추가 로그인 없이도 배지를 한 번 갖다 대는 것만으로도 모든 시스템에 액세스할 수 있다. 교대 근무가 종료되면 이러한 단일단계 인증으로 접속할 수 있는 권한이 종료된다. 이를 통해 배지 분실이나 도난으로 인한 무자격자의 불법 접속 위험을 최소화할 수 있다.

다단계 인증 방법은 이미 일상의 인터넷 접속에도 많이 활용되고 있다. PC에서 어떤 웹사이트에 로그인할 때 아이디와 패스워드를 확인한 후, 휴대 전화로 연결되어 확인할 수 있는 몇 자리 숫자 등을 입력해야만 접속이 허용되는 방식이 모두 다단계 인증 개념이다.

이런 식의 인증 방법은 아이디와 패스워드가 도난당한 경우에도, 계정에 액세스하려면 개인에게 매우 특이하고 구체적인 요소를 확인하는 추가적인 자격 증명을 통과해야 하기 때문에 계정을 보다 안전하게 보호할 수 있다. 이는 올바른 패스워드를 알고 있는 사람일 뿐만 아니라 추가적인 정보로 자신이 계정의 진정한 소유자인 것을 확인하는 높은 수준의 보안 방식이다. 사용자에게 패스워드와 더불어 이메일로 전송된 코드 입력, 보안 암호 질문에 응답, 지문 스캔 등을 요청할 수 있다.

다단계 인증은 보안 위험을 현저히 줄인다. 조직은 다단계 인증 시스템을 적용하면 의심스러운 로그인 시도를 더욱 더 잘 감지하고, 적극적으로 알림을 전송할 수 있다. 다단계 인증을 통해 조직은 데이터를 보호하고, 온라인 상호작용과 거래를 안전하게 진행할 수 있다. 다단계 인증법은 권한이 있는 사용자에게는 빠르고 편리한 액세스를 제공한다.

다단계 인증에 무엇이 필요한가?

다단계 인증의 구체적인 방법은 각 계정 유형이나 애플리케이션에 따라 다양하다. 다단계 인증을 위해 계정의 아이디, 패스워드와 함께 흔히 사용되는 요소는 크게 세 가지가 있다.

- **사용자가 가지고 있는 것:** 이는 추가 자격 증명을 위해 사용자가 물리적으로 가지고 있는 것을 말한다. 휴대전화, 보안 토큰, 디스플레이 카드, 하드웨어 키, 보안 키와 같은 물리적 장치다. 이메일 계정, 인증 앱과 같은 디지털 자산도

이에 해당한다. 사용자는 이를 이용해서 한 번만 사용할 수 있는 "일회용 패스워드(one-time password, OTP)나 PIN을 생성해서 제시하도록 요구받는다

- **사용자가 알고 있는 고유한 지식**: 이는 계정 소유자만이 아는 정보를 말한다. 예를 들면, 일련의 보안 관련 질문이나 PIN에 대한 답변 등이다. 주소, 생년월일, 어머니의 이름이나 졸업한 초등학교와 같은 당사자만이 잘 알 수 있는 내용을 사전에 등록하고, 인증할 때 질문과 답을 비교해서 확인한다. 보안 토큰 등으로 생성된 OTP나 PIN도 사용자만이 알 수 있는 지식이라고도 볼 수 있다.
그러나 이러한 방법도 한계가 있다. 다른 사람이 이 비밀 정보를 모를 때까지만 안전하다. 범죄자가 사용자의 개인 이력을 조사하거나 사용자를 속여 해당 정보를 알아낼 수 있다. 그래서 사이버 공간에 자신에 관한 정보가 알려지는 것은 잠재적으로 해커에게 이용될 위험이 있다. 핀 코드 역시 가능한 모든 몇 자리 숫자 조합을 추측하는 무차별 대입 방법을 사용하면 알아낼 수 있다.
- **사용자의 생체 인식**: 이는 계정 소유자 자신만이 천부적으로 가진 것을 이용하는 것이다. 지문이나 망막 스캔, 음성이나 얼굴 인식, 키 입력(keystroke dynamics) 패턴 인식과 같은 방식이 있다. 이를 적용하기 위해서는 사용자가 등록할 때 이런 정보를 패스워드와 함께 수집하고 저장해 놓아야 한다. 또 조직은 이 암호와 생체 인식 정보를 보호해야 하는 의무가 있다. 그러나 사용자 중에는 생체 신호를 사용하는 것이 개인 정보를 침해하는 것이라고 느끼는 사람도 있다.
- **사용자의 위치와 사용 기기 특성**: 등록되고 인증된 기기와 허가된 위치에서 접속을 시도하는 것인지 확인한다. 기기의 시리얼넘버를 입력하거나, 접속해 오는 IP 주소가 등록된 곳에서 발신되는 것인지를 확인한다.

다단계 인증의 실제

이미 많은 시스템이 다단계 인증을 사용하고 있다. 이 사이트에 로그인할 때마다 다단계 인증 프로세스를 거쳐야 하기도 하고, 일부 금융 및 의료 기관에서는 며칠마다 인증을 요청하기도 한다. 구글 등의 사이트는 사용자가 새 기기에서 로그인할 때마다 다단계 인증을 시작한다.

하드웨어 토큰(Hardware Tokens)

이것은 다단계 인증의 가장 오래된 형태 중 하나다. 이 토큰은 보통 작은 전자 장치로 일정한 시간 또는 주어진 조건에 따라 새로운 숫자 코드를 생성한다. 이 숫자를 이용해서 계정에 액세스할 수 있는 자격을 확인한다. 또 다른 형식은 컴퓨터의 USB 포트에 연결하는 장치도 있다. 하드웨어 토큰은 비용이 많이 들고 분실할 위험도 있어서, 많은 조직이 인증 앱 시스템을 사용한다.

SMS 문자 또는 음성 메시지(SMS Text or Voice Message)

이 방식은 다단계 인증을 위해서 사용자의 개인 휴대전화를 이용한다. 흔히 쓰이는 방식으로, 사용자 이름과 비밀번호를 입력한 후 웹사이트에서 사용자에게 고유한 일회용 패스워드를 받기 위해 문자 메시지나 전화 통화를 원하는지 물어본다. 그리고 전화기를 통해 받은 비밀번호가 두 번째 확인 요소가 된다. 이는 매우 널리 사용되는 다단계 인증 방법이다.

인증 앱(Authentication App)

이런 앱도 여러 다른 앱이나 서비스와 함께 사용할 수 있기 때문에 널리 쓰인다. 사용자가 다운로드하고 이를 지원하는 모든 웹사이트나 앱과 함께 사용할 수 있다. 로그인 과정 중에 사용자는 사용자 이름과 비밀번호를 입력하면, 다음으로 별도의 인증 앱에서 검색된 확인 코드를 입력하라는 메시지가 표시된다.

푸시 알림(Push Notifications)

최근 일부 웹사이트와 앱에서는 일회용 비밀번호를 사용하는 대신 사용자에게 로그인 시도가 이루어지고 있다는 푸시 알림을 보내기도 한다. 구글, MS나 페이스북이 이런 푸시 메시지를 보낸다. 사용자는 여기에 대해서 로그인을 확인하거나 거부할 수 있다.

적응형 다단계 인증이란 무엇인가?

적응형 다단계 인증은 사용자 정보를 사용하면서 인증할 때 정해진 정책에 따라 어떤 인증 요소를 적용하는지 결정한다. 조직은 접속을 요구하는 사용자에게 요구하는 보안 사항을 가변적으로 조정한다. 예를 들어, 적응형 인증 솔루션은 다음과 같은 상황에 따른 다른 사용자 정보를 사용하면서 사용자 인증 단계를 동적으로 추가하거나 감소시킬 수 있다.

- 로그인 시도 실패 횟수
- 사용자의 지리적 위치
- 연속적인 로그인 시도가 일어난 위치 사이의 지리적, 물리적 거리
- 로그인에 사용되는 디바이스
- 로그인 시도 날짜 및 시간
- 운영 체계
- 소스 IP 주소
- 사용자 역할
- 생체 신호

적응형 인증 솔루션에 인공지능과 기계학습 기술을 적용해서 접속 동향을 분석할 수 있고, 시스템에 접근하는 의심스러운 활동을 자동으로 식별할 수도 있다. 이런 솔루션은 사용자의 활동을 모니터링하면서 패턴을 식별하고 사용자의 프로파일을 설정한다. 이를 토대로 다음과 같은 비정상적인 동작을 감지한다.

- 비정상적인 시간에 로그인 시도
- 비정상적인 위치에서 로그인 시도
- 알 수 없는 디바이스에서 로그인 시도

어떤 인공지능 시스템은 의심스러운 이벤트에 위험 점수를 할당하고 비즈니스 정책에 따라 다중 인증 요소를 실시간으로 조정한다. 예를 들어, 해당 행동이 낮은 위험도로 분류된 경우 사용자는 사용자 이름과 암호만으로 로그인할 수 있지만, 중간 위험도의 행동에는 SMS 코드를 입력해야만 하고, 높은 위험도의 행동일 경우 사용자의 액세스가 전면 거부된다.

3 CEO도 알면 좋은 보안 솔루션

사이버 공격에 어떻게 대비해야 하나? 사이버 보안은 끝없이 쫓고 쫓기는 경쟁이고, IT 기술, 사회공학, 인공지능이 이 혼합된 치열한 싸움터다. 많은 경영자가 구체적인 사이버 보안 대책에 대해 불안감을 가지고 있다. 우리 회사에는 값비싼 방화벽을 설치했으니 괜찮을 것으로 생각하고 싶겠지만, 그것만으로 충분하지 않은 경우도 많다는 것도 알고 있다. 조직의 성격과 규모와 보안 정책에 적정하고 충분한 보안을 제공하는 보안 솔루션에 대해서 CEO도 기본 지식을 가지고 정책 결정을 하는 것이 좋을 것이다.

보안 솔루션 도입만으로 조직의 보안 수준이 확보되는 것은 아니지만, 적절한 보안 솔루션은 조직의 보안 위험을 상당히 줄인다. 경영자가 IT 기술에 기반한 솔루션들의 종류와 기본적 특성을 이해한다면 효과적인 정책 판단을 할 수 있을 것이다.

공격자가 네트워크에 침투하는 과정은 일련의 비슷한 단계를 가진다. 범죄자는 정찰 단계에서 발견된 취약점을 이용해 시스템에 침투하고 거점을 확보한다. 그리고 시스템 안에서 측면과 심부로 확산하고 시스템을 장악한 뒤 데이터를 갈취하는 악성 공격을 한다. 어떤 경우는 은밀하게 목적을 달성한 뒤, 공격 대상이 전혀 의심하지 않게 하면서 사라지기도 한다.

이런 단계마다 대응하기 위한 사이버 보안 수단을 살펴보자.

사이버 보안의 방법론

보안 솔루션 시스템을 다음과 같이 구분할 수 있다.

사이버 보안 도구

단계	시스템	사례	
정찰 단계			
접속 단계		방화벽:시스템 / PC	
		바이러스 백신	
		인증 시스템	아이디, 패스워드, 다단계 인증
		분산서비스거부 공격 탐지 시스템	
침입 / 확산	침입 탐지 시스템	1. 호스트 침입 탐지 시스템(HIDS)	
		2. 네트워크 침입 탐지 시스템(NIDS)	
		a. 오용 탐지 방식: 서명 기반	
		b. 이상 탐지 방식: 이상 현상 기반	
		c. 인공지능 탐지 방식	
		d. 면역 침입 탐지	
	침입 방지 시스템	네트워크 침입 방지 시스템(NIPS)	
		네트워크 행동 분석(NBA)	
		호스트 침임 방지 시스템(HIPS)	
	기타	VPA, VLAN, NAC, DRM, DLP 등	

접속 단계

1) 방화벽(Firewall)과 백신

방화벽은 네트워크 보안을 위한 기본적 방법으로 외부와 내부 네트워크 사이를 지나는 패킷[18]을 미리 정한 규칙에 따라 차단하거나 허용하고 보내주는 기능을 하는 하드웨어나 소프트웨어를 말한다. 네트워크의 입구에서 바이러스, 웜 등의 사이버 공격을 막는 네트워크 방화벽, 개별 PC를 보호하는 PC 용 방화벽도 있다.

PC 방화벽은 사이버 공격으로부터 PC를 보호한다. 이는 PC 내부로 유입되는 패킷뿐만 아니라 나가는 패킷도 모두 확인하고 사용자에게 네트워크 패킷의 적절성 여부를 묻는다. 윈도우의 파일 공유처럼 취약점에 잘 노출되는 서비스를 기본으로

18 패킷(packet)은 정보 기술 분야에서 컴퓨터 간에 데이터를 주고받을 때 네트워크를 통해서 전달되는 데이터의 조각을 말한다.

차단하기도 한다. 최근의 윈도우 운영체제는 기본적으로 PC 방화벽을 제공하고 있다.

방화벽은 패킷이 설정된 규칙에 적합하면 통과하고 그렇지 않은 접속은 거부한다. 메일이나 첨부 파일에 바이러스나 웜이 있는 것도 판단한다. 그리고 허용되거나 차단된 모든 접근에 대한 기록을 유지한다. 이는 출입구에서 모든 통행자의 명단을 작성하는 것과 같다.*만약의 경우 사고가 발생했을 때, 이 기록을 확인하고 추적을 할 수 있다. 또한 방화벽은 인증 기능도 수행한다. 사용자 인증은 패스워드를 이용한 단순한 인증부터 OTP, 토큰 기반 인증 등 높은 수준의 인증까지 가능하다.

그러나 방화벽만으로는 보안을 유지하는 데 한계가 있다. 바이러스는 첨부 파일 등을 통해 감염되기도 해서 방화벽이 영향을 미치기 어렵고, 일부 웜은 막을 수 있지만 정상적인 서비스 포트에 대해 웜이 공격을 시도할 때는 막기 어렵다.

백신은 PC 또는 서버에 설치되어 시스템의 바이러스를 탐지한다. 우리나라의 대표적인 백신 프로그램은 안랩이 제공하는 V3다. 요즈음의 백신 프로그램은 시스템에 상주하면서 바이러스나 웜이 구동하면 실시간으로 탐지하여 제거하는 형태로 운영되고 있다. 백신은 바이러스나 웜, 인터넷으로 유포되는 악성코드까지 탐지하고 제거할 수 있다. 하지만 고도의 기술을 가진 해커는 이를 우회한다.

방화벽이 사이버 보안에서 매우 중요하고 기본적인 시스템이지만 실제로 방화벽이 차단할 수 있는 해킹 공격은 30% 정도에 불과하다고 한다. 그래서 PC를 사용할 때 윈도우 방화벽을 설치해도 악성코드에 감염될 수 있다. 그래서 PC는 바이러스 백신으로 이상 활동을 차단하는데, 네트워크에서는 아래에서 설명하는 침입 탐지 시스템 (intrusion detection system, IDS)이 PC의 백신과 유사한 역할을 한다.

2) 인증 시스템

휴대 전화나 PC에서 접속할 때 패스워드를 묻듯이 이 요청이 정당하고 정상적인 접속인지를 확인하기 위한 절차다. 사용자로부터 아이디. 패스워드, 지문이나 얼굴과 같은 생체 신호, 스마트 키나 카드, 신분증 등의 몇 가지 요소를 확인한다. 이런 요소들이 각각 독립적으로 또는 서로 결합되어 이용된다.

■ **단일인증시스템**(Single Sign On, SSO)

업무를 위해서는 시스템 안의 여러 곳, 예를 들면, 즉, 서버 1, 서버 2, 서버 3 등에 접속하게 되는데, 다른 곳, 다른 단계에 접속할 때마다 정확한 인증을 통과해야 하는 것이 바람직하지만, 사용자의 불편이 크다. 그래서 인증을 한 번에 총괄적으로 하는 시스템도 사용한다.

단일인증시스템(Single Sign On, SSO)은 모든 인증을 하나의 시스템에서 수행하는 것으로, 한 시스템의 인증에 성공하면, 다른 시스템의 접근 권한도 모두 얻게 된다. 윈도우 서버에 이용되는 커베로스 시스템[19]이 그런 예다.

이 시스템의 약점은 당연하게도 일단 최초 인증 과정을 통과하면, 모든 서버나 사이트에 접속할 수 있다는 점이다. 이를 보완하기 위해서 중요 정보에 접근할 때에는 지속적으로 인증을 요구하도록 할 수도 있다. 지속적 인증은 웹사이트에서 패스워드를 바꿀 때나 어떤 내용을 수정하려 할 때 다시 패스워드를 묻는 것처럼 최초 인증을 통과한 후에도 재인증에 그전의 정보를 요구하기도 한다. 접속 후 일정 시간이 지나면 재인증 절차를 요구하도록 디자인할 수도 있다.

■ **다단계 인증 시스템**(Multifactor authentication, MFA; 2-Factor Authentication, 2FA)

아이디, 패스워드 외에 다른 확인 요소를 별도의 수단을 통해서 확인하는 것이다. 앞장에서 설명하였다.

침입 탐지 시스템(Intrusion Detection System)

침입 탐지 시스템(intrusion detection system, IDS)은 네트워크에 들어오는 공격을 탐지하는 장비다. 바이러스 백신 소프트웨어부터 전체 네트워크의 트래픽을 추적하는 계층형 모니터링 시스템에 이르기까지 다양한 시스템이 있다. 방화벽 시스템이 확인하기 어려운 내부의 해킹이나 악성코드 활동을 탐지한다. 방화벽이 출입구를 지키는 보안

19 커베로스는 고대 그리스 신화에서 지옥문을 지키는 머리가 셋 달린 개의 이름이다. 세 개의 머리가 각각 클라이언트, 서버, SSO를 가리키는 셈이다.

요원이라면, 침입 탐지 시스템은 돌아다니며 순찰하는 보안 요원과 같다.

침입 탐지 과정은 문자 그대로 전산망의 트래픽을 모니터링하면서 이상 데이터가 나타나면 이를 알려주고 경고하는 것이다. 수집한 데이터를 필터링하면서 이상 현상이 나타나면 이를 알려주고 경고 신호를 보낸다. 그 과정을 조금 세분해 보고 적용되는 기술 개념을 간단히 살펴본다.

1) 데이터 수집과 필터링 단계

호스트 기반의 침입 탐지 시스템(Host-based Intrusion Detection System, HIDS)과 네트워크 기반의 침입 탐지 시스템(Network-based Intrusion Detection System, NIDS)로 구분한다.

호스트 기반 침입 탐지 시스템은 중요한 운영 체제에 설정된 사용자 계정에 따라 어떤 사용자가 어떤 접근을 시도하고 어떤 작업을 했는지에 대한 기록을 남긴다. 네크워크와의 연계성이 낮아 전체 네트워크에 대한 침입 탐지가 불가능하고 비용이 많이 드는 편이다. 네트워크 기반 침입 탐지 시스템은 네트워크에서 하나의 독립된 시스템으로 운영되면서 들어오는 네트워크 트래픽을 분석한다. 이 시스템은 네트워크 전반에 대한 감시를 할 수 있고, 감시 영역이 상대적으로 크다. 그리고 이 시스템은 IP 주소를 할당받지 않기 때문에 해커의 네트워크 스캔에 발견되지 않아 은밀하게 감시할 수 있는 장점이 있다. 그러나 네트워크 카드 등의 하드웨어적 한계로 고속 네트워크에서는 모든 패킷을 검사하기 어렵다. 이들은 서로 장단점이 있어 보통 상호보완적으로 사용한다.

2) 침입 탐지 기법

침입 탐지 기법은 크게 오용 탐지(misuse detection)과 이상 탐지(anomaly detection)로 나뉜다.

오용 탐지 방식: 서명(signature) 기반 IDS라고도 한다. 이미 발견되고 알려진 공격 패턴을 입력해 두었다가 이에 해당하는 패턴이 감지되면 알려 주는 것이다. 이 시스템은 알려진 공격을 쉽게 탐지할 수 있지만 새로운 공격을 탐지하는 것은 불가능하다. 이 기법은 따라서 비교적 오탐률이 낮고 효율적이지만, 알려진 공격 외에는 탐지할 수 없고, 대량 데이터를 분석하는 데는 부적합하며 어떤 순서로 공격이 들어왔는지에 대한 정보를

얻기 어렵다.

이상 탐지 기법: 이상(anomaly) 기반 IDS라고도 한다. 멀웨어가 폭발적인 증가함으로 인해 미처 알려지지 않은 공격을 탐지하기 위해 설계된 최신 기술이다. 이것은 정상적이고 평균적인 상태를 기준으로 했을 때에 비해 상대적으로 급격한 변화를 일으키거나 확률이 낮은 현상이 발생하면 이를 알려 주는 것이다. 이 기법을 이용해서 정량적 분석, 통계적 분석 등이 이용되며, 인공지능 기술과도 결합할 수 있다. 이는 합법적인 활동이 악성으로 분류되는 오류가 생길 수 있다.

최근 인공지능 기술을 접목한 면역 탐지 시스템도 개발되고 있다. 면역 침입 탐지 시스템은 새로운 공격을 당하면 그 공격에 대해서 스스로 학습하여 다시 그 공격이 발생할 때 대응하지만, 재설치를 하면 처음 상태로 되돌아가는 큰 단점이 있다.

침입 방지 시스템(Intrusion Prevention System)

침입 탐지 시스템은 기본적으로 침입이 발생했을 때 이를 조기에 알려 주는 것이다. 과거에는 침입에 대해서 능동적인 기능이 없이, 공격 의심 상황이 발생하면 관리자에게 알람을 해 주는 정도였다. 최근 침입자의 공격을 역추적하여 침입자의 시스템이나 네트워크를 사용하지 못하도록 하는 능동적인 추적과 대응 기능을 탑재한 툴을 침입 방지 시스템(Intrusion Prevention System, IPS)이라고 한다.

비교해 보자면, 방화벽은 IP 주소 또는 포트에 의한 네트워크 공격을 차단할 수 있지만, 응용 프로그램 수준의 공격과 새로운 패턴의 공격에 대한 적응력이 무척 낮고 실시간 대응을 하지 못한다. 침입 탐지 시스템은 실시간 탐지는 가능하지만, 대응책을 제시하지 못한다. 지금은 공격의 속도가 매우 빨라져 방화벽과 침입 방지 시스템만으로는 악의적인 해킹이나 바이러스, 웜의 공격을 막기 어렵다. 침입 방지 시스템은 공격에 대한 능동적인 분석과 차단을 수행한다.

소프트웨어의 취약점이 알려지면, 웜이나 바이러스 침투, 해킹 공격의 표적이 될 수 있다. 과거에는 이런 공격이 일어날 때까지 수개월 이상이 걸렸지만, 지금은 오전에 소프트웨어의 취약점이 알려지면 24시간 내에 이를 공격하는 웜이 떠돌기도 한다.

취약점이 알려진 날을 제로데이(zero day)라고 하고 이런 상태에서 취약점의 패치가 되기 전까지의 기간에 이 소프트웨어의 취약점을 이용해서 공격하는 것을 제로데이 공격(zero day attack, ZDA)라고 한다. 그래서 시스템 운영자가 바이러스 퇴치 프로그램을 모두 설치했더라도 새로운 웜이나 바이러스가 네트워크에 떠돌면 이에 대한 백신이 발표되기 전까지 공격을 받아 서비스가 마비되는 상황이 발생할 수 있다.

침입 방지 시스템은 어떻게 웜을 막는 것일까? 이는 침입 탐지 시스템과 방화벽의 조합이다. 침입 탐지 기능을 수행하는 모듈이 패킷 하나하나를 검사하여 분석하고, 정상적이지 않으면 방화벽의 모듈로 이 패킷을 차단한다. 하지만 웜이나 악성 코드의 종류가 많아지고 공격 기술이 다양해지면서 코드나 패킷 분석으로 탐지해서는 공격을 막기가 어려워졌다. 모든 유형의 패턴을 등록하고 차단할 수는 없기 때문이다. 그래서 침입 방지 시스템에 가상 머신(virtual machine)을 이용한 악성코드 탐지 개념을 도입하여 적용하고 있다.

가상 머신을 이용한 탐지는 네트워크에서 확인되는 실행 파일, 악성코드와 같은 형태나 공격으로 보이는 패킷 등을 분석하지 않고, 침입 방지 시스템에 내장된 가상 머신에 보내 그대로 실행시키는 것이다. 즉 가상 머신에서 실행된 코드나 패킷이 키보드 해킹이나 무차별 네트워크 트래픽 생성 등 악성코드와 유사한 동작을 보이면 해당 패킷을 차단한다.

침입 방지 시스템은 일반적으로 방화벽 다음에 설치한다. 방화벽이 네트워크 앞부분에서 불필요한 외부 패킷을 한 번 걸러주어 침입 방지 시스템이 더 효율적으로 검사를 할 수 있도록 한다. 최근에는 방화벽 없이 침입 방지 시스템만 설치하기도 한다.

물리적 통제 감시 장비

든든한 사이버 보안을 위해서는 사람과 물품의 출입을 감시하기 위한 감시 카메라, 엑스레이 검사기, 금속 탐지기, 보안 스티커 등과 같은 물리적 방어 수단도 중요하다. 물리적 환경에서의 보안 미비가 사이버 보안에도 큰 취약점이 될 수 있기 때문이다.

기타 보안 솔루션들

Virtual Private Network, VPN

가상사설망(Virtual Private Network, VPN)는 방화벽, 침입 탐지 시스템과 함께 사용되는 가장 일반적인 보안 솔루션 중의 하나로, 인터넷 회선을 전용 임대 회선처럼 사용할 수 있게 해주는 솔루션이다.

많은 조직이 내부에 업무 내용이 외부로 유출되지 않게 하려고 인터넷과는 구분된 별도의 전용 임대 회선(leased line) 을 사용하는데, 그러나 임대 회선은 비용이 비싸고, 조직이 여러 곳에 분산되어 있다면 그 비용 부담도 상당히 커진다. VPN은 사용자가 접속하고자 하는 사이트에 사용자 IP 주소가 아닌 VPN 업체에서 제공하는 IP 주소를 이용해 접속한 후 VPN 업체가 다운로드 받은 자료를 사용자에게 전달하는 방식이다.

VPN은 암호화 과정 등을 통해 전용 임대 회선과 비슷한 수준의 기밀성도 제공한다. 외부에서는 내부 VPN 장비의 인증을 거친 후 시스템에 접속한다. 이렇게 하면 네트워크 트래픽이 암호화되고, 어 사용자는 VPN 인증과 함께 방화벽을 통한 서비스 통제, 접근 대상 서비스 인증을 거치므로 임의 접근보다 훨씬 높은 수준의 보안을 유지할 수 있다.

VLAN(Virtual Local Area Network), NAC(Network Access Control)

VLAN은 네트워크를 작은 네트워크로 나누고 제한을 두면서, 각 네트워크를 접근 통제가 가능하도록 한다. 웜과 같은 악성코드가 발생했을 때에도 범위를 제한할 수 있다.

NAC은 IP 관리 시스템에서 발전한 솔루션으로 내부에서 접근 제어와 인증을 할 수 있다.

디지털 권리 관리 시스템(Digital Right Management, DRM)

이것은 문서 보안에 초점을 둔 기술로 업무에 사용하는 대부분 문서의 열람, 편집, 인쇄에 접근 권한을 설정하여 통제한다. 운영체제에 DRM 모듈을 설치해서 사용할 수 있다.

DRM 모듈은 응용 프로그램이 문서를 작성하여 하드 디스크에 저장할 때 이를 암호화하여 기록한다. 응용 프로그램에서 하드 디스크에 암호화되어 저장된 파일을 읽을 때에도 문서를 읽으려는 자가 자격이 있는지 확인 후 이를 복호화하여 응용 프로그램에 전달한다.

DRM 모듈로 운영되는 시스템의 하드 디스크는 도난을 당해도 파일이 암호화되어 저장되므로 보안상 위험이 적다. DRM 인증 체제는 인증서를 사용하는 경우가 많다. 각 개인이 인증서를 가지고 하나의 문서를 읽거나 편집할 때 그 인증서를 통해 권한을 확인하는 것이다. 따라서 관리자는 각각의 인증서에 대해 권한을 설정함으로써 문서의 접근 권한을 통제할 수 있다. DRM 기술은 첨단 지식 관련 산업이나 높은 보안성을 요구하는 정부 기관에서 주로 사용한다.

DRM의 가장 큰 단점은 업무 불편성과 비용이다. 또, DRM 사용 시 높은 CPU 점유율이 높아 다른 프로그램과 충돌이 발생하기도 한다.

스팸 필터 솔루션

이 솔루션은 메일 서버보다 더 앞서 위치하여 서비스거부 공격이나 폭탄 메일, 스팸 메일을 차단할 수 있다. 또 전송되는 메일의 바이러스를 확인할 뿐만 아니라 내부에서 외부로 전송되는 메일의 본문 검색 기능을 통해 내부 정보 유출도 방지할 수 있다. 이는 메일의 헤더, 제목, 본문, 첨부 파일을 필터링할 수 있다.

디지털 기밀 유출 방지 시스템(Digital Leak Prevention System, DLP)

정보의 유출 방지를 위한 사용자 수준의 도구들을 총칭한다. 흔히 USB 메모리 장치, CD 등을 통한 유출을 제어한다.

또한 블루투스, LTE 등 통신 인터페이스가 다양해지면서 통신 라인을 통한 정보 유출을 막는 솔루션도 등장했다. 방해 전파 발생기의 원리를 쓰는 툴도 있는데, 실효성은 아직 의문점이 있다. 따라서 통신 인터페이스가 포함된 단말 장치의 반입을 금지하거나 업무용 단말 장치는 통신 인터페이스를 제거하고 사용하는 것이 현재 일반적인 방책이다.

4 사이버 보안 관리 시스템의 인증 체계

조직이 사이버 보안 관리를 위해 갖추도록 권고되는 요건과 이에 대한 수준을 평가해서 이를 인증해 주는 시스템이 있다.

세계적으로 잘 알려진 정보보안관리 인증 시스템은 ISO/IEC 27001이다. 이것은 국제표준화기구(ISO: International Organization for Standardization)와 국제전기기술위원회(IEC: International Electrotechnical Commission)에서 제정한 정보 보호 관리 체계에 대한 국제 표준이자 정보보호 분야에서 가장 권위 있는 국제 인증 시스템이다. 이 기준은 모든 규모의 조직에 정보 보안 관리 시스템을 구축, 구현, 유지 및 지속적해서 개선하기 위한 지침을 제공한다.

유럽연합(EU)도 2018년부터 데이터 보안과 관리를 목적으로 일반데이터보호규정(General Data Protection Rule, GDPR)을 적용하고 있다. 이 기준은 기업에서 데이터 보호 책임자를 지정해야 하고, 보안 침해가 있을 때 이를 알릴 의무가 있으며, 데이터를 익명화하기를 요구한다. 그리고 당사자의 동의가 있을 때에만 데이터를 처리할 수 있다. EU 내에서 사업을 운영하는 모든 기업은 이를 준수해야 한다. 이 규정에 따라 고객의 데이터를 보호하지 못한 기업에 전체 매상의 4%까지 이르는 벌금을 부과한다.

우리나라는 과학기술정보통신부에서 기관과 기업이 정보 보호 관리체계를 수립하고 정보 보호 활동을 지원하기 위한 표준으로 정보보호관리체계(Information Security Management System, ISMS) 인증 제도를 운영하고 있다. 이 제도는 법이 정한 일정 규모 이상의 기업 / 기관은 반드시 인증을 받도록 요구한다.

ISMS와 ISMS-P

현재 우리나라의 정보 보안을 위한 인증은 ISMS와 ISMS-P의 두 가지가 있다. ISMS는 〈정보보호관리체계인증〉으로 정보 보호를 위한 일련의 조치와 활동을 인증하며, ISMS-P는 〈정보보호 및 개인정보보호 관리체계 인증〉으로 정보보호 영역과 개인정보의

인증기준항목

인증		구분	인증기준 분야별 개수	
ISMS-P (102)	ISMS (80)	1. 관리체계 수립 및 운영(16)	1.1 관리체계 기반 마련(6)	1.2 위험관리(4)
			1.3 관리체계 운영(3)	1.4 관리체계 점검 및 개선(3)
		2. 보호대책 요구사항(64)	2.1 정책, 조직, 자산관리(3)	2.2 인적보안(6)
			2.3 외부자 보안(4)	2.4 물리보안(7)
			2.5 인증 및 권한 관리 (6)	2.6 접근통제(7)
			2.7 암호화 적용(2)	2.8 정보시스템 도입 및 개발 보안(6)
			2.9 시스템 및 서비스 운영관리(7)	2.10 시스템 및 서비스 보안관리(9)
			2.11 사고 예방 및 대응(5)	2.12 재해복구(2)
		3. 개인정보 처리단계별 요구사항(22)	3.1 개인정보 수집 시 보호조치(7)	3.2 개인정보 보유 및 이용 시 보호조치(5)
			3.3 개인정보 제공 시 보호조치(4)	3.4 개인정보 파기 시 보호조치(3)
			3.5 정보주체 권리보호(3)	

※ 인증기준 및 세부점검항목 상세내용은 홈페이지(https://isms-p.kisa.or.kr) ISMS-P 자료실에서 확인 가능

흐름을 모두 인증하는 시스템이다.

이 인증제도는 정보통신망법과 전기통신사업법에 따라 인증을 의무적으로 취득해야 하는 대상 기업과 기관을 규정한다. 인증 의무 대상은 「전기통신사업법」 제6조제1항에 따른 허가를 받은 자로서 서울특별시 및 모든 광역시에서 정보통신망서비스를 제공하는 자, 「정보통신망법」 제46조에 따른 집적 정보통신시설 사업자, 그리고 연간 매출액 또는 세입이 1,500억 원 이상인 상급종합병원이나, 재학생 수가 1만 명 이상인 학교, 일반 기업으로 정보통신 서비스 부문 전년도 매출액이 100억 원 이상인 기업, 전년도 직전 3개월간 정보통신 서비스 일일 평균 이용자 수가 100만 명 이상의 기업이 의무 대상자에 포함된다.

위에 정의된 인증 의무 대상 기관은 ISMS와 ISMS-P 인증 중 하나를 선택하여 인증 심사를 받으면 된다. 의무 대상 기관에 해당하지 않아도 정보보호 및 개인정보보호

관리체계를 구축 · 운영하는 기업 · 기관은 자발적으로 이 인증을 받을 수 있다. 심사 항목으로 ISMS는 80항목, ISMS-P는 개인 정보 영역이 추가되어 102항목으로 구성되어 있다[표 참조].

조직이 방화벽과 백신을 설치하고, 전산 모니터링 시스템을 갖추었다고 사이버 방어 숙제를 마친 것으로 생각하면 큰 오산이다. 악의적인 해커는 기업의 사이버 방어 시스템을 염탐하고, 새로운 방법으로 이를 우회하고 넘어들어온다. 인증 제도는 기관이 갖추어야 할 정보보안 시스템의 최소 권고 사항이고, 이 권고 사항 준수를 확인하는 것이다.

지난해 우리나라의 유명 온라인 서비스 업체가 ISMS 인증을 받고 불과 6개월 뒤에 매우 심각한 랜섬웨어 공격을 받은 사건이 있었다. 이 기업은 사이버 공격으로 받은 직접 피해에 더해 복구 비용, 그리고 계량하기 어려운 사회적 신뢰 상실 비용을 감수해야 했다. 여기에 더해 이 업체에 대량의 개인정보 유출의 책임을 물어 수십억 원의 과징금도 부과되었다.

ISMS 인증이나 이에 준하는 수준을 수립하는 것은 사이버 보안에 최소한의 대비가 되었다는 뜻이다. 조직은 공식적인 인증을 받지 않더라도 이 지침이 확인하는 항목들을 조직에 적합하게 적용하고 수립하는 것을 보다 안전한 사이버 보안을 위해서 추진해야 한다. 다음 장에서 실제로 사이버 보안을 점검하는 방법을 살펴본다.

보안 표준 체계

사이버 보안의 범위는 매우 넓다. 사이버 생태계를 이루는 모든 영역이 보안의 대상이다. 보안의 대상은 조직의 전산망과 이와 연결된 여러 ICT 시스템, 일상적으로 사용하는 스마트폰, 스마트홈 기기, 자동차도 포함된다.

우리가 매일 사용하는 스마트폰을 예로 들어본다. 스마트폰의 보안 설정에 보면 수백 개의 CA(Certificate Authority, 인증 기관) 인증서를 확인할 수 있다. 이러한 CA 인증서는 대부분 PKI(Public Key Infrastructure, 공개 키 기반 구조)를 바탕으로 한다. 그러나 웹사이트, 이메일, VPN 등 다양한 디지털 서비스의 안전한 통신을 보장하기 위해 널리 사용되는 PKI 기반 인증 기술에도 한계와 취약점이 있다. 인증 기관(CA) 자체가 해킹되거나 손상되면 악의적인 인증서가 발급될 수 있고, 해지된 인증서가 즉시 무효화되지 않는 문제가 있다. 또한, 암호화 알고리즘이 시간이 지남에 따라 취약해질 수 있고, 개인 키 관리의 어려움도 존재한다. 이런 위험에 대비하기 위해 스마트폰의 소프트웨어와 앱을 항상 최신 상태로 유지하고, 신뢰할 수 없는 출처의 앱 설치를 피하며, 다단계 인증을 활용하는 것이 중요하다.

ICT 기기 간의 상호 운용성을 보장하고, 데이터를 안전하게 보호하기 위한 여러가지 국제적인 보안 표준이 제시되었다. 2024년 7월 현재 스마트폰, 스마트홈, 로봇, 자동차 및 AI와 관련된 주요 국제 표준으로 FIDO[20] 표준, Matter 표준, CCC 표준, C2PA 표준 등이 있다. 자세한 내용은 〈부록 Ⅵ 스마트폰, 홈, 로봇, 자동차 & AI를 위한 국제 표준〉을 참조하기 바란다.

20 FIDO: 피도얼라이언스(FIDO Alliance)는 온라인 인증 기술의 상호 운용성을 높이고, 사용자들이 다수의 아이디와 패스워드를 기억하고 사용해야 문제에 대응하기 위해서 2012년 결성된 개방형 IT 산업 연합체다. 패스워드의 의존도를 줄이기 위한 인증 방식도 제시한다. FIDO는 Fast Identity Online의 약자다.

5 사이버 보안 점검과 강화 : 보안 컨설팅

사이버 공격에 방어하는 고가의 시스템을 설치하고 사이버 보안 전담 부서가 있어도 창궐하는 사이버 공격에 안심할 수 없다. 큰 예산을 들인 방어 시스템들이 서로 조화롭게 연결되어 기능하지 못하면 취약점이 생기고 사이버 침해를 당한다. 일반적으로 높은 사이버 방어 수준을 갖출 것으로 생각되는 우리나라의 거대 인터넷 서비스 공급자(ISP)들도 여러 차례 사이버 공격을 받고 피해를 입었다.

사이버 공격 수법은 하루가 다르게 새로운 것이 나타나고, 교묘하고 은밀해지고 있다. 해커는 방화벽, 백신, 그리고 모니터링 시스템을 우회하고 넘어들어온다. 사이버 방어와 공격은 쫓고 쫓기는 경쟁이고, 매우 역동적이다.

법과 규정의 요구와 인증 시스템 통과가 사이버 보안을 충분히 보장하지 못한다. ISO/IEC 27001이나 우리나라의 ISMS 인증은 사이버 보안의 기본 준수 사항이다. 인증 취득이 사이버 공격 대비에 도움이 되지만, 이는 단지 사이버 보안의 기본 사항이라고 볼 수 있다. 스스로 보안 능력을 점검하고 갖추어야 한다.

학교에 착실하게 출석했다고 실력이 생기는 것이 아니다. 공부한 학업 실력을 시험을 통해서 알게 되듯이 사이버 보안도 점검과 평가가 필요하다. 조직이 갖춘 보안 시스템이 빈틈없이 구성되어 있는지, 침투가 있을 때 얼마나 빨리 탐지하고 효율적으로 대응하는지 평가하고, 필요한 부분을 보완해야 한다. 보안 점검 컨설팅은 사이버 위협과 피해를 최소화하기 위한 적극적 과정이다. 조직은 모의 침투 테스트 등으로 자신의 보안 상태를 감독(audit)하고, 보안 시스템의 잠재적 취약성을 수시로 파악해야 한다.

조직은 사이버 보안 시스템의 효율성과 기능을 수시로 점검하고 지속적으로 보완해야 한다. 우리가 정기적으로 건강 검진을 받고, 좋은 영양과 운동을 하는 것과 마찬가지다. 이 장에서 조직의 사이버 보안 상태를 점검하고 평가하는 방법에 대해서 살펴본다.

블루팀, 레드팀

사이버 침투 상황을 가정하고 이에 대비하는 모의 침투 훈련을 통해 보안 상태를 점검할 수 있다. 이때 적대적인 해커 역할을 수행하는 쪽을 흔히 "레드팀(red team)'이라고 부른다. 레드팀은 해커의 입장에서 디지털 보안 시스템의 안전성을 테스트하고 대안과 보완책을 제시하는 윤리적 해킹 전문가다. 특히 모의 훈련 중에서도 강도 높은 실전침투 훈련을 레드티밍(red teaming)이라고 말한다. 앞서 설명한 화이트햇 해커나 블랙햇 해커라는 용어가 개별 해커를 지칭하는 말이라면 조직 차원에서 컴퓨터와 네트워크 시스템을 사이버 공격으로부터 보호하는 보안 담당 조직을 '블루팀(blue team)'이라고도 부른다.

사이버 보안 평가의 단계

방화벽과 바이러스 백신, 인증 시스템을 적용하고, 백업을 준비하는 것은 일차적, 방어적 사이버 보안이다. 여기에 더해 적극적으로 보안 시스템을 점검하고 보완하는 공격적인 보안 절차도 있다. 적극적 사이버 보안 점검을 점검 수준에 따라 취약점 평가, 모의 침투 훈련, 실전침투 훈련의 세 단계로 나눌 수 있다.

기본적 점검 단계는 취약성 평가(vulnerability assessment)다. 이 단계는 이미 알려진 취약점이 시스템에 존재하는지 확인하는 전반적 스크리닝이다. 오늘날 기업 네트워크가 점점 복잡하게 분산되고, 새로운 취약점이 수시로 발견되기 때문에 이 프로세스를 수동으로 관리하기보다 흔히 자동화한 취약성 관리 솔루션을 사용한다. 취약점 스크리닝으로 조직이 보안 강화를 위해 어떤 자원을 투입해야 할지 보완의 우선순위를 파악할 수 있다.

어느 정도 보안 시스템 체계가 갖추어 졌다면, 다음 단계로 모의훈련을 통해 보안 시스템의 효용성을 점검한다. 모의훈련을 내부 구성원으로 진행할 수도 있으나, 전형적으로 외부 전문가의 도움을 받아 적대적 해킹을 시도하는 경우가 많다. 마치 스스로 자습하고 공부한 뒤, 중간고사, 기말고사, 그리고 외부에서 출제한 시험문제로 모의고사를 치르는 것과 같다.

모의훈련을 일반적인 모의해킹훈련(penetration testing)과 보다 실전적이고 광범위한 실전침투훈련으로 구분할 수 있다. 전자는 사전에 구성된 시나리오에 따라 사이버 침투와 방어 훈련을 하는 것이고, 후자는 사이버 보안팀이 조직이 알지 못하는 채로, 악의적 해커의 침투 시도를 훈련하는 것이다. 이런 실전적 훈련은 사전 정보의 교환 없이 진행하는 블랙박스 점검이다. 이를 흔히 레드팀(레드팀), 레드티밍(rea teaming) 이라는 표현을 사용한다. 우리나라에서 분석보안진단(analytic security diagnosis) 라고도 한다. 모의 해킹은 기출문제를 이용한 모의고사라면 레드티밍는 모든 문제를 점검하는 실전 테스트다.

이는 사이버 보안 수준을 점검하는데 매우 중요한 단계다. 예를 들어 미국은 신용카드 사업체는 정기적으로, 그리고 시스템 교체 후 반드시 모의해킹을 실시할 것을 요구한다. 사이버 보안 표준 절차의 하나다. 앞서 기술한 취약점 평가 단계를 포함할 수도 있다. 우리나라도 금융보안원과 금융감독원이 2024년부터 모의해킹과 레드티밍을 금융기관을 대상으로 확대하고 있다.

해커가 해킹 초기에 진입하는 지점을 거점, 또는 교두보라고 한다. 해커는 침투 초기에 이 거점을 확보하려고 노린다. 레드팀은 조직의 사이버 환경에 대한 사전 정보를 가지지 않은 해커와 마찬가지로 실전 상황처럼 시스템 침투를 시도한다. 이 과정에서 레드팀은 사이버 공격자의 눈으로 존재하지만 쉽게 나타나 보이지 않았던 취약점과 잠재적 교두보를 찾아낸다. 물론 이 과정은 조직의 승인 아래 시도하는 실전적 모의 침투다.

보안을 담당하는 블루팀의 역할은 문을 잘 지키는 것뿐만 아니라 공격을 선제적으로 막아내기도 해야 한다. 능력 있는 블루팀은 해커가 악용할 수 있는 이런 취약점과 거점을 미리 찾아내 방지하고, 들어와 있는 해커가 있다면 이를 퇴치해야 한다. 실전 수준의 공격적 보안 점검 훈련의 목적은 침투의 수단이 될 수 있는 취약점과 허점을 찾아내는 블루팀의 실력을 키우고, 사이버 공격에 대한 대응 능력을 강화하는 것이다.

1단계: 취약성 평가(Vulnerability Assessment, VA)

취약성 평가 단계는 이미 알려진 취약점이 자신의 시스템에도 존재하는지

체계적으로 검토하는 것이다. 예를 들어, 해커들이 사용하는 악성코드들을 주입해 보거나, 잘못된 인증 메커니즘으로 권한 상승이 발생하는지, 소프트웨어 기본 설정이 안전하게 되어 있는지 등을 확인한다. 소프트웨어 패스워드가 추측하기 쉬운 것인지, 안전하게 관리되고 있는지도 체크한다. 설치된 방화벽의 구성 조건 설정, 원격 데스크톱 프로토콜(remote desktop protocol, RDP)의 패치의 오류도 확인한다. 이런 문제에 취약점이 있으면 해커가 멀웨어를 침투시키거나 내부 장치를 장악하는 것이 용이하게 된다.

취약성 평가는 〈테스트 → 분석 → 평가 → 교정〉의 단계를 거친다. 점검 영역은 서버를 포함하는 호스트 시스템, 네트워크와 무선 시스템, 데이터베이스, 애플리케이션을 포함하는 시스템 전체를 모두 조사한다. 시스템 전반을 점검하려면 여러 검사 도구가 필요한데, 알려진 공격 패턴을 테스트하고 시뮬레이션하는 웹 애플리케이션 스캐너, 취약한 프로토콜과 포트, 네트워크 서비스를 검색하는 프로토콜 스캐너, 네트워크를 시각화하고 단일 IP 주소에서 일탈하는 IP 주소, 스푸핑된 패킷, 의심스러운 패킷 생성과 같은 경고 신호를 발견하는 네트워크 스캐너 등이 사용된다.

일차적인 취약성 평가를 위해 지금은 여러 가지 자동화된 툴이 개발되어 제공되고 있다. 이런 툴을 사용해서 시스템, 네트워크, 애플리케이션을 포함한 조직 전체의 IT 인프라에 대해서 알려진 위협 요소를 점검한다. 이 과정을 통해 취약점의 존재를 확인하고, 긴급한 취약점 보완의 우선순위를 정할 수 있다.

당연히 취약성 평가는 일회성 활동이 아니다. 새로운 취약점이 계속 나타나고 수법이 변화하기 때문에 조직은 이 과정을 정기적으로 반복해서 점검해야 한다. 모든 중요한 IT 시스템에 대해 정기적으로 검사하고, 그 평가 결과를 적극적으로 보안 정책과 프로세스에 반영하는 것이 모범적인 보안 관리 자세다.

적극적/공격적 사이버 보안 점검(Offensive Cybersecurity; modified from X-force Red, IBM)			
	Vulnerability assessment (VA) 취약성 평가	Penetration testing (PT) 모의해킹, 모의침투훈련	Red teaming (RT) 실전침투진단, 분석보안진단
목적	사이버 환경 전반에 걸쳐 알려진 취약 요소 점검 [기본 평가] (일반 검진)	허용된 영역에서 취약점을 이용한 침입, 확산 루트 확인 [부분 평가] (종합검진)	좌동 + 고급 해커가 사용하는 수법 적용 조직에 대한 최소한의 정보를 가지고 실전적 침투 시도 → 실제 해커 공격에서 나타날 현상과 대응 능력 파악 [전면 평가] (종합 검진+ 최신 지견 + 맞춤 검진)
범위	광범위한 표면적 일차 점검	•표준화된 알려진 침투 수법 적용(집중적, 심층적) •준비된 시나리오에 따른 사회공학, APT 수법 제한적 적용 •웹 해킹, 외부 해킹 중심	•실제 해커가 사용하는 고도의 공격 수법 적용 •조직 특성에 따른 맞춤형 툴 적용 •웹/외부/시스템/유무선 네트워크/내부 진단, 와이파이, 물리적 진단, APT, 사회공학 등 전 영역
수행자	내부적, 보안 팀 감독하에 자동화 툴 사용	중급~고급 해커	최상급 해커
기간		수 주 내외	수 개월 이상
보안팀 역할	보안팀이 직접 수행	보안팀과 공격팀이 협의 사전 시나리오에 의거 진행	보안팀과 조직 구성원은 알지 못함 침투 발견시 실제 상황으로 대응
결과물	취약점 목록	취약점의 우선 순위 공격 시나리오 시연 확인 교정, 보완책 제시	취약점과 취약점 악용 수법 파악 실전적 공격 시연 확인 보안 시스템의 종합적 적절성 평가 삼차원적 시스템 교정, 보완
다음 단계	우선 순위 결정에 따른 교정, 복원, 패치 적용	위험 요소 감소를 위한 패치와 보완책 적용	교육, 교정, 패치 적용, 상시적 모니터링
기대 효과	보안 상태의 기초적 현황 파악	보안 영역 전반에 대한 심층 파악	보안 영역 전반에 대한 광범위 심층 파악 보안팀과 조직의 보안 대응 능력 확인

[적극적 / 공격적 사이버 보안 점검 방법은 조직의 승인하에 시행되는 윤리적 해킹이다. 모의해킹과 실전침투훈련의 큰 차이는 조직의 보안팀이 이런 훈련 여부를 미리 알고 있는지 여부다. 실전침투테스트로 보안팀과 구성원이 침투 상황에 대한 대응 능력을 평가할 수 있다.]

2단계: '모의해킹', 모의침투훈련, 펜테스팅(Penetration Testing, Pen-Testing, PT)

기업이나 조직이 사이버 보안 점검을 위해 수행하는 모의침투훈련을 펜테스팅(pen-testing, penetration testing, PT)이라고 하고, 우리나라에서는 이를 흔히 '모의해킹'이라고 한다. 이는 조직이 보유한 IT 시스템이 악의적인 사이버 침투에 얼마나 취약한지, 보안 관리와 제어 시스템이 효율적으로 작용하는지를 알기 위해, 지금까지 알려진 여러 침투 기법을 사용하면서 실제로 외부로부터 준비된 시나리오와 공격 범위에 따라 침투 과정을 점검한다.

모의해킹의 점검 범위는 서버, 네트워크, 자산, 플랫폼, 애플리케이션과 API(application program interface) 등의 소프트웨어와 하드웨어가 모두 대상이 되지만, 일반적으로 정해진 영역에 대해 예측되는 침투 루트, 알려진 취약점과 수법을 중심으로 점검한다. 조직의 규모와 점검 범위에 따라 다르지만 2~3주 동안 진행되는 것이 보통이다. 모의해킹이 진행되는 동안 대상 기관의 보안팀과 구성원이 이 훈련이 시행되고 있다는 것을 알고 있다.

그래서 모의해킹은 점검의 폭과 깊이에 한계가 있다. 이는 시나리오, 체크리스트에 따라 진행되고, 악의적인 해커가 사용하는 잠행(stealth), 우회적 수법의 위험성이나 블루팀의 침입 감지 능력, 대응 능력에 대해서는 제대로 평가하지 못한다. 이것은 마치 민방공 훈련의 경계경보 훈련과 같은 기본적인 모의 훈련이다.

모의해킹은 크게 외부 테스트와 내부 테스트로 나눌 수 있다. 외부로부터의 침투 테스트는 웹 애플리케이션 자체, 조직의 웹사이트, 이메일, 도메인 이름 서버(DNS) 등 인터넷에 표시되는 회사 자산을 대상으로 한다. 이 과정은 접근 권한을 얻어 데이터에 접근하고 이를 유출할 수 있는지를 살피는 것이다. 내부 테스트는 외부에서 방어벽을 뚫고 들어온 공격자의 입장에서 시스템 안의 취약점을 찾고 공격 행동을 시뮬레이션한다.

일반적인 시나리오는 피싱 공격으로 자격 증명이 도난당한 직원이 시작점이 된다. 보다 실제 상황에 적합하게 하려고 맹검법(blind test)를 시도할 수도 있다. 이는 모의 공격자에게 표적 조직의 이름만을 알리고 실제적인 해커의 수법과 행동으로 침입을 시도하는 것이다. 이때 방어를 하는 보안 팀은 모의 공격자의 실제 행동을 실시간으로 관측할 수 있다. 반면, 이중맹검 테스트(double-blind test)는 보안 담당자나 조직 구성원도 모의 공격에 대해 사전 지식이 없는 것이다. 이것은 다음에 설명하는 레드팀을 이용한 실전 모의침투 훈련이다. 이때에는 조직 구성원들은 일상적 환경에서 업무를 수행하고, 보안팀도 평상 상태에서 모의침투가 진행된다.

레드팀, 레드티밍(Red Teaming), 분석보안진단 / 실전(모의)침투훈련

이런 공격적 침투훈련을 영어로는 레드티밍(red teaming)이라고 하고, 우리나라에서는 '분석보안진단', 또는 '실전침투훈련'이라고 말한다. 모의해킹이 낮은 단계의 침투 테스트라면, 레드티밍은 가장 적극적이고 공격적인 높은 수준의 모의훈련이다. 흔히 레드팀이라고 불리는 보안 전문가가 실제 해커들이 사용하는 수법을 가지고 광범위한 영역과 루트에 대해 침투를 시도하면서 시스템의 보안성을 점검하는 것이다. 한마디로 실전 훈련이다.

이때 조직의 승인을 받은 레드팀은 가상의 적대적 해커 입장에서 은밀하게 조직의 전산 시스템을 해킹하고 침투를 시도한다. 이 때 보안팀이나 다른 구성원은 이런 훈련에 대해서 알고 있지 못하다. 레드팀이 민감한 서버 또는 비즈니스에 중요한 애플리케이션에 대한 액세스 권한을 얻고, 기밀 정보를 탈취하는 등의 특정 목표를 가지고 수행한다. 이들은 적대적 해커의 수법을 동원하면서, 잠행, 우회 등을 통해 조직이 구축해 놓은 방어 시스템을 흔들고, 잠재적으로 존재하는 취약점을 찾아내고, 방어 전략의 허점을 찾아낸다. 이들은 기왕에 알려진 취약점과 수법을 적용할 뿐만 아니라, 그동안 밝혀지지 않았던 수법과 조직의 특성에 맞춘 특성화된 공격기술을 적용한다. IT 기술 공격, 소셜엔지니어링, 물리적 침입, 사전 예고 없는 기습과 같은 악의적 해커들이 사용하는 것과 동일한 전술, 기술, 절차(tactics, techniques and procedures, TTPs)를 사용하면서 조직의 방어 시스템을 점검한다.

레드팀은 어느 시점에서 침투 시도를 의도적으로 노출시키면서 조직이 적절해 대처하는지 대응력을 관찰하기도 한다. 이때 보안을 담당하는 블루팀도 레드팀이나 경영진으로부터 침투 공격에 대해서 사전 경고나 정보를 받지 않기 때문에, 블루팀이 이런 공격 행위를 인지하게 되면, 이를 실제 침입 공격으로 간주하고 대응하게 된다. 실제로 블루팀은 그렇게 행동해야 한다. 그래서 레드티밍 작업은 조직이 공격을 탐지하는 능력과 이에 대한 대응 능력을 제대로 발휘하고 있는지도 파악할 수 있다. 이런 점검은 사전에 협의한 모의해킹으로는 할 수 없다.

보안 사고를 예방하고, 직원의 개인정보를 존중하기 위해서 참여규칙(교전규칙이라고도 한다)에 따라 어떤 시스템이 출입금지 영역인지 정할 수도 있다. 조직의 방침과 표준운영절차(standard of procedure, SOP)에 따라 특정 내부 구성원이 침투 공격에 적절하게 참여할 수도 있다. 레드티밍은 이렇게 훈련 프로세스를 개선하면서, 정기적 또는 부정기적으로 반복된다. 공격적인 보안 점검의 목적은 사이버 방어망의 실제 허점을 발견하고, 궁극적으로 보안 부서와 조직의 보안 역량을 강화하는 것이다.

레드티밍 작전은 규모에 따라 다르지만 보통 수개월 이상 진행된다. 작전이 끝나면 레드팀은 그동안 감지된 침범 리스트-손상 지표(indicators of compromise, IOC)를 블루팀과 공유한다. 이 데이터를 업무 과정에서 수집된 다른 데이터와 비교하고, 총괄적으로 레드팀은 블루팀과 긴밀히 협력하여 해커의 전술, 기술, 절차를 공유하고, 향후 이런 공격을 더 잘 탐지하고 대응하는 방법을 찾아낼 수 있다.

모의해킹을 샌드백을 치는 권투 연습이라고 보면, 레드팀을 동원하는 분석보안 진단은 카운터 펀치를 가할 수 있는 스파링 파트너와 훈련하는 것과 같다. 우리 몸의 건강검진에 비유하자면 취약성 평가는 기본적인 혈액검사와 일반 엑스레이 촬영 수준이고, 모의 해킹은 위내시경 검사와 CT 촬영을 더하는 것이다. 레드티밍은 달리기를 하면서 심장에 부담을 주면서 이상이 나타나는지를 확인하는 부하심장검사라고 볼 수 있다. 수년 전 많은 대부분의 글로벌 기업들은 레드팀을 이용한 사이버 보안 점검을 적극적으로 시행하고 있다. 사이버 보안 당국도 고도의 사이버 침해를 막기 위한 궁극적이고 실제적인 보안 강화 수단으로 레드티밍을 시행할 것을 권한다. 2024년 금융보안원과 금융감독원은 은행과 금융기관에 블라인드 모의해킹을 시도한다고 발표했다.

실제 상황 수준의 실전침투훈련을 제대로 수행하기 위해서는 레드팀이 많은 경험과 고도의 해킹 기술을 가지고 있어야 하고, 신뢰할 수 있어야 한다. 진입 과정이나 초기에 레드팀의 침투가 발견되면 시스템 전체를 점검하는 것이 제대로 되지 않는다. 고도의 능력을 갖추지 않은 레드팀과의 작업은 무의미하다. 외국에서는 IBM의 X-Force®, Kroll 등이 이러한 적대적인 모의 침투 훈련 서비스를 제공하는 대표적인 기업으로 알려져 있다. IBM은 취약성 평가, 모의 해킹은 기술적 결함을 찾아내는데 유용하고, 레드티밍을 통해 전반적인 IT 보안 상태에 대해 실제적인 점검을 할 수 있다고 설명한다.

퍼플티밍(Purple Teaming, Control Tuning)

퍼플팀(purple team)은 레드팀과 블루팀 기능의 조합을 말한다. 모의침투훈련 중에 퍼플팀을 구성하면 레드팀이 특정 공격을 반복적으로 실행하면서, 이때 블루팀이 이에 대한 탐지 소프트웨어와 방어 시스템을 보정하고 문제점에 신속하게 대응하면서 방어 전략의 효과를 높인다.

퍼플팀에 보안 부서에 속하지 않은 다른 직원을 참여시키기도 한다. 예를 들어 로그인 및 소프트웨어 경고를 도울 수 있는 소프트웨어 엔지니어나, 재정적으로 큰 피해를 주는 시나리오를 식별하는 데 도움을 줄 수 있는 회계 관리자도 실전 훈련에 도움이 될 수 있다. 퍼플팀의 단점은 운영이 복잡해질 수 있고, 집단사고(groupthink)의 경향이 생겨 상호 비판적 사고가 위축될 수 있다.

보안 점검 과정 중에 이미 침투해 있었거나 시스템 안에서 잠행하고 있는 침입자를 찾아내는 경우도 있다. 2023년 확인된 대한민국 법원의 침해도 어떤 공격을 받은 현상을 즉각 탐지한 것이 아니라, 다른 전산 보수 작업 중에 수년간 심각한 침해가 일어난 것을 발견한 것이다. 실제로 점검을 하면서 이런 위협 탐지(threat hunting) 세션도 수행한다. 실제 침입을 발견한 경우에 레드팀이 블루팀과 협력하여 함께 방어를 한다. 침입자가 이어서 시도할 작업과 단계에 대해 레드팀이 선제적 분석을 제공하면 이에 대해 실제 해커보다 앞서 방어책을 세울 수도 있다.

화이트팀(white team)은 레드팀과 블루팀 간의 운영을 총괄하고 관리하는 그룹이다. 예를 들면, 레드팀의 참여 수준과 교전 규칙을 결정하는 회사의 관리자다.

레드팀을 넘어서는 능동 방어 기술

해커의 공격에 대해서 이를 모니터하는 감시 체계를 구성하는 것이 수동적인 방어라면, 침입과 침입자의 위치를 추적할 수 있는 위장된 미끼(decoy)나 허니팟(유인함정, honeypot)을 설정하는 등의 "능동적 방어술"을 이용할 수도 있다. 이러한 허니팟은 수동적인 방식으로는 탐지되지 않았을 수도 있는 네트워크 침입을 파악해서 블루팀에 경고 신호를 보낸다.

사이버 방범팀: 블루팀, 레드팀, 타이거팀, 블랙팀

'레드팀'은 1960년대 냉전 시대에 미국의 국방 정책의 한 부분으로 생겨난 군사 개념이다. 2000년 대부터 정보 영역으로 이 개념이 확대되었고, 최근 사이버 보안 영역에서 넓게 사용되고 있다. 이와 비슷한 타이거팀(tiger team)이라는 용어는 특정한 목표와 문제 해결을 하기 위해서 구성된 전문가 그룹을 말한다. 레드팀은 특히 '적군처럼 생각한다'는 의미가 강조된 말이다. [https://en.wikipedia.org/wiki/Tiger_team]

사이버 환경에서 레드팀은 해당 조직의 승인하에 가상적 공격자의 역할, 즉 적대적인 해커의 역할을 하면서 전산망과 조직에 물리적 또는 디지털 침입을 시도한다. 레드팀이 사이버 공격 기술뿐만 아니라 물리적인 침투를 포함한 모든 종류의 침투 방법도 사용하는 경우를 블랙팀이라고 부르기도 한다. 조직 내부에서 레드팀을 운영할 수도 있지만, 흔히 외부의 레드팀을 활용한다. 내부든 외부든 어떠한 경우도 레드팀은 해당 조직의 승인과 지시에 따라 활동한다.

레드팀의 궁극적인 목적은 침투 시도에 그치는 것이 아니고, 이를 통해 잠재적인 취약점을 찾아내고, 이를 보완, 강화하는 것이다. 이 활동은 합법적이지만 실전적이고 은밀하기 때문에 조직원은 이들이 존재하거나 활동하고 있다는 사실을 모르는 채 진행하는 것이 원칙이다. 이것이 레드티밍이 일반적인 모의해킹과 다른 점이다.

시스템 운영에 영향을 주지 않고, 구성원과 보안팀이 인지하지 못한 상태로 시스템을 충분히 탐색하기 위해서는 고도의 기술을 가진 레드팀이 필요하다. 레드팀의 능력이 높지 않아 활동이 쉽게 노출되면 훈련의 의미가 없다. 실력 있는 레드팀은 의도적으로 실제적인 침해 상황을 만들어 내고, 진짜 구성원을 직간접적으로 테스트의 표적을 만들기도 한다. 이때 보안팀이나 직원이 이를 감지하고 놀랄 수도 있다. 이를 실제 침입으로 간주하고 대응하는 대비 상태도 점검하는 것이 레드티밍의 중요한 기능이다.

고도의 레드팀은 고정 관념을 넘어 발생 가능성이 낮은 것으로 보이는 시나리오로부터 위험성이 높은 영역까지, 모든 가능한 상황을 살펴본다. 조직이 가지고 있던 안이하고 잘못된 가정을 보여주고, 치명적 사고에 대비하는 적절한 방어책을 찾아내려는 것이다. 그래서 레드팀 운영을 대안분석(alternative analysis)이라고 부르기도 한다. 보안팀이 분석하고 대비한 가정과 결론을 새로운 분석가가 다른 시각을 가지고 이중으로 확인하는 것이다.

1973년 욤 키푸르 전쟁(Yom Kippur War)를 예측하지 못했던 이스라엘 방위군은 입차 미츠다브라(Ipcha Mitstabra)라고 불리는 레드팀을 구성했다. 이 뜻은 "정반대로"의 의미라고 한다. 북대서양조약기구(NATO)도 대안분석팀을 활용한다. 2011년 미국 정보기관이 오사마 빈 라덴에 대한 공격 작전을 펼 때, CIA 외부를 포함해서 세 팀의 레드팀이 동원되었다고 한다. 파키스탄에서 군사 작전을 수행하는 것이기 때문에 중대한 외교적, 사회적 파장이 예상되었고, 이에 따라 주공격을 수행할 팀이 가진 정보와 결론을 모든 측면에서 확인할 필요가 있었기 때문이다.

미국의 연방항공관제국(Federal Aviation Administration, FAA)는 1988년 테러리스트의 공격으로 팬앰 103기 폭파 사고 이후 레드팀을 운영해왔다. 2001년 9월 11월 세계를 놀라게 한 911사태 직전에 레드팀이 이 사건 범인 중 두 명이 탑승했던 보스턴 로건 공항에서 심각한 취약점을 지적했으나 FAA가 이를 무시한 것이 결국 911사태가 일어나게 되는데 부분적으로 기여했다는 의견도 제시되었다.

군대는 두말할 것 없이 레드팀을 활용하는 대표적인 조직이다. 마이크로소프트, 구글, IBM도 보안을 위해서 레드팀을 활용한다. 백악관도 2023년 11월 주최한 랜섬웨어에 대한 대책 회의에서도, 각 조직이 적극적인 레드티밍 과정을 통해 대비할 것을 권한다. 북한의 해커 양성 조직도 강력한 레드팀 작전을 통해 기술을 개발한다고 전한다.

6 사이버 공격을 받았을 때 행동 원칙

40여 년 전, 1988년 11월 미국 전역의 컴퓨터가 모리스웜(Morris worm) 때문에 멎어버린 사건이 있었다. 11월 2일 인터넷 웜이라고도 불리는 모리스웜은 인터넷에 연결된 수만 대의 컴퓨터를 감염시켰다. 웜은 스스로 복제하면서 확산하는 악성코드다. 이것은 코넬 대학의 대학원생 로버트 터팬 모리스가 만든 것인데, 그는 이것이 어떻게 동작하는지 알기 위해서 마치 다른 학교의 학생이 만든 것처럼 매사추세츠 공과대학교(MIT) 컴퓨터 시스템에서 이 악성코드를 시행했다. 이 사건은 사회에 큰 충격을 주었고, 사회 전체가 사이버 침해에 대해서 적극적인 대응을 강구하게 되었다. 온라인 침해가 사회 문제가 되고, 사이버 보안의 개념이 바뀐 것이다. 모리스는 중범죄 유죄 선고를 받았다.

모리스웜 사건 후 40여 년이 지난 2023년 11월, 우리나라에서 행정 전산망이 전면적으로 며칠째 마비되는 상황이 일어났다. 조사 결과 해킹 범죄는 아니었다고 판명이 났지만, 나타난 현상은 전면적 서비스거부 공격을 받은 것과 마찬가지였다. 이 사건은 분명하게 국가적 재난 상황이었다. 만약 이런 일이 어떤 기업에 발생했다면 필히 그 기업은 존망이 위협받았을 것이다. 대한민국 법원도 2022년부터 거의 1년 넘게 북한 해킹 그룹의 공격을 받아 다량의 기록이 갈취 되었다. 동아일보는 법원이 2023년 2월에 뒤늦게 해킹 사실을 발견하고도 이를 숨긴 채 내부 자체조사로만 일관하다가, 언론 보도가 터져 나오자 뒤늦게 북한 침입 가능성을 인정하고, 국가정보원에게 수사 의뢰를 하여 2023년 2월부터 12월까지 무려 약 10개월 동안 수사가 지체되었다고 보도했다. 사이버 침투를 인지한 뒤 침입해 오는 루트를 막았다고 하나, 충분한 대책이 준비되었기를 기대한다.

오늘날 디지털 환경 속에서 사이버 공격과 침해로부터 완전히 자유로울 수 있는 개인도 조직도 없다. 조직의 경영진은 사이버 침해가 '만약에 일어난다면'이 아니라, '언제 일어날 것인가'라는 생각을 하고 대비해야 한다. 사이버 보안에 상당한 투자를 하더라도 사이버 공격은 불가피하게 일어난다. 이때 많은 조직이 즉각적이고 적절한 대응을 하지 못해 피해를 더 크게 만들고, 회복 가능했던 시스템도 복구하지 못한다. 결국 침해 사실이 공개되고 대외적인 신뢰도 크게 잃게 된다.

지능형지속위협은 장기간 동안 은밀하게 공격이 이루어진다. 그래서 잠행 활동 중에 발견되기도 한다. 2014년 KT 홈페이지가 해킹을 당해 가입자 천이백만 명의 정보가 유출된 사건도 대표적인 APT 공격 사례다. 이때 공격자가 빼낸 고객의 정보는 이름, 주민등록번호, 휴대전화 번호, 집 주소, 직업, 은행 계좌 등이었다. 이런 정보는 다크웹에서 다른 해커들에게 판매되기도 하고, 소위 대포폰과 같은 다른 휴대전화 개통이나 판매 영업에 이용되었다. 자신도 모르게 범죄적 활동에 이용당하는 것이다. KT는 지금 전체 매출의 약 5%를 사이버 보안 예산으로 책정하고 있다. 공기업 중 가장 높은 비율이다. 2023년 삼성전자는 약 10%의 예산이 보안 관련 예산이었다.

침해를 방지하는 것이 우선이지만, 침해가 일어났을 때 제대로 대응하지 못하면 더욱 일이 말린다. 구체적인 대비나 적절한 행동 대책을 가지고 있어야 한다. 일단 사이버 보안 사건이 일어나면 아무리 고가의 방화벽을 설치했고, 강력한 사이버 보안 정책을 가지고 있었다고 해도 경영진이 책임을 면하지 못한다.

사이버 위반 상황이 발생하면 당장 들어오는 공격을 차단해서 피해가 확산하는 것을 막아야 한다. 은밀한 지능형 지속공격 방식의 침투는 조기에 탐지하지 못하고 나중에 파악하게 되는 때도 있다. 시스템과 피해 복구뿐만 아니라, 그 사이에 무슨 일이 일어났고 무엇이 유출되었는지 알아내기 위한 기술적인 조사와 수사(forensic investigation)도 필요하다. 이 과정이 사이버 침해에 대한 대외적 대응과 사법적 대응의 근거가 된다.

게다가 소를 잃은 데다가 외양간 수리를 제대로 하지 못해 이차 삼차 공격을 당하는 경우도 있다. 그래서 사전에 현실적이고 합리적인 사이버 보안 계획을 세우는 것이 중요하다. 침해가 생겼을 때 어떻게 대응하고 처리하는지도 미리 행동 지침과 대응 체계를 준비해야 한다.

침해 전 사전 대응

만약에 있을 침해 상황에 대해서 어떻게 행동하고 조치할 것인가 미리 계획을 세우고 절차를 준비하는 것이 필요하다. 침해 상황에서 대응할 사이버긴급대응팀(Cyber Emergency Response Team, CERT)[21]도 구성해 놓아야 한다. 사이버 침해는 보안 부서에만 국한된 업무 상황이 아니다. 사이버 공격은 조직 업무의 모든 영역에서 심각한 영향을 준다. 내부 구성원뿐만 아니라 외부의 고객과 유관 업체, 언론, 감독 기관과의 협력과 의사소통도 필요하다. 그래서 CERT는 보안 부서와 이와 관련된 전문가 이외에도 촉발되는 다양한 상황에 대응하기 위해서 여러 직역의 구성원으로 구성된다. 핵심적인 구성은 전산 네트워크 시스템 운영 전문가 외에도 대외 언론과 외부 기관을 대응할 전문가, 사고 발생 과정과 대응에 대해서 법적인 문제를 판단할 법률 전문가, 조직 구성원의 책임과 권리를 파악하고 대응에 적절한 조직원을 지원할 인사 전문가가 필요하다.

CERT가 침해 사고에 적절히 대응하려면 발생 가능한 사건의 특성과 종류, 중요성, 긴급성에 따라 침해 위험 등급을 정해놓을 필요가 있다. 예를 들면, 서비스거부 공격으로 정상적인 시스템 동작이 불가능한 경우나, 침입자에 의해 서버에 보관된 중요한 자료가 유출되고 있거나, 악성 프로그램의 침투로 정상적인 시스템 제어가 되지 않는 경우는 1등급 상황이다. 이런 상황에서는 피해를 최소화하기 위해 CERT 리더의 판단에 의해 네트워크의 인터페이스 단절, 전원 공급 중단과도 같은 조치를 취할 수도 있다.

사고 탐지

일단 사이버 사건(event)이 발생하면, 이것이 운영상의 일반적 단순 오류인지, 해커에 의한 침해 사고인지 확인해야 한다. 침해 사고라면, 로그 파일, 오류 메시지 등을 확보하고 방화벽, 침입 탐지 시스템 등을 통해 방어 조치를 한다. 보고 체계에 따라 책임 기관에 보고하고, 대외 언론 대책도 수립한다.

---

21 CERT는 미국의 카네기멜론 대학에서 이런 개념을 개발할 때 Computer Emergency Response Team의 약자로 상표권을 등록하였다. 이에 대안으로 CIRT(Computer Incident Response Team), 또는 CSIRT(Computer Security Incident Response Team) 등을 쓰기도 한다. 이 책에서 CERT는 Cyber Emergency Response Team이다.

은밀한 사이버 침해는 상당한 시간이 흐른 뒤, 또는 심지어 침해 사후에 확인되는 경우도 있다. 정기적으로 시행하는 통상 작업이 작동하지 않아 원인을 분석하던 중이나, 2023년 11월의 정부 행정 망에서 일어난 사건이나 법원의 침해 사건은 주기적 내부 감사와 시스템 업데이트 중에 이상 징후가 발견되면서 사이버 침투가 확인된 것이다.

사고 대응

우선적으로 피해가 확산하는 것을 막고 최소화해야 한다. 침해가 발생한 시스템이나 네트워크를 식별하고 통제할 수 있으면 이 연결을 해제하거나 차단한다. 추가 침해가 이어서 발생하기도 하므로 이를 반복해서 확인해야 한다. 방화벽 설정 변경, 침해 사고 탐지 규칙 업데이트, 백신 업데이트 등의 조치가 필요하다. 네트워크 연결 케이블을 물리적으로 단절하거나 시스템을 아예 종료할 수도 있다.

랜섬웨어 공격을 당했다면, 우선적으로 백업을 검색한다. 바이러스 백신 프로그램으로 백업 데이터를 검사하여 악성코드가 있는지 확인한다. 백업이 잠재적인 손상에 노출되는 것을 방지하기 위해서 별도의 격리되고 신뢰할 수 있는 시스템을 사용하여 이 작업을 수행한다.

침해 사고 후 후속 처리를 위해 침해 사고 발생 후 시스템을 초기화하기 전에, 손상을 받은 시스템도 백업하고 포렌식 절차에 따라 시스템 이미지를 획득하는 과정이 필요하다. 이때 획득한 증거가 원인을 분석하고 조직의 사이버 방어 태세를 증명하는 중요한 자료가 될 수도 있기 때문이다. 법적인 확인을 위해서도 증거 수집과 검증이 중요하다. 물론 이 증거들이 법적인 효력을 지니려면 증거 획득과 처리 과정이 적법해야 한다.

위의 사항을 확인한 후에 백도어 등의 악성코드를 제거하고, 시스템 계정과 패스워드를 재설정한다. 보안 패치가 있으면 이를 적용하고, 그러고 나서 다시 서비스가 가능하도록 시스템을 네트워크에 연결한다.

제거와 복구, 백업

최초에 침해가 발생한 시스템 이외의 추가 침해 여부도 확인한다. 조치가 완료되면 서비스를 복구하는 과정에서 보안 툴을 설치하고, 로그 설정도 강화해서 또 다른 침해에 대비한다.

제거와 복구 후 침해 원인 분석과 이에 대한 후속 조치가 필요하다. 랜섬웨어 공격은 데이터 또는 시스템 데이터가 암호화되어서 데이터 손실이 발생하는 경우가 많다. 암호를 풀려면 해커에게 랜섬을 지불하는 것 이외에 다른 방법이 없는 경우도 있다. 따라서 미리 체계적으로 데이터를 백업하는 것이 침해 사고로 인한 데이터 손실을 막고, 시스템을 방어하는 데 매우 중요하다.

디지털 포렌식(Digital Forensic, 컴퓨터 포렌식)

디지털 포렌식(digital forensic), 또는 컴퓨터 포렌식은 PC나 노트북, 휴대폰 등 각종 저장 매체 또는 인터넷상에 남아있는 각종 디지털 정보를 분석해서 범죄 단서를 찾는 수사 과정이다.

우리는 사이버 공간에 많은 흔적을 남긴다. 디지털 기기에 의존하는 현대인의 생활은 자신도 모르게 개인 기록을 사이버 공간에 디지털 정보로 많이 남긴다. 이것은 사이버 범죄자도 마찬가지다. 디지털 포렌식은 사이버 침해 사건 현장의 컴퓨터와 노트북, 외장 하드 드라이브, 또 모바일 기기 등에 저장된 자료를 복구하고 증거로 수집한다. 사이버 범죄자가 범행을 숨기기 위해서 삭제한 자료도 디지털 포렌식 기법으로 복원이 가능한 것도 있다. 이 과정은 하드웨어뿐만 아니라 운영체제, 애플리케이션, 메모리 등에 남은 전자적 증거와 흔적을 조사해서, 범죄 행위의 과정을 밝히고 범죄자를 추적한다.

디지털 포렌식의 주요 목표는 전자 증거에서 데이터를 추출하여 증거로 사용 가능한 정보로 처리하고, 기소를 위한 증거물로 제시하는 것이다. 모든 프로세스는 결과가 법정에서 인정될 수 있도록 수행해야 한다.

당국에 보고

사이버 침해 상황이 발생했다고 생각되면 즉시 관계 당국에 이를 신고한다. 신속한 신고는 수사와 정보 확보에 중요하고, 손실된 자금의 회수도 도울 수 있다.

수사 당국은 범죄자에게 랜섬을 지불하는 것을 권장하지 않는다. 범죄 동기가 결국 금전적 이득이기 때문에, 몸값을 지불하게 되면 공격자가 더 많은 조직을 표적으로 삼거나, 또는 동일한 조직을 다시 공격할 수도 있다. 또 랜섬웨어를 퍼뜨려서 다른 랜섬웨어 공격을 유인하기도 한다. 랜섬을 지불한다고 해도 피해자의 파일이 복구된다는 보장도 없다.

몸값을 지불하게 되면 피해 기관과 당국이 협력하기 어려워지는 경우가 많고, 지급한 돈의 행방을 확인하기도 어렵다. 2023년 11월 미국 백악관은 국제랜섬웨어대응회의(International Counter Ransomware Initiative 2023)를 주최하고 이에 대한 공동 성명을 발표했다. 우리나라를 포함한 50여 개의 회원국이 랜섬 비용을 지불하지 않는 합의를 선언했다.

심각한 사이버 침해 사건에 정부 기관과 법원이 조직에 보안 미비의 책임을 묻는다. 비록 사이버 공격에 손해가 나타나지 않고, 손해 배상 청구나 잠재적 피해자로부터 불만이 없어도, 회사는 사이버 보안 대응 프로그램 미비로 인한 데이터 침해에서 책임을 피하기 어렵다.

우리나라 최대 병원 중의 하나인 S대병원도 2021년 환자들의 병리 검사 결과를 포함한 80만 건이 넘는 개인 정보가 유출되는 침해 사고를 겪었다. 결국, 북한 해킹 그룹의 침투로 인한 것으로 확인되었지만, 병원은 과징금을 부과받았다. 2023년에도 우리나라 대형 통신사들이 큰 사이버 침해로 수십만의 개인 정보가 약탈당한 사건이 있었다. 역시 대중적으로 잘 알려진 온라인 스포츠 업체, 우리나라의 최대 SMS 시스템 업체도 모두 수백억 원에 달하는 과징금을 물었다.

제6부
CEO가 해야 할 일

노벨 물리학상을 수상한 리차드 파인만은 "우리가 금고(safe)를 안전하다(safe)고 믿지만, 그것은 사람들이 금고를 금고라고 부르기 때문일 뿐이다(The only reason you think they're safe in there is because civilians call it a 'safe.)"라는 재미있는 언급을 했다. 우리가 안전하다고 믿는 것이 안전을 보장해 주는 것이 아니라는 말이다.

독자는 이제 우리의 자산인 데이터, 정보가 얼마나 공격을 받고 있고, 우리를 둘러싼 사이버 위협의 심각함을 충분히 이해했을 것으로 믿는다. 직원의 실수나 악의적인 침입자의 행동으로 때문에 전산망에서 일어나는 데이터 유출, 랜섬웨어 공격, 지능형지속 공격은 조직을 망가뜨릴 뿐만 아니라 조직의 사회적 평판과 신뢰도 심각하게 훼손하고 존망도 위협한다.

경영진은 조직과 회사의 자산을 보호하고 발전시켜야 하는 신탁의 의무와 책임을 가진다. CEO와 경영진, 관리자에게 사이버 안전의 확보는 매우 중요한 업무다. 규정을 준수(compliance)하는 것은 최소한의 대응이다. 경영자 자신이 IT 전문가가 아니라고 사이버 보안을 외면할 수 없다. 침해가 일어나면 적절한 대응도 해야 한다. 많은 기업의 고위 경영자들이 사이버 사고로 때문에 사임하거거나 지위에서 물러났다. 안타깝지만,

이런 일이 매우 빈번해지고 있다.

대부분 조직은 최상위의 이사회가 조직을 총괄하는 책임을 가진다. CEO와 최고 경영진은 조직의 사이버 보안 체계를 구성하고 유지하는 일차적 책임자로 적절하고 충분한 사이버 보안 기능을 확보해야 한다. 이는 내부의 IT 부서나 보안 담당 직원일 수도 있고, 보안 용역을 담당하는 외부 조직일 수도 있다. CEO나 임원은 네트워크와 보안 활동에 대해서 상시 보고를 받고 감독해야 한다.

경영진은 일어나고 있는 해커와의 전쟁 상황을 민감하게 인식해야 한다. 사이버 보안의 위험 요소는 어느 조직에나 안팎 존재하고 널리 퍼져 있고, 교묘하고 강력해지고 있다. 외부 강탈자뿐만 아니라, 악의적 내부자, 내부자의 실수가 모두 조직의 보안을 위협한다. 해외 지사, 서비스 용역 업체, 심지어 경쟁사도 위험한 침투 경로가 될 수 있다. 퇴사하는 직원의 절반이 의도적이든 의도하지 않든 기밀 데이터를 가지고 떠난다.

사이버 침해에 대응 계획도 수립해야 한다. 사이버 침해가 발생했을 때, 각 직원이 어떤 역할을 할당할 것인지, 무엇을 해야 하는지, 누구에게 언제 연락하고 지휘를 받아야 하는지 알 수 있도록 미리 대비해야 한다. 사이버 침해나 위반 사항이 있을 때 관련된 증거를 제대로 수집해야 법적 문제에 대응할 수 있고 조직을 지킬 수 있다.

손해가 나타나지 않고, 손해 배상 청구나 잠재적 피해자로부터 불만이 없어도, 회사는 사이버 보안 대응 프로그램 미비로 때문에 데이터 침해에서 책임을 피할 수 없다. 정부 기관과 법원이 조직에 보안 프로그램 미비로 때문에 데이터 침해에 대해 책임을 묻는다.

조직에 부과되는 사이버 침해에 대한 과징금도 부담이지만, 더 큰 문제는 이로 인해 기업이 사회적 신용을 잃게 되는 것이다. 조직은 보안 침해 사고가 있을 때 대중에게 누가 무엇을 전달할 것인지, 조직의 평판을 어떻게 보호해야 할 지와 같은 의사소통 방식도 예비해야 한다. 사고가 발생했을 때 일어나는 다양한 상황을 각각 누가 담당하고 대응할지, 어떤 외부 도움이 필요할지 사이버 보안 보험이 있는지 어떤 것이 보장이 되는지 사전에 검토하고 준비해야 한다. 사이버 보험은 1990년대부터 시작되었다. 초기에는 데이터 침해 등에만 보상하였지만, 지금은 랜섬웨어, 사이버 갈취, 소셜엔지니어링 공격, 시스템 장애, 사이버 침해로 때문인 비즈니스 중단 등도 보험의 대상이다.

정부 기관의 규정이나 요구가 다소 과한 것으로 보여도, 아직 많은 기업이 사이버 보안과 관련하여 기본적 노력도 하지 않는 경우도 많은 것 같다.

우리나라에서 2011년 발생한 농협 해킹 사건 이후 기업과 조직의 보안 관리 구조에 대해 경각심이 높아졌다. 당시 전문가들은 이 사고가 체계적인 보안 지배 구조가 확립되지 않은 것이 주요 원인 배경이 되었다고 분석했다. 지금 우리나라 은행 등에서는 매년 정기적으로 보안 컨설팅도 받고 보안에 많은 투자를 하고 있다. 그렇지만 인터넷 뱅킹을 제외한 나머지 부문은 아직 보안이 취약한 편이라고 전문가들은 지적한다. 금융보안원과 금융감독원은 금융기관에 대해서 2024년부터 블라인드 모의 해킹을 시도한다고 발표했다.

현대 조직이 사이버 보안을 위해 집중적인 노력을 쏟아야 할 핵심축은 사이버 보안의 거버넌스 수립, 보안 평가, 보안 교육, 그리고 침해를 당했을 때 적절한 대응 능력 배양이다. 조직은 위협에 대비할 뿐 아니라 침해가 있을 때 피해를 최소화하고 빠르게 회복하는 능력을 갖춰야 한다.

1 거버넌스 수립

사이버 보안은 회사나 인사, 회계, 영업 업무와 마찬가지로 조직의 운영과 발전을 유지하기 위한 중요한 업무다. 조직의 정보 관리는 조직의 활동과 재무 성과를 창출하는 기반 인프라다. 경영진은 조직에 적합한 정보 보안 거버넌스를 구축하기 위해 업무의 모든 영역과 연결된 전산 운영과 보안 기능을 어떻게 구성할지, 이를 부서별 또는 중앙 집중식으로 체계화할 것인지 결정해야 한다.

사이버 보안 거버넌스는 조직의 보안을 달성하기 위한 구성원 간의 지배 구조로 최고 경영자와 조직 시스템, 이를 운영하는 보안 정책, 조치, 절차 등을 말한다. 기획과 운영뿐만 아니라, 보안 점검과 감사 기능도 포함한다.

사이버 보안 부문에 상당한 투자가 들어가지만, 실제로 보안 사고가 일어나지 않는 한 그 의미와 효과를 알기 어렵다. 보안에 대한 무관심, 무지, 그리고 회피하려는 방관적인 태도가 효율적인 보안 거버넌스를 구성하는데 장애물이 되고 있다. 그러나 사이버 보안은 결국 CEO와 최고 경영진의 책무이고, 지배 구조의 정점에 최고보안책임자(CSO 또는 CISO), 그리고 CEO가 있다.

2018년 국회는 조직의 정보 보호 최고책임자의 겸직을 금지하고, 자격 요건 등을 대통령령으로 정하는 '정보통신망 이용촉진 및 정보보호 등에 관한 법률' 개정안을 통과시켰다. 이에 따라 일정 규모 이상의 기업[22]은 정보보호 최고책임자(CISO)를 의무적으로 지정하고 과학기술정보통신부 장관에게 신고하게 되었다.

정보 보안 거버넌스는 비즈니스 활동, IT 기술, 정보 보안 전략이 서로 연계되면서 구성되어야 한다. 업무에 영향을 미치지 않으면서 사이버 위협과 이에 대응하는 자원을 관리하고, 보안 거버넌스의 효과적인 운영을 위한 모니터링과 평가에 따른 성과를

22 중기업 이상의 정보통신서비스 제공자, 자본금 1억 원 이하의 부가통신사업자를 제외한 모든 전기통신사업자와 정보보호 관리체계(ISMS) 인증을 받아야 하는 정보통신서비스제공자 등 3만 4천여 개 기업이다.

평가할 수 있어야 한다. 이런 구조가 인증 시스템이 추구하는 표준이다.

보안의 대표적이고 국제적인 프레임워크는 ISO/IEC 27001이다. 우리나라에서는 ISMS와 ISMS-P가 표준으로 제시되고 있다. 어떤 조직이 ISO 27001이나 ISMS인증을 획득했다는 것은 이 인증 시스템이 제시하는 프레임워크에 따라 조직의 사이버 위험을 관리하고 이를 개선해 나가는 체계를 갖추었다는 의미다. 이 인증은 '보안 수준이 충분히 만족스럽다'는 뜻이라기보다 '보안 수준을 개선할 수 있는 체계가 갖추어져 있다'는 의미라고 보아야 한다.

조직의 규모가 어떠하든, 사이버 보안을 전담하는 인력과 부서가 필요하다. 이 부서는 조직의 정보보호 시스템을 기획하고 구축하고 이를 운영한다. 정보보호 정책과 침해 사고에 대한 대응 계획을 수립하고 이에 따른 시스템 구축과 운영의 책임을 진다. 보안 전담 조직이 수행하는 주 기능은 부록에서 보다 상세히 열거하였다.

2 보안 평가: 점검과 실사(Due Diligence)

사이버 공격에 대한 대비는 자신의 조직에 이런 공격이 '만약 일어난다면'이 아니라, '언제 일어날 것인가'의 태도로 임해야 한다. 사이버 침해 사고는 이미 강 건너 불이 아니고 바로 우리 주위에 있기 때문이다. CEO나 고위 경영진들이 사이버 전문가가 될 필요는 없지만, 필요한 개념을 갖추고, 조직 내부 또는 외부 전문가의 지원을 받아 함께 사이버 위협에 대처해야 한다. 하루가 다른 기술 변화 속에서 효율적인 보안 시스템을 확보하고 유지하려면 수시로 또, 정기적 점검이 필요하다. CEO는 담당 부서로부터 사이버 보안 위험에 대해서 정기적인 보고를 받고, 보안 시스템에 대해서 실제 실사(due diligence)도 해야 한다.

고도의 기술을 가진 해커는 이미 설치된 방화벽과 방어 시스템을 기만하고, 우회하고 넘어 들어온다. 기본적으로 설치된 방화벽이나 소프트웨어가 제대로 작동하는지, 구성원들이 보안 규정을 잘 준수하고 있는지, 보안 사건이 있을 때 신속하고 적절한 보고와 조치가 이루어지는지를 확인해야 한다. 이를 위해서 공격적인 보안 점검과 컨설팅 도움을 외부 전문가로부터 받을 필요도 있다. 취약성 평가와 같은 데이블탑 훈련 수준의 시뮬레이션부터 고도의 모의침투훈련, 실전침투훈련을 통해 정기적인 평가와 보안을 해야 한다. 〈사이버 보안의 점검: 보안 컨설팅〉 장에서 보다 상세히 설명했다.

3 교육 훈련

사이버 보안 교육은 데이터 보호의 가장 중요한 영역이기도 하다. CEO는 구성원이 사이버 보안의 중요성을 인식하고 높은 보안 의식을 가지도록 지속적이고 정기적인 교육을 해야 한다.

많은 경우 직원이 사이버 공격의 직접적인 침투 입구가 된다. 직원은 계층과 업무 내용에 따라 애초 접속부터 가장 고위의 민감한 데이터까지도 접근할 수 있는 정상적인 권한을 가진다. 사이버 공격자들은 교묘하고 설득력 있는 소셜엔지니어링 수법으로 이들을 표적으로 삼아 뚫고 들어온다. 그래서 구성원은 자신을 표적으로 하는 악의적인 공격을 감지하고 저지하는 감각과 기술을 최신 상태로 유지해야 한다. 반복적이고 실용적인 교육으로 직원들이 사이버 보안 정책과 절차를 이해하고 조직이 기대하는 행동 지침을 따르도록 해야 한다.

4 대응과 회복 역량 육성

어느 조직이라도 언젠가는 사이버 보안에 문제가 생기고, 시스템을 사용할 수 없거나 데이터가 손상되는 상황을 만날 수 있다. 이때에도 비즈니스가 중단없이 진행되도록 해야 하고, 재해로부터 복구하기 위한 데이터 복원 대책도 준비해야 한다. 조직이 1년에 5분 정도의 가동중지(down-time) 내에 다시 계속 작동할 수 있도록 시스템의 구성하고, 다른 구성 요소들, 사이트, 소프트웨어, 하드웨어, 무정전 전원 장치 등을 배치해야 한다. 이 시스템이 항상 가용하도록 유지해야 한다.

데이터 침해나 데이터의 무단 공개 등으로 데이터의 기밀성이 손상되거나, 랜섬웨어 공격으로 인한 데이터 결손이나 접근 불능 상태에 대해 적극적인 대비가 필요하다.

사고 대응에는 사고 조사, 상황 억제, 영향 평가, 영향을 받은 개인에게 알리기, 데이터 복원, 근본 원인 파악으로 이어지는 문제 해결 등이 포함된다. 이에 대한 상세한 대비 계획을 준비하는 것이 훨씬 안정적이고 비용도 적게 든다.

모든 발생 가능한 상황에 대비한 의사소통 계획도 준비되어야 한다. 의사소통 계획에는 무엇을 알릴 것인지, 누가 말할 것인지, 어떤 고객, 파트너, 직원 또는 관리 기관에 통보할 것인지, 그리고 사용할 적절한 채널이 명확하게 명시되는 것이 필요하다. 이런 계획이 부족하면 조직 구성원이 언론과 직접 대화하거나, 고객에게 알리는 시점이 너무 이르거나 너무 늦기도 하고, 명확한 설명 없이 잘못된 정보가 유포되고 이로 인해 조직의 신뢰가 더 추락할 수 있다. 대외 통로를 일원화하는 것이 매우 중요하다. 최근의 사이버 침해 사례들은 미리 준비되고 정의된 커뮤니케이션 계획이 고객의 인식과 신뢰를 긍정적으로 유지하고, 규제 기관으로부터의 책임 추궁에 대해서도 보호해 주는 엄청난 가치를 입증하고 있다.

5 사이버 침해의 법적 윤리적 파장

데이터 침해가 늘어나면서 CEO와 고위 경영진에게 사이버 보안 실패의 책임을 묻기 시작하고 있고, 이해 관계자들의 집단 소송(class action lawsuit)도 빈번히 일어나고 있다.

사이버 위반이 발생하고 회사의 평판이 훼손되면 경영진은 회사에 대해 책임을 지게 된다. 소니(Sony), 타겟(Target), 홈데포(Home Depot) 등이 모두 그랬다. 집단 소송은 경영진의 활동이나 대비 부족을 직접 지적하고 공격한다. 미국의 윈드햄호텔(Wyndham Hotel) 사건의 소송은 이사회에게 회사가 적절한 정보 보안 조치 및 절차를 제대로 이행하는지 확인하지 못했다는 점에 대해 책임을 물었다. 이 사건은 작아 보일 수도 있는 사이버 침해 사건이 이에 대응하는 과정에서 얼마나 큰 책임을 묻게 되는 상황으로 이어지는지를 잘 보여 준다. 하트랜드시스템즈(Heartland Payment Systems) 사건에서도 주주들은 컴퓨터 네트워크를 보호하지 못하고, 수탁자 의무를 다하지 못했다는 이유로 이사들을 고소했다. 티제이맥스(TJX) 사건에서는 주주들은 이사들이 충성심 결여, 선의의 정당한 주의를 수행해야 하는 수탁자 의무를 이행하지 않았다며 소송을 제기했다. 2023년 우리나라에서 발생한 사이버 침해 사고로 많은 기업들이 각각 수백억 원에 달하기도 하는 과징금을 부과받았다.

신탁 의무와 기업 판단에 대한 비즈니스 판단 원칙(Business Judgement Rule)은 어떤 조치에 대한 이사회와 경영진의 결정이 선의로 이루어지고 합리적이라면 이런 조치의 사후 비판(second guessing)에 대해서 보호받을 수 있다. 하지만 사이버 위험을 무시하고 적극적인 대응 계획을 마련하지 않은 경우는 합리적인 조치나 결정이라고 보지 않는다. 경영진의 판단에 어느 정도 보호를 제공하지만, 그 결정은 반드시 합리적이어야 한다는 말이다.

그래서 CEO는 사이버 보안에 대해서 실질적이면서도 깊은 주의를 하면서, 보고와 실사를 통해 보안 상태를 항시 파악하고 있어야 한다. 보유하고 있는 데이터의 가치, 보안 방법, 액세스 권한, 보관 위치, 위반 시에 수행할 작업 등에 대해서 확인해야 한다.

또, 합리적이고 적절한 주의를 기울였다는 것을 보이려면 CEO는 악의적인 결정을 내려서는 안 되고, 데이터 보안 위험과 같은 위협이나 위험 징조가 나타났을 때 이에 상응하는 조치를 취해야만 한다. 악의적인 결정이란 예컨대, 자신이 기술 전문가가 아니라고 주장하거나, 이런 일을 이해하지 못한다고 주장하면서 위험을 무시하는 일을 포함한다. 어떤 결정을 내리기 위해 더 많은 지식이 필요하다고 생각되면, 전문가를 찾고, 브리핑을 받고, 최신 정보를 얻어 합리적 결정을 내리기 위해 적극적으로 도움을 받아야 한다. 외부로부터 지원을 받아야 한다고 생각되면, 그렇게 해야 한다. 무시하고 회피해서는 안 된다.

에필로그

현대 조직의 전산 시스템은 우리 몸의 신경계통과 같다. 현대 조직의 사이버 시스템은 사령탑이면서 모든 활동을 연결하는 중추 신경이고 말초신경이다. 조직 업무의 신경망을 이루는 사이버 시스템에 원치 않는 침입자들에 의해 팔다리 마비, 전신 마비가 일어나고 있다. 심지어 회복 불능 상태에 이르기도 한다.

IT 시스템 운영과 보안은 조직에서 인사 업무, 영업, 회계 업무와 마찬가지로 매우 중요한 인프라 기능이다. 현대 기업에서 사이버 보안은 지속 경영을 가장 근본적인 미래 지향적인 투자다. 범죄가 없다면 좋겠지만, 현실은 그렇지 않다. 가정과 재산을 지키기 위해서 담장을 쌓고, 문에 자물쇠를 채우고, 비상 연락 방범 시스템을 갖추는 것과 마찬가지로 사이버 보안은 조직의 안전을 위한 기본 인프라 투자다.

저자들이 수년간 기업과 많은 조직의 사이버 보완 업무 지원을 하면서 아직도 많은 조직의 리더가 정보 보호, 사이버 보안을 투자가 아닌 비용으로 인식하고 이를 회피하려는 모습을 보인다.

흔히 말하듯 타조가 모래 속에 머리를 파묻어도 문제는 바로 옆에서 떠나지 않는다. 사이버 침해를 당했을 때 CEO가 어떻게 사이버 위협에 대비했고, 정보를 보호하려

했는지 설명할 수 없거나 데이터 보안 계획을 하고 있었음을 입증하지 못하면, 회사는 위험에 처한다. 회사 평판도 형편없이 되고, CEO와 경영진의 책임도 피할 수 없다.

이 책을 준비하는 사이에도 하루가 멀다 하고 사이버 공격, 사이버 침해에 관련된 뉴스가 보도되고 있다. 2023년 국정감사에서 밝혀진 우리나라 외교부의 보고는 매우 놀랍다. 외교부 서버에 대한 해킹 시도 건수가 2013년 38건에서 2022년 5,749건으로 9년 만에 약 150배 늘어난 것으로 집계됐다. 한국인터넷진흥원은 지난해 동안 우리나라에서 발견된 랜섬웨어로 의심되는 악성 코드의 수가 무려 15만 건이나 된다고 보고한다. 금년에도 심각한 사이버 공격이 새로운 기술로 교묘해진 수법으로 대기업 중소기업, 정부 기관을 막론하고 노린다. 아직 사이버 공격을 받지 않은 조직은 아주 운이 좋았거나, 이미 공격받고 침해받았음에도 인지하지 못하고 있는 것인지도 모른다.

경기가 좋아지든 나빠지든 각 분야 기업과 조직에서 사이버 보안 이슈가 줄지 않을 것이다. 기업과 조직은 이에 대해 투자를 줄일 수 없다. 클라우드 시스템, 원격 업무가 증가하면서 사이버 보안은 더욱 중요하다. 전체 시스템 기능이 마비되는 디도스 공격이든, 회사의 전산망이 부분적이나 일시적이라도 문제가 생기면 모든 활동이 정지되고 이어서 영업과 매출에 미치는 영향은 막대하다. 경제가 나쁘면 쉽게 돈을 벌고자 하는 범죄 행위도 늘게 된다. 조직은 사이버 침해에 따른 손실을 피하기 위해 "유효"한 보안 상태를 만들기 위해서 합리적인 투자를 해야 한다.

사이버 보안은 한 번 시스템을 설치해 놓고 잊어버릴 수 있는 것이 아니라는 점을 다시 강조한다. 경영자는 사이버 공격에 대해 치밀한 대비 계획을 세우고 지속해서 이를 실천하고 수행해야 한다. 가장 중요한 점은 사이버 보안의 책임자가 바로 CEO라는 것이다. 보안 담당 조직을 만들고, 고가의 툴을 설치해도 CEO가 신경 쓰지 않으면 변화가 일어나지 않고, 효과를 볼 수 없다. 마음속 머리속에 있는 생각이나 선반 위에 놓여 있는 계획만으로는 아무런 가치도 만들지 못한다.

타조가 머리를 모래 속에 묻어도 위험이 사라지지 않듯이[23], 사이버 위협을 외면할 수 없다. 타조가 위험이 닥쳤을 때 머리를 모래 속에 집어넣는다는 것은 허구라고 한다.

23 타조증후군(Ostrich syndrome)은 어려운 일이 발생하면 대응 및 해결을 하려 하지 않고 현실 부정 속에서 문제 대응을 거부하거나 소극적으로 하는 태도를 말한다.

실제로 타조도 그렇게 하지 않는데, 경영자가 창궐하는 사이버 위협에 눈을 감을 수 있겠는가?

부록 I
사이버 침해를 의심하는 증상

사이버 침해가 있을 때 나타나는 증상은 사이버 사고를 조기에 탐지할 수 있는 힌트를 줄 수 있다. 보안 관리자와 모니터링 시스템이 이를 발견하는 것뿐만 아니라, 개별 사용자들이 증상을 예민하게 감지하는 것도 매우 중요하다.

- **권한을 가진 사용자 계정이 비정상적으로 동작할 때:** 권한이 있는 사용자 계정의 동작에 나타나는 이상 현상은 누군가가 이를 사용해서 회사 네트워크 침투를 위한 발판을 마련하고 있는 것일 수 있다. 갑자기 작동 속도가 느려지거나, 시스템이 재부팅이나 재승인을 요구하는 것 등이 침투가 진행되고 있다는 표시일 수 있다.
- **승인되지 않은 내부자가 서버와 데이터에 액세스하려고 할 때:** 내부 사용자 중에 악의적이지 않더라도 호기심 등으로 여러 계정을 테스트하면서 승인을 요구하거나 접근을 시도하는 경우도 있다. 그러나 승인되지 않은 사용자가 서버나 데이터에 액세스하려는 것, 업무와 관련이 없는 데이터에 대한 액세스를 요청하는 것, 비정상적인 위치에서 비정상적인 시간에 로그인하는 것, 짧은 시간 내에 여러 위치에서 로그인하는 것 등은 악의적인 공격의 위험을 보이는 증상이다. 접속 상황을 모니터 하는 것은 사이버 보안에 매우 중요하다.

- **외부로 나가는 아웃바운드(outbound) 네트워크 트래픽에 이상이 있는 경우**: 네트워크로 들어오는 트래픽 만을 살펴서는 안 된다. 경계 바깥으로 나가는 트래픽도 모니터링해야 한다. 개인 클라우드 애플리케이션에 대용량 파일을 업로드하는 내부자, USB 플래시 드라이브 등의 외부 저장 장치에 대용량 파일을 다운로드하거나, 또는 회사 외부로 첨부 파일이 포함된 대량의 이메일 메시지를 보내는 경우 등이 모두 관찰 대상이다.
- **알 수 없는 위치로 전송되거나 알 수 없는 위치에서 트래픽이 전송되는 경우**: 예를 들어, 국내에서만 운영되는 회사에서 이유 없이 다른 국가로 전송되는 트래픽은 악의적인 활동일 수 있다. 관리자는 알 수 없는 네트워크에 대한 모든 트래픽을 조사하여 합법적인지 확인해야 한다.
- **과도한 접속과 자원 소비**: 서버 메모리나 하드 드라이브 사용이 급격히 증가하는 것이 공격자가 불법적으로 접근을 시도하고 있다는 의미일 수 있다.
- **전산 구성 변경**: 승인 없이 서비스를 재구성하거나, 시작 프로그램 설치, 방화벽 변경 등의 변경은 악의적 활동일 가능성을 보인다. 임의로 추가된 예약 작업도 마찬가지다.
- **알지 못하는 숨겨진 파일(hidden file)**: 파일 이름, 확장자, 파일의 크기 또는 저장 위치 등을 통해 데이터나 로그가 유출되었을 가능성을 의심할 수 있다.
- **예상치 못한 변화**: 사용자 계정 잠금, 비밀번호 변경 또는 그룹 멤버십의 갑작스러운 변경 등을 말한다.
- **비정상적인 브라우징 동작**: 예기치 않은 리디렉션, 브라우저 구성 변경 또는 반복되는 팝업 등이 이런 예다.
- **의심스러운 레지스트리 항목**: 이는 주로 멀웨어가 윈도우즈 시스템을 감염시킬 때 발생한다. 멀웨어가 감염된 시스템에 남아 있도록 하는 주요 방법의 하나다.

이런 이상 현상은 우리 몸에 비유하자면 자신이 느끼는 '증상'이다. 이런 이상 현상을 감지하고 체크하는 것이 보안 담당 부서만의 일이 아니다. 모든 일선 사용자가 이런 증상이 자신의 컴퓨터나 장치, 조직의 시스템이 사이버 침해 가능성을 의미할 수 있다는 것을 알고 즉각 보안팀에 신고하고 대응하는 것이 중요하다.

부록 II
사이버 위협에 대비하는 조치들

내외부의 사이버 위협에 대비하는 일반적 실무 조치의 원칙을 살펴본다.

- 신입 직원과 계약자, 구성원에게 네트워크 액세스를 허용하기 전에 보안 교육을 한다. 의도하지 않았지만, 악영향을 줄 수 있는 내부 위협에 대해서도 정기적인 보안 교육이 필요하다. 사례를 공유하는 것이 교육 효과를 높일 수 있다.
- 업무를 수행하는 데 필요하고 해당하는 특정 영역에만 구성원의 접속과 접근을 허용한다 [최소권한 원칙].
- 계약직 고용자나 프리랜서들이 가지는 임시 계정을 계약이 종료되면 즉시 해지한다.
- 접속 요청에 비밀번호 외에 2단계, 또는 다단계 인증법을 적용한다.

내부자 위협을 탐지하고 예방하려면 스파이웨어 검사 프로그램, 바이러스 백신 프로그램, 방화벽 등을 설치하고, 엄격한 데이터 백업 및 보관 절차를 구현하고 지켜야 한다. 또한, 직원과 계약자가 회사 네트워크에 액세스하도록 허용하기 전에 보안 인식에 대해 교육한다.

구성원 개개인이 해야 할 일

다음의 행동 수칙은 단순해 보이지만 때로는 사이버 보안에 결정적인 영향을 준다.

- **의심스러운 이메일, 문자 메시지, 첨부 파일을 열지 말 것**: 어떤 것도 클릭하기 전에 반드시 발신자를 확인한다. 친구가 긴급하게 클릭을 요구하는 링크와 메시지를 보내더라도, 그 메시지가 정말 친구에게서 온 것인지 확인한다. 모르는 사람이나 조직이 금전을 요구하거나 어떤 즉각적인 조치를 촉구할 때에도 이에 즉각 응하지 않는 것은 물론이다. 발신자를 알지 못하거나 원치 않는 이메일이나 문자 메시지에 있는 어떤 것도 클릭하지 않는다. 메시지에 응답하거나 사이트를 방문하기 전에 모든 서신의 이메일 주소를 검사하고 웹사이트 URL을 면밀히 조사한다. 그리고 전화, 문자, 다른 이메일 계정 등을 이용해서 다른 수단으로 이중 확인한다.
- **그럴듯한 제안을 조심할 것**: 자신이 참여하지도 않은 경품 행사에 당첨될 수 없다. 어떤 외국 왕족도 많은 돈을 보내지 않는다. 모든 사기 행각은 그럴듯한 미끼를 던진다. 아무리 유혹적이라도 검색을 통해 그 제안이 정말인지 함정인지 판단하라.
- **계정마다 서로 다른 강력한 패스워드를 사용한다**: 자신이 접속하는 모든 계정에 각 계정에 고유한 강력한 패스워드를 사용한다. 패스워드는 대소문자, 숫자, 특수문자를 혼용하고 가능한 대로 12자 이상으로 한다. 범죄자들이 사용하는 패스워드 크래커의 하드웨어 연산속도가 매우 빨라져서 웬만한 패스워드는 수 시간 만에 탈취된다. 패스워드 자리 수가 12자리 이상으로 길면 현재 무작위 대입법 등의 기술로 암호를 찾아내는 시간이 수개월 이상 걸린다.
- **공용 와이파이 네트워크에 함부로 연결하지 않는다**: 공용 네트워크에서 구매나 송금과 같은 민감한 거래를 수행하지 않는 것이 좋다. 자신의 자격 증명이 노출되지 않아야 한다.
- **온라인에서 자신의 정보를 공유하지 않는다**: 사이버 범죄자들은 대상자의 개인 신상 정보, 인증 자격 등을 상상할 수 없는 방법으로 수집해서 이를 이용한다. 가족과 자녀에게도 온라인에 무엇을 게시할 것인지 보안 교육이 필요하다. 소

셜 미디어에 공개된 자신의 프로필만으로도, 자녀나 가족을 통해서 유출된 개인 정보로 소셜 미디어에 공개된 프로필만으로도 그럴듯한 사기 행위를 할 수 있다. 애완동물 이름, 졸업한 학교나 다른 가족 구성원과 공유하는 내용이 사기꾼에게는 비밀번호나 계정 보안 질문에 대한 답변을 추측하고, 상황을 만드는 힌트를 제공한다.

- **사용하는 개인 IT 기기의 소프트웨어와 OS를 최신 버전으로 유지할 것**: 소프트웨어 공급자가 제공하는 업데이트를 받아 항상 최신 버전을 유지하도록 한다. 컴퓨터를 켜고 끌 때 시스템 OS와 소프트웨어의 새로운 버전과 패치가 업데이트 된다. 업무의 편리성을 위해서 장시간 동안 컴퓨터를 지속적으로 켜 놓은 상태로 유지하는 사용자도 많다. 업무를 마치면, 적기에 컴퓨터를 다시 부팅하면서 최신 업데이트와 패치 기회를 놓치지 않도록 하는 것이 필요하다.

시스템이 취해야 정책과 조치들

사이버 공격에 효과적으로 대비하기 위해서는 구성원의 높은 보안 의식과 함께 IT 기술을 기반한 보안 시스템 구축이 필요하다.

- **OS와 소프트웨어를 최신 버전으로 유지**: 항상 소프트웨어의 최신 버전을 유지하고 최신의 보안 패치를 적용한다. 이는 설치된 소프트웨어의 허점을 이용한 제로데이 공격 등을 막기 위한 것이다. 수시로 소프트웨어를 업데이트하고, 소프트웨어의 수명 종료 알림을 정기적으로 확인해서 최신 버전을 유지하는 것이 사이버 위협 노출을 최소화하기 위한 가장 효율적이고 중요한 조치다.
  이미 알려지고 악용된 취약점에 대해서 우선적으로 이를 수정하는 패치를 적용한다. 자신의 시스템뿐만 아니라 클라우드 환경의 가상 머신, 서버 없이 적용하는 애플리케이션들, 조직과 연결된 다른 조직의 라이브러리 소프트웨어도 정기적으로 최신 버전으로 유지되고 있는지 확인해야 한다.
  패치 작업은 일반적으로 소프트웨어를 사용하는 고객의 책임이라고 본다. 소프트웨어 공급 업체가 제공하는 가상화 및 보안 기능을 활용하기 위해서 하드웨어와 소프트웨어를 업그레이드하고, 보안 검색과 테스트를 자동화할 수도 있다.

- **바이러스 백신 소프트웨어, 방화벽, 이메일 필터 사용**: 전산망으로 들어오는 모든 입구에 방어 대책이 있어야 한다. 그리고 공격자가 개인 장치까지 침입하더라도, 여기에도 방어 장치가 마련되어야 한다. 항상 강력하고 신뢰할 수 있는 최신 버전의 바이러스 백신 프로그램을 사용한다.
- **승인된 기기, 솔루션 사용**: 규정 준수 요구에 맞추어 기업은 소프트웨어에 사용된 모든 구성 요소, 공급체인 연결을 상세히 파악하는 것이 필요하다. 원격 접속을 관리하고, 유지하기 위해 항상 승인된 솔루션만을 사용해야 하고 이를 문서화해야 한다. 승인되지 않은 기기나 소프트웨어가 침입의 루트가 될 위험이 있다. 그뿐만 아니라, 이들이 합법적인 것이 아니라면 사이버 보안 침해가 일어났을 때 이들이 취약점으로 문제가 될 수도 있기 때문이다.
- **사이버 활동 모니터링**: 현대 조직에서 외부에서 내부 네트워크로 들어오는 접근을 전면적으로 막을 수 없다. 원격 접속이 내부와 연결되도록 허용하기 전에 가상사설망(VPN), 가상 데스크톱 인프라(VDI) 등의 방법을 사용하고, 접속할 때 다단계 인증을 통해 안전한 연결만을 허용하는 방식을 적용한다. 원격 로그인 시도를 상시 모니터링하고, 사용되지 않는 원격 액세스를 비활성화한다.

  VPN은 인터넷 트래픽을 암호화하여 사용자의 신원을 숨기고 IP 주소를 변경할 수 있기 때문에, 특정 개인을 노리는 소셜엔지니어링 공격을 방지하는 데 도움이 된다. 특히 공용 와이파이에서 해커가 사용자의 통신을 가로채는 것을 방지할 수 있다. 그러나 이를 우회하는 공격도 있다는 점을 잊지 말아야 한다. VPN 시스템 자체의 취약점 문제가 되는 것보다 사용자들의 잘못된 패스워드 사용 습관이 공격의 빌미가 된 사례가 있다.

  또한 네트워크 모니터링 툴을 사용하여 확인된 랜섬웨어의 비정상적인 활동이나 잠재적 침입을 식별, 탐지하고, 조사한다. 네트워크 내에서 측면 이동을 포함한 모든 트래픽, 사용자의 접근 요청, 장치 상태를 모니터하면서 비정상적인 사용자 행위나 장치 작동을 확인한다. 이런 목적으로 자동화되고 인공지능을 이용한 엔드포인트 탐지 및 대응(endpoint detection and response, EDR) 도구가 개발되고 있다. 이를 통해 부주의하거나 불만이 있는 악의적인 내부자의 활동을 식별한다.

- **효율적인 인증 절차 수립**: 각 영역에 가능한 범위에서 다단계 인증을 적용한다. 다단계 인증법을 사용하면, 설사 공격자가 대상자의 사용자 이름과 패스워드를 알아내더라도, 쉽게 그 계정과 개인 정보에 접근할 수 없다. 특히 웹메일, 가상사설망, 주요 시스템 접근, 백업을 관리하는 기밀 계정 등에 필요하다.
  원격 액세스, 접속 기록(로그 log)을 모니터링하고, 무차별 대입(brutal force) 공격을 차단하기 위해 일정 횟수의 시도로 인증되지 않으면 계정이 잠기도록 시행한다.
- **구성원에게 강력한 패스워드를 사용하는 정책을 수립한다**: 서비스 계정, 관리 계정, 메일 관리 계정 등 모든 계정 접속에 강력하고 각 계정에 고유한 패스워드를 사용한다. 여러 계정에 같은 암호를 사용하거나, 재사용, 또는 적대적인 침입자가 접근할 가능성이 있는 시스템 영역에 이를 저장하지 말아야 한다. 특히 관리 계정이 있는 장치는 강력한 암호 규정을 준수해야 한다.
- **서로 연결된 관련 회사나 공급 업체의 보안 상태 검토**: 업무와 관련된 공급 업체와 외부 소프트웨어 또는 하드웨어 간의 모든 연결을 모니터링하고 의심스러운 활동이 있는지 주기적으로 검토한다.
  클라우드나 외부 시스템과의 원격 연결 관련 사항을 문서화하는 것이 필요하다. 가상 개인클라우드(Virtual Private Cloud, VPC)의 접속 기록과 같은 네트워크 원격측정(network telemetry), 사용자 아이디 원격측정(예: 계정 로그인, 토큰 사용, 페더레이션 구성 변경) 및 애플리케이션 원격측정(예: 파일 다운로드, 조직 간 공유) 등이 보안팀에 보고되도록 한다.
- **시간 기반 접근 적용**: 중요한 계정에 대해서는 시간 기반 접근 정책을 적용한다. 예를 들어, JIT(Just-In-Time) 액세스 방법은 필요할 때에만 특별한 권한을 주어 접속을 허용하는 것이다. 액티브 디렉터리(Active Directory)에서 관리자 계정을 일정 시간이 지나면 자동으로 비활성화하는 것과 같은 최소권한원칙과 제로트러스트모델 개념을 네트워크 전체에 적용할 수 있다. 필요에 따라, 개별 사용자는 일정 시간 동안 시스템에 액세스할 수 있는 자동화된 프로세스를 통해 요청을 제출한다. 클라우드 환경에서도 JIT 액세스 권한을 적용할 수 있다.

- **오프라인 데이터 백업**: 데이터를 여러 다른 장소에 정기적으로 백업하고, 복원을 테스트한다. 접속할 때 다단계인증을 사용하고, 클라우드의 데이터도 암호화한다. 암호화할 때 클라우드 기반으로 하는 키 관리 방식을 사용하는 경우에는 보관 키와 키 관리가 분리되도록 한다.

  이러한 백업 절차를 관행적으로, 정기적으로 실시해야 한다. 클라우드 서비스 제공 업체의 백업과 복원 기능을 활용하는 것도 좋다. 클라우드 백업의 보안을 더욱 강화하려면, 계정의 역할 분리도 고려한다. 이를 통해서 계정이 손상되었을 때 백업을 관리하는 계정이 백업을 거부하거나 저하하는 데 사용되는 것을 방지할 수 있다.
- **백업 데이터의 암호화**: 백업 데이터의 변경이나 삭제를 엄격하게 통제한다. 이 원칙은 전체 조직의 데이터 인프라에 적용되어야 한다. 강력한 암호화가 필요하고 클라우드 외부에 암호화 키를 저장한다. 클라우드의 키관리서비스(key management system, KMS)를 사용하여 암호화된 클라우드 백업은 클라우드 환경이 손상될 경우 영향을 받을 수도 있기 때문이다.

  동형암호화(Homomorphic encryption) 방법을 채택하면 사용자가 암호화된 것을 해독하지 않고도 작업할 수 있게 해서, 제 3자나 다른 협조자들이 거대 데이터세트에 안전하게 접근할 수 있다.
- **네트워크 분리**: 사이버 침입자들은 네트워크 및 시스템 구조를 파악하기 위해 사전에 이를 정찰하고 검색한다. 공격자가 조직의 전산 구조와 환경을 파악해서 수평적으로 확산 이동하지 못하게 하려고 전산 시스템을 에어갭(air gap) 등으로 분리할 수 있다. 보안 되어야 할 컴퓨터 네트워크가 공용 인터넷 또는 보안 되지 않은 로컬 영역과 물리적으로 격리되도록 한다. 네트워크를 분리하면 여러 하위 네트워크 간의 트래픽 흐름과 접속을 통제할 수 있어서, 랜섬웨어와 같은 적대적 침투공격이 측면으로 확산하는 것을 억제할 수 있다. 해외 부서로부터 오는 연결이 위협을 증가시키는 요소가 될 수 있다. 적절하게 해외 부서 간의 네트워크를 분할해야 한다. 고도의 기술로 에어갭을 우회하는 툴도 등장하고 있지만, 물리적 차단은 중요한 방어책이다.

- **위험도-근거 자동화 시스템 구축**: 전산화 수준이 높아지면, 기업은 위험도가 낮고 반복적인 작업은 자동화하는 것이 효율적이다. 다른 자원과 인력이 보다 고도의 활동을 할 수 있도록 한다.
- **사이버 보안 훈련과 보안 시스템의 효율 확인**: 사이버 보안에 신중한 조직은 공격적인 방어 체계(offensive security)를 활용한다. 모의 침투 공격을 통해 보안의 취약점을 파악하고 사전에 필요한 조치를 취할 수 있다. 흔히 모의해킹이라고 불리는 모의침투테스트(penetration testing), 레드티밍(red teaming) 공격 훈련 등을 활용한다.
- **교육과 훈련을 통한 보안 문화 형성**

  이것은 지속적인 작업이다. 구성원들이 높은 보안 의식을 가지고, 자신과 조직의 안전을 지키는 보안 문화를 형성하도록 해야 한다. 보안을 담당하는 조직과 경영자의 중요한 책무다

부록 Ⅲ
사이버 보안 조직이 수행하는 기능

조직의 규모가 어떠하든, 사이버 보안을 담당하는 기능이 필요하다. 사이버 보안 기능을 수행하는 전담 인력, 전담 부서를 구성하는 것이 바람직하다.

정보보호 관리 기획

- 정보 보호 정책 개발, 침해 사고 대응 계획 수립 등의 정보 보호 시스템의 구축을 추진한다.
- 구체적 정보 보호 정책과 실행 지침, 가이드라인을 작성한다.
- 정보 자산의 중요도에 기반한 보호 대책을 마련한다: 정보 자산을 선정하고 등급 평가, 보호 범위를 결정한다.
- 정보 보안 구조 설계: 전사적 보안 시스템 구조와 보안 대책을 설계하고, 보안 장비와 소프트웨어를 선정한다.
- 교육 훈련 계획 수립, 감사: 교육, 훈련을 계획하고 수행하며, 보안 감사 결과에 따른 대책 수립

정보보호 운영

- 보안 장비와 솔루션의 운영, 유지, 보수
- 보안 관제와 모니터링: 공격 징후 식별을 위한 관리 지표 개발, 전사적 보안 로그 모니터링
- 보안 교육 수행
- 용역 업체 보안 관리: 협력업체의 인력, 정보 보안 관리

침해 사고 대응

- 침해사고 대응 계획 수립: 침해 사고 발생시 대응 업무 절차와 부서의 역할 정의, 침해 대응 도구 준비
- 보안 감사: IT 규정 준수 검증
- 보안 효율 테스트: 취약점 평가 테스트, 모의해킹 등 모의침투훈련 수행
- 대외 협력관계 구축: 외부 사이버 침해 대응 조직과의 협력관계 구축, 사법기관 등과 범죄 신고, 조사 체계 구축

부록 Ⅳ

사이버 공격을 받았을 때 행동 지침

랜섬웨어 공격을 받았을 때 대응 지침이다. 침해가 확산하는 것을 막아 피해를 최소화하는 것이 가장 먼저 해야 할 일이다.

긴급 조치

- PC의 전원을 유지하는 것이 안전하다. 경우에 따라 PC가 종료된 경우 부팅까지 불가능하게 되는 경우도 있으므로 PC의 전원은 끄지 않는 것이 일반적으로 보다 나은 대처다.
- 연결된 저장장치 연결을 해제한다. 랜섬웨어는 공유 폴더, PC에 연결되어 있는 이동식 저장장치(USB)나 외장 하드 등에 저장된 파일에도 접근해서 암호화할 수 있기 때문에 백업해 둔 파일까지 암호화될 수 있다.
- 네트워크도 분리 차단한다. 워너크라이 랜섬웨어와 같은 것은 네트워크를 통해 확산될 가능성이 있으므로, 감염 사실 확인 즉시 외부 저장 장치뿐만 아니라 네트워크 연결도 해제해야 한다.

데이터와 시스템 복구

다음 단계로 시스템과 데이터를 복구하는 방법을 확인한다. 대부분 조직에서 이를 위해서는 보안 전문가의 도움이 필요하다.

- 우선적으로 랜섬웨어에 의해 암호화되지 않은 PC 또는 이동식 저장장치(USB)에 데이터를 백업한다. 그리고 PC를 포맷하고 운영 체제를 다시 설치한다. 물론 이때 소프트웨어의 최신 보안 업데이트를 적용해야 한다.
- 다음 단계로 기존 백업이 저장된 매체로 연결하고 데이터를 복구한다.
- 랜섬웨어 복구 도구를 활용할 수도 있다. 랜섬웨어의 유형을 파악(감염 알림창, 암호화된 파일 등)한 후, 백신소프트웨어 제조사에서 제공하는 복구 툴을 활용하여 복구를 시도한다. KISA와 같은 사이버 보안 지원 기관에서 일부 랜섬웨어에 대한 복구 도구를 제공한다. 그러나 이런 도구들은 모든 파일 또는 암호화 키에 대한 근본적 복구가 아닌 부분적인 복구 지원이 대부분이다. 그래서 주 시스템과 분리된 곳에 백업을 유지하는 것이 중요하다.

추후 암호화된 파일 및 시스템을 복구할 수 있는 도구가 제공될 경우를 대비하여 감염된 랜섬웨어의 정확한 유형과 감염된 디스크 및 저장장치를 보관하고 있어야 복구 확률을 높일 수 있다.

공격자(해커)에 대한 대응

랜섬웨어 공격에 즉각적으로 몸값을 지불해서 시스템을 복구하고 문제를 해결하려 하는 것은 좋은 방법이 아니다. 몸값을 지불하더라도 랜섬웨어 사고가 종료되거나 시스템에서 악성 소프트웨어가 제거된다고 볼 수 없다. 몸값을 지불해도 데이터의 완전 복구가 보장되지 않는다. 몸값을 지불하게 되면 범죄자는 결국 경제적 이득을 얻고, 활동을 계속하고 확장할 수 있게 되어서 결국 피해자가 범죄자의 불법 활동 자금을 제공하게 되는 셈이 된다.

당국에 보고, 언론 대응

사이버 침해 상황이 발생했다고 생각되면 즉시 관계 당국에 이를 신고한다. 사이버 보안 당국은 기관이 랜섬웨어 공격을 당했을 때 범죄자에게 랜섬을 지불하는 것을 권장하지 않는다.

사이버 침해에 대한 과징금이 부과될 수도 있지만, 더 큰 문제는 이로 인해 기업이 사회적 신용을 잃게 되는 것이다. 조직은 보안 침해 사고가 있을 때 대중에게 누가 무엇을 전달할 것인지, 조직의 평판을 어떻게 보호해야 할 지와 같은 의사소통 방식도 예비해야 한다. 사고에 대응할 때 다양한 상황을 각각 누가 담당할지 대비해야 한다.

부록 V
사이버 공격의 전술과 수법 모델

사이버 공격자들은 표적을 공격할 때 여러 단계에서 다양한 전술과 수법을 사용한다. 다음은 흔히 사이버 공격의 "전술, 기술, 절차(Tactics, Techniques, and Procedures, TTPs)"을 설명하는 사이버 공격 수법의 대표적인 모델의 예다.

록히드 마틴(Lockheed Martin) 사이버 킬체인(Cyber Kill Chain)

사이버 킬체인(Cyber Kill Chain)은 세계적인 항공-우주-방위 산업체인 록히드마틴(Lockheed Martin) 사에서 제시하는 사이버 공격의 모델이다. 초기의 정찰 단계로부터 공격자가 목적을 이루는 단계까지 전형적인 공격 단계에 따라 전술, 기술, 절차(Tactics, Techniques and Procedures, TTPs)를 설명한다.

이 모델은 정찰(reconnaissance), 무기화(weaponization), 전달(delivery), 취약점 이용(exploitation), 설치(installation), 지휘 및 통제(command and control, C2), 그리고 목표 달성(actions on objectives, 데이터 유출, 파괴 등)의 7단계로 구성된다. 각 단계와 그에 따른 전술(tactics), 기술(techniques), 절차(procedures)의 요약은 다음 표와 같다.

사이버 킬체인의 단계와 TTPs 개요			
	전술(Tactics)	기술(Techniques)	절차(Procedures)
정찰 (Reconnaissance)	대상 조직과 시스템에 대한 정보 수집	• 공개 소스 정보(OSINT) 수집 공개된 정보를 이용한 조직 및 직원 정보 수집 • 네트워크 스캐닝 활성 호스트, 서비스, 취약점 발견	• 검색 엔진, 소셜 미디어, 회사 웹사이트 등을 통 한 직원 정보 수집 • 인터넷 포트 스캐닝과 네트워크 매핑을 통한 네트워크 구조 파악
무기화 (Weaponization)	발견된 취약점을 이용하여 악성 도구나 페이로드(탑재물, payload) 개발.	• 취약점 개발: 소프트웨어 취약점을 이용한 공격 코드 개발 • 악성 소프트웨어 제작: 특정 취약점을 이용한 악성 코드 개발	• Metasploit과 같은 취약점 공격 킷을 사용하는 페이로드 생성 • 안티바이러스 소프트웨어 탐지를 회피하기 위한 맞춤 악성코드 개발
전달 (Delivery)	악성 페이로드를 대상 환경으로 전달	• 피싱: 사용자를 속여 악성 첨부 파일을 다운로드하거나 악성 링크를 클릭하게 함. • 드라이브-바이 다운로드: 웹 브라우저나 플러그인의 취약점을 이용해 자동으로 악성 코드를 다운로드 및 실행	• 악성 첨부 파일이 포함된 피싱 이메일 발송 또는 악성 웹사이트에 대한 링크 발송 • 정상 웹사이트 침입을 통해 악성 콘텐츠를 이식
취약점 이용 (Exploitation)	취약점을 이용하여 대상 시스템에 접근	• 원격 코드 실행 취약점을 이용하여 대상 시스템에 임의의 코드실행 • 자격 증명 갈취: 키-로깅이나 패스워드 스프레잉(spraying) 등 을 이용하여 로그인 자격 증명 획득	• 소프트웨어의 알려진 취약점을 이용한 공격 • 도용된 자격 증명을 사용하여 인증 통과 및 접근
설치 (Installation):	대상 환경 내에 거점 확보	• 백도어 설치: 장기적인 접근 통로 설치 • 지속성 확보: 시스템 재부팅이나 변경 후에도 공격자의 접근 유지	• 원격 액세스 트로이목마(RATs)나 명령 및 제어(C2) 악성 소프트웨어 설치 • 시스템 구성 변경 또는 사용자 계정 추가를 통한 장기적 액세스 확보
지휘 및 통제 (Command and Control, C2):	침투된 시스템과의 통신을 유지하면서 악의적 활동 조정	• C2 프로토콜: HTTP, DNS 또는 암호화된 채널과 같은 다양한 통신 방법을 이용해서 목표 시스템과 통신 • 도메인 생성 알고리즘(DGA): 탐지 회피를 위해 동적으로 랜덤 도메인 이름 생성	• 공격자-제어 서버와 침투된 시스템 간의 통신 채 널 설정. • 암호화된 트래픽 사용이나 정상 네트워크 트래픽 을 이용해서 탐지 회피
목표 달성 (Actions on Objectives):	데이터 유출, 시스템 파괴, 스파이 활동 등 공격 자의 궁극적인 목표 달성	• 데이터 유출: 대상 환경에서 민감한 데이터를 공격자-제어시스템으로 전송 • 측면 이동: 네트워크를 통해 추가 시스템 접근이나 권한 상승	• 암호화된 채널을 통해 외부 서버로 민감 데이터 복사 • 신뢰 관계나 취약점을 이용하여 중요 시스템이나 데이터베이스 접근

방어자와 조직은 사이버 킬체인의 각 단계의 TTPs에 대해 구체적인 방어와 대응 전략을 개발해야 한다.

마이터 어택 프레임워크 MITRE ATT&CK

미국의 비영리 기관 마이터가 제공하는 마이터 어택(MITRE ATT&CK) 프레임워크도 사이버 공격 과정에서 전개되는 전술과 기술의 체계를 설명하는 모델이다. 마이터(MITRE Corporation)는 항공, 방위, 건강 보호, 국토 안보, 사이버 보안 등의 분야에서 미국 정부 기관을 지원하는 비영리 조직이다.

이 프레임워크는 사이버 보안의 현장에서 일어나는 실제 관측에 기반해서 구성된 것인데 사이버 공격의 행동과 기술을 공격 단계와 행동에 따라 범주화하고 설명하는 매우 포괄적인 데이터베이스다. ATT&CK는 Adversarial Tactics, Techniques, and Common Knowledge의 약자로 사이버 공격의 '전술, 기법 및 공통 지식'을 뜻한다.

2024년 MITRE는 기업(엔터프라이즈, enterprise), 모바일 기기(mobile), 산업제어 시스템(industrial control system, ICS)의 세 범주에 대해서 각각 조금씩 다른 프레임워크를 매트릭스 형식으로 제시하고 있다. 각 매트릭스는 각 대상에 사용될 수 있는 모든 공격 수법이 포함되어 있다. 엔터프라이즈 매트릭스에는 공격에 앞서 사용되는 준비 단계의 네트워크 인프라, 클라우드 플랫폼, 컨테이너 기술뿐만 아니라 Windows, MacOS 및 Linux 플랫폼에 대한 하위 매트릭스가 포함되어 있다. 또한, 공격에 앞서 사용되는 준비 단계도 제시한다. 엔터프라이즈 ATT&CK 프레임워크는 14단계의 전술 항목과 235개의 기술, 435개의 세부 기술을 열거한다. 모바일 기기와 산업제어 시스템은 각각 12단계의 전술 항목으로 구성되어 있다.

여기서 전술(tactics)은 사이버 공격자가 특정 행동을 수행하는 고수준의 전략적 목표다. '어째서(Why)'를 말한다고 볼 수 있다. 예를 들어, 초기 접근, 교두보/거점 확보, 장기적 잠행 유지, 측면 이동, 파일 실행, 데이터 유출 등이다. 기술(techniques)은 전술적 목표를 달성하기 위해서 공격자가 구체적으로 '어떻게(how)' 행하는지를 나타낸다. 예를 들어, 공격자가 네트워크 안에서 유효한 자격 증명을 얻기 위해 '덤핑'을 시도하는 구체적 수법을 말한다. 또, 특정 행동을 통해 공격자가 얻어내는 '무엇(what)'을 의미하기도 한다. 예를 들면, 발견(discovery) 전술 단계에 공격자가 어떤 종류의 정보를 목표로 하는지에 따라 특정 전술이 달라진다. 전술을 달성하기 위한 구체적인 방법은 취약점 이용, 특정 악성 소프트웨어 사용, 사회공학 기법 등이 있다.

다시 말해 ATT&CK매트릭스는 공격자가 작전을 위해 행동하는 표준적인 활동 단계와 행위 기술들의 집합이고 개별 기술들은 전술의 목적 달성을 위해 적용된다. 절차(procedures)는 기술을 실행하기 위한 상세한 단계와 순서로, 공격자와 작전의 성격에 따라 달라진다.

MITRE는 ATT&CK의 상세한 내용을 매트릭스 형식으로 제공한다. 예를 들면, 기업 프레임워크(Enterprise ATT&CK)는 다음과 같이 14단계로 구성된다.

마이터 어택(MITRE ATT&CK)의 개요

전술(Tactics) 단계	목적/의미	기법수	기법 개요
정찰 Reconnaissance	향후 작전 계획을 수립하기 위해 정보 수집	10	• 공격자가 목표 공격에 사용할 정보를 능동적 또는 수동적으로 수집하는 기법: 목표 조직의 인프라, 또는 직원/인원의 세부 정보 등을 포함 • 이 정보는 공격자가 여러 단계에서 활용: 초기 접근, 침투 후 목표를 범위화, 우선 순위 설정, 추가 정찰 등
자원 개발 Resource Development	작전 수행에 사용할 자료 개발	8	• 공격에 사용될 수 있는 자료와 자원을 만들거나 구매, 또는 침투/도용 등을 통해 확보하는 기법들: 인프라, 계정, 그리고 침투 능력 개발도 포함 • 공격의 다른 단계에서도 활용: 구매한 도메인을 사용하여 명령 및 제어, 초기 접근 피싱 대상 이메일 계정 확보, 방어 회피 용 코드 서명 인증서 도용 등
초기 액세스 Initial Access	네트워크에 침투	10	• 네트워크 내에서 초기 발판(foothold)을 구축하기 위해 다양한 진입 벡터를 사용하는 기법들: 스피어피싱, 공개된 웹 서버 취약점을 이용 등 • 유효한 계정 확보나 외부 원격 서비스의 사용과 같은 초기 발판은 지속적인 접근을 위해 사용될 수도 있고, 패스워드 변경 등으로 활용이 제한될 수도 있음
실행 Execution	악성 코드 실행	14	• 공격자가 로컬 또는 원격 시스템에서 제어할 수 있는 악성코드를 실행하는 기법들 • 여러 기법과 결합되어 네트워크 탐색이나 데이터 갈취 등의 다른 목적을 위해서도 사용: 원격접근 도구로 파워쉘(PowerShell) 스크립트를 통해 원격 검색

전술(Tactics) 단계	목적/의미	기법수	기법 개요
지속 Persistence	공격 기반을 유지하고 시스 템에 지속적으로 접근 유지	20	• 공격자가 표적 시스템 재부팅이나 자격 증명 변경 등의 중단 사항에서도 접근을 유지하는 데 사용하는 기법들 • 표적 시스템에서 발판을 지속적으로 유지할 수 있도록 해주는 접근, 작업, 설정 변경 등: 정당한 코드 대체 또는 장악하여 새로운 시작 코드를 추가
권한 에스컬레이션 Privilege Escalation	더 높은 수준의 권한 획득	14	• 시스템의 취약점, 잘못된 설정, 취약점을 활용하여 더 높은 접근 권한을 획득하는 기술 • 시스템 수준, 로컬 관리자 수준, 관리자와 유사한 권한을 가진 사용자 계정, 특정 시스템에 대한 접근 또는 특정 기능 수행 가능한 사용자 계정 등을 이용 • 이 기법들은 종종 지속성 기법과 유사. 공격자 유지를 허용하는 OS 기능이 시스템의 더 상위에서 실행되게 됨
방어 회피 Defense Evasion	탐지되지 않도록 회피	43	• 공격자가 침투 과정 동안 감지를 피하기 위해 사용하는 기법: 보안 소프트웨어의 제거 또는 비활성화, 데이터와 코드의 난독화/암호화 등을 이용 • 신뢰할 수 있는 프로세스를 이용하여 악성코드를 숨기고 위장; 다른 전술에서 개발된 다른 여러 기법도 방어 무력화에 활용
자격 증명 액세스 Credential Access	계정 이름과 비밀번호 도용	17	• 계정 이름, 비밀번호 등의 자격 증명을 훔치기 위한 기법으로 구성: 키로깅(keylogging)이나 자격 증명 덤프(credential dumping) • 합법적인 자격 증명을 사용하여 시스템에 접근하고, 감지를 어렵게 만들고, 목표 달성을 위해 더 많은 계정을 생성
검색 Discovery	환경 탐색	32	• 시스템과 내부 네트워크에 대한 정보를 획득하는 기법들: 사이버 환경을 관찰해서 공격 방향을 결정하고, 제어할 수 있는 것, 주변 정보를 탐색 • 대상 시스템의 OS 도구들이 침투 후 정보 수집 목적으로 사용될 수 있음
측면 이동 Lateral movement	대상 시스템 내부에서 이동	9	• 네트워크로부터 원격으로 시스템에 진입하고 제어하는 기법들: 네트워크를 탐색해서 목표에 접근 - 여러 시스템과 계정을 거쳐 이동 진행 • 공격자의 원격 접근 도구를 이용 측면 이동, 합법적 대상 네트워크와 운영 체제 도구를 사용
수집 Collection	목적에 관련된 데이터 수집	17	• 목적하는 데이터를 수집하고 유출하는 기법들: 화면 캡처와 키보드 입력 캡처 등 • 다양한 유형의 드라이브, 브라우저, 오디오, 비디오, 이메일 등을 대상
명령과 제어 Command and Control (C2)	침해된 시스템과 통신을 주고 받아 해당 시스템을 통제	18	• 피해 네트워크와 자신이 제어하는 시스템과 통신할 수 있는 기법들로 구성 • 감지를 피하기 위해 정상적으로 예상되는 트래픽을 모방함 • 피해자의 네트워크 구조와 방어 방식에 따라 다양한 수준으로 명령하고 제어할 수 있는 방법이 있음

전술(Tactics) 단계	목적/의미	기법수	기법 개요
유출 Exfiltration	데이터 갈취	9	• 네트워크로부터 데이터를 훔치는 기법들: 데이터 수집 후 감지를 피해 데이터를 포장해서 유출: 압축, 암호화 • 일반적으로 C2 채널을 통해 전송하거나 대체 채널을 통해 전송; 전송 중에는 크기 제한을 두기도 함
영향 Impact	시스템과 데이터를 조작, 중단 또는 훼손	14	• 운영 프로세스를 조작하여 사용 불능화 또는 데이터 무결성 훼손 • 데이터 파괴 또는 조작 프로세스를 정상적으로 보이도록 변경 • 최종 목표 달성, 기밀 유출 위장

[참조: MITRE 웹사이트 [https://attack.mitre.org/matrices/enterprise/]

이 프레임워크는 공격자의 행동에 관한 기본적이고 공통된 지식(common knowledge)을 제공하는 것으로, 매트릭스 형식을 통해 전술, 기술, 하위기술을 체계적으로 분류하고 적용하는 모델을 보여준다. 사이버 방어자는 이를 이용해서 사이버 위협을 효율적으로 감지하고 대응하는 시스템을 구축하는데 도움을 받을 수 있다.

사이버 킬체인과 MITRE ATT&CK의 비교

록히드 마틴의 사이버 킬체인과 MITRE ATT&CK은 사이버 공격의 과정과 전술을 모델링한다. 그래서 이 프레임워크를 이용해서 공격 사례를 분석하거나, 대비 상태를 점검하기 위해서 레드티밍이나 모의훈련을 구성하기도 한다.

사이버 킬체인은 정찰, 무기화, 전달, 악용, 설치, 지휘 및 통제, 목표에 대한 조치 등 7가지 전술 단계로 다루고 있다. MITRE ATT&CK은 보다 더 상세하게 사이버 공격자의 행동 단계를 구별하고 이에 대한 구체적 지식을 제공하는데, 이는 사이버 공격 단계를 18가지 전술(모바일 및 ICS 전용 전술 포함)로 범주화한다.

사이버 킬체인은 사이버 공격이 성공하려면 악의적 전술을 순서대로 수행해야 하며, 그 중 하나라도 차단하면 '킬체인이 끊어져' 공격자가 궁극적인 목표를 달성하지 못한다는 가정에 기반한다. 반면, MITRE ATT&CK는 보안 전문가가 어떤 상황에서든지 개별 악의적 전술과 기법을 식별하고 차단하거나 완화할 수 있도록 지원하는 데 중점을 둔다.

부록 VI

보안 표준 체계

2024년 7월 기준으로 스마트폰, 홈, 로봇, 자동차 및 AI와 관련된 주요 국제 표준으로 FIDO 표준, Matter 표준, CCC 표준, C2PA 표준 등이 있다. 이 표준들은 공통으로 PKI (Public Key Infrastructure, 공개 키 기반 구조)와 OID(Object Identifier, 객체 식별자)에 기반한다. PKI는 트랜잭션, 신원 확인부터 공급망 관리에 이르는 모든 것을 검증하는 광범위하게 사용되는 디지털 애플리케이션 보호하는 시스템이다.

스마트폰, 홈, 로봇, 자동차, AI의 국제 표준

구분	FIDO 표준 (2014년)	Matter 표준 (2022년)	CCC 표준 (2018년)	C2PA 표준 (2021년)
특허 우선권 날짜	2009년	2015년 (미국 2009년)	2009년	2020년
개요	• 생체 인식(지문, 얼굴, 홍채, 음성, 제스처 등)을 이용하여 사용자 인증을 제공하며, PKI(X.509)를 사용하여 인증 기기의 제조 및 능력을 증명한다.	• 스마트 홈 기기 간의 상호 운용성을 보장하며, PKI(X.509)를 사용하여 공인 인증서 기반의 정책을 적용한다.	• 자동차 디지털 키의 보안을 제공하며, PKI(X.509)를 사용하여 표준 기반의 공인 인증서 구조를 사용한다.	• 콘텐츠의 진위성을 검증하기 위해 PKI(X.509)를 사용하여 서명자 신뢰와 확장 키 사용값(EKU) 목록, 타임 스탬프 당국을 위한 신뢰 기준 목록을 제공한다.
주요 적용 기술	• 애플 페이 • 삼성 페이	• 스마트 TV, 스피커, IoT 기기	• 디지털 키	• AI 딥페이크 워터마킹

구분	FIDO 표준 (2014년)	Matter 표준 (2022년)	CCC 표준 (2018년)	C2PA 표준 (2021년)
주요 기업	• 애플, 마이크로소프트, 아마존	• 삼성, LG, 아마존, 애플, 구글(TV, 스피커, IoT 등)	• BMW, 현대, GM, 혼다, 포드	• 마이크로소프트, 구글, 어도비, 소니, BBC
세부 코드	• 생체 인식 코드	• IoT 코드	• 자동차 제조사 코드	• 콘텐츠 코드
사용 기술	• PKI (ITU X.509 표준: 공인 인증서 기반 구조, 1989년)			
공통 표준 플랫폼 구조	• PKI (공개 키 기반 구조): ITU X.509 표준에 기반한 공개 키 인프라로, 보안 인증서를 통해 신뢰성을 보장 • OID (객체 식별자): 각 표준의 특정 코드를 식별하기 위한 고유한 식별자			

공개 키와 개인 키를 이용하는 PKI 암호화를 통해 사용자의 신원을 확인하여 신뢰성을 보장할 수 있다. PKI 인증 방법이 표준으로 채택되어 있으나 한계도 존재한다. 인증기관(CA)의 신뢰 문제, 인증서 관리의 어려움, 중간자 공격 가능성, 그리고 암호 알고리즘의 취약성 등이다. 또한, 사용자의 보안 인식 부족, 시스템 구현 오류도 중요한 위험 요소다. 그러므로 PKI에만 의존해 디지털 애플리케이션을 보호하는 기업에는 구조적 취약점이 내포되어 있다. 따라서 PKI와 함께 다른 보안 메커니즘을 병행해 사용하는 것이 중요하다. OID 고유 식별자를 통해 특정 항목을 명확히 구분함으로써 보다 체계적으로 관리할 수 있다.

저자소개

성 명 훈

서울대학교 의과대학 이비인후과 교수로 30여 년간 봉직 하였다. 서울대학교병원 기획조정실장으로 일하면서 대형 병원 최초로 전자의무기록 시스템을 도입하는데 참여하고, UAE의 Sheikh Khalifa Specialty Hospital 원장 등의 병원 운영 일선에서 의료 정보 관리, 사이버 보안 시스템 구축의 경험을 축적하였다. 대학교수 정년 퇴임 후 사이버보안 컨설팅 기업 이피아이랩의 지원 업무를 하고 있다

- 서울과학종합대학원 석좌교수
- 서울대학교 의과대학 명예교수
- 이피아이랩 대표

성 미 영

인천대학교 컴퓨터공학부 교수로 30년 이상 재직하였으며, 운영체제, 리눅스 시스템 등의 사이버 보안 시스템과 데이터 사이언스를 연구 교육하였다. 이피아이랩 사이버 보안 컨설팅 현장에서 AI 기반 자동화 보안 솔루션 개발 연구 활동을 이어가고 있다.

- 인천대학교 컴퓨터공학부 교수
- (전) 인천대학교 정보기술대학 학장
- (전) 한국여성공학기술인협회 회장

CEO도 알아야 할 **사이버 보안**

2024년 8월 23일 | 제1판 1쇄 인쇄
2024년 8월 30일 | 제1판 1쇄 발행

지 은 이 | 성명훈·성미영 공저
발 행 인 | 김은중
발 행 처 | 서울경제경영출판사
북 디 자 인 | (주)우일미디어디지텍

주 소 | 03767 서울특별시 서대문구 신촌로 205, 506호
전 화 | 02)313-2682
팩 스 | 02)313-8860

등 록 | 1998년 1월 22일 제5-63호

ISBN : 979-11-6282-128-2 93320 정가 19,000원